Schrei nach Frieden

Schrei nach Frieden

Japanische Zeugnisse gegen den Krieg

Herausgegeben und übersetzt von
Siegfried Schaarschmidt

Econ Verlag
Düsseldorf · Wien

Der Textauswahl liegt die
japanische Originalausgabe zugrunde:
»Sensō o shiranai sedai e«, 56 Bände

Umschlaggrafik: Shigeo Fukuda

1. Auflage 1984

Gesetzt aus der Garamond der Fa. Linotype
Papier: Papierfabrik Schleipen GmbH, Bad Dürkheim
Gesamtherstellung: Pustet, Regensburg
Printed in Germany
ISBN 3 430 17909 2

Inhalt

Zum Geleit

Überall und zu allen Zeiten war und ist es das einfache Volk, das in einem Krieg die größten Opfer bringt. Daher muß es auch Sache des Volkes sein, sich entschieden jenen Tendenzen entgegenzustellen, die abermals zum Krieg treiben.

Aus dieser Einsicht heraus entstand 1973 unter der Jugend der Sōkagakkai der Plan, die Stimmen der japanischen Überlebenden aus dem letzten Krieg zu einem »Schrei nach Frieden« zusammenzufassen. Das Kriegsende lag bereits über ein Vierteljahrhundert zurück, das im Krieg Erlebte begann Vergangenheit zu werden, die Hälfte aller Japaner gehörte jetzt einer Generation an, die, nach 1945 geboren, den Krieg nie kennengelernt hatte.

Gerade diesen Nachgeborenen aber ist in den einzelnen Nationen wie in der Welt die Zukunft mit ihrer ganzen Schwere aufgebürdet. In der Hand der Jugend liegt es zu entscheiden, ob die Zukunft Krieg oder Frieden heißt.

Schon allein deshalb brauchen die jungen Menschen den sicheren Blick, um die Grausamkeit und das Elend des Krieges zu durchschauen, brauchen sie einen Maßstab für ihre Wahl zwischen Frieden und Krieg. Sie müssen, darauf vor allem kommt es an, erkennen, daß der Krieg das Unmenschlichste ist, was der Mensch begehen kann; sie müssen seine ungeschminkte Wirklichkeit erfahren.

Die Sōkagakkai-Jugend hat verschüttete Kriegserlebnisse ausgegraben und als Lehre aus der Geschichte dokumentarisch festgehalten. Ich bin überzeugt davon, daß es sich hierbei um eine Japan auferlegte Pflicht handelt, zumal unser Land als bisher einziges in der Welt die Verwüstungen durch zwei Atombomben erlitten hat.

In diesem »Schrei nach Frieden« wird versucht, noch einmal und vom Standpunkt des einfachen Volkes aus zu fragen, was denn jener Krieg gewesen sei. Es gibt so viele historische Publikationen, konzentriert auf die führenden Persönlichkeiten eines Landes und deren Politik; im Gegensatz dazu kam hier eine

Sammlung zustande, die ein Licht auf das Leben und Leiden der Namenlosen wirft und ihre sonst für immer im Tal der Geschichte vergessenen, schwachen Stimmen heraufholt und uns gegenwärtig macht.

Tōkyō, Januar 1984

Daisaku Ikeda
Präsident der Sōkagakkai International

1. Kapitel
Alle Kinder aller Mütter und Väter

Der Krieg

Was hilft's,
euch Diamanten in die Glasaugen einzusetzen,
eure bemoosten Rippen mit Orden zu zieren –
wozu?

Den Kopf, den riesigen,
mit prallem Gedärm behängten,
müssen wir zermalmen.
Den Kopf, den riesigen,
mit prallem Gedärm behängten,
ihn müssen wir zermalmen.

Daß wir die Asche seiner Knochen
vom Handteller blasen wie Löwenzahn –
wann wird das sein?

Fuyuhiko Kitagawa

Die Japaner waren an internationale Kriege nicht gewöhnt. Ein einziges Mal in langer Geschichte sahen sie sich von außen bedroht; aber ein »Kamikaze«, ein »Sturm der Götter«, zerschlug 1274 die Landungsflotte der Mongolen. Ein einziges Mal, zwischen 1592 und 1598, versuchte ein japanischer Feldherr auf dem koreanischen Festland Fuß zu fassen; das Unternehmen scheiterte. Erst nachdem Japan sich um die Mitte des 19. Jahrhunderts unter dem Druck der westlichen Mächte dem Welthandel geöffnet hatte und, um selber stark zu sein, mitzog im Kampf um die Rohstoffquellen, geriet das Inselreich auf den verhängnisvollen Weg der Expansion. Siegreiche Feldzüge gegen China 1894–1895, gegen Rußland 1904–1905 sicherten ihm den Einfluß auf Korea und die Mandschurei. 1910 wurde Korea als Generalgouvernement annektiert, 1931 die Mandschurei besetzt und im Jahr darauf zum Satellitenstaat Mandschukuo erhoben; 1937 fielen japanische Truppen in China ein, 1940 in Indochina; schließlich begann 1941 mit dem Überfall auf Pearl Harbor der zunächst ebenfalls siegreiche Pazifische Krieg.

Mit jedem Unternehmen griff das Militärische härter in den Alltag des Volkes ein. Bereits 1940 verursachte der Krieg in China täglich Kosten in Höhe von vier Millionen Dollar; eineinhalb Millionen Soldaten waren bis dahin zum Einsatz gekommen. Das »rote Papier«, das die Männer und Söhne zu den Waffen rief, wurde den Familien mehr und mehr zur gefürchteten Nachricht. Wenn die organisierten Nachbarschaftsvereinigungen fähnchenschwingend und geschmückt mit patriotisch betexteten Schärpen die Rekruten zum Bahnhof begleiteten, war bei vielen die Angst im Herzen größer als der befohlene Stolz darüber, daß so die »Neue Ordnung« in Ostasien geschaffen werde. Man war loyal, aber dem stand ein verbreitetes Nichtbegreifen entgegen. Und als die Tausende von Kilometern entfernten Fronten im südlichen Pazifik 1943 unter dem Gegenangriff der Amerikaner zusammenbrachen, als die immer schlechter versorgte Heimat zu hungern begann, die älteren Schüler in die Rüstungsbetriebe geschickt und die jüngeren aufs Land evakuiert wurden, als schließlich Ende 1944 die ersten, nun näher an Japan stationierten Geschwader feindlicher B-29-Maschinen ihre Bombenlasten auf die Städte abluden, machte man sich auf ein auswegloses Ende gefaßt. In der Nacht vom 9. zum 10. März 1945 starben allein in Tōkyō bei dem größten konventionellen Bombenangriff einhunderttausend Menschen. Nach Kriegsschluß am 15. August 1945 zählte man – seit 1931 – 3,1 Millionen Tote, jeder fünfte unter ihnen war ein Zivilist.

Suzuyo Kanasugi
(geboren 1919)

Am achtzehnten Tag

Der Todestag meines Mannes war der 13. November 1943. Obwohl es schon über einunddreißig Jahre her ist, daß ich ihn durch den Krieg verlor, träume ich noch oft von ihm. Da hat er das junge Gesicht wie mit fünfundzwanzig. Träume sind nun einmal ungenau.

In meinem sechsten Volksschuljahr kam es zum »Mandschurischen Zwischenfall«, danach breitete sich der Krieg immer weiter aus; ringsum wurden Verwandte und Bekannte an die Front gejagt. So wuchs ich auf.

Mit neunzehn heiratete ich. Mein Mann arbeitete tüchtig, er war gut zu mir; nach drei Jahren und sechs Monaten bekamen wir ein Kind. Bis dahin waren wir häufig in die Berge oder ans Meer gefahren. Im Frühling hatten wir in den Bergen Farntriebe und Knöterich gepflückt, im Sommer am Meer Muscheln gesammelt, immer gemeinsam. An steilen Stellen trug mich mein Mann auf dem Rücken. Wenn ich zurückdenke, war es ein kurzes Glück in schwerer Zeit. Das Glück meines Lebens zusammengepreßt in die fünf Jahre mit ihm.

Bei den Nachrichten über den von Tag zu Tag heftiger werdenden Krieg begann ich mich zu sorgen: »Wann wird er gehen müssen?« Am 20. Oktober 1943 kam die Einberufung, bereits am 26. fuhr er los – ich habe ihn nie wiedergesehen. Unsere Familie hatte ihre Stütze verloren.

Als er einrückte, waren es nur wenige Leute, die ihn zum Zug brachten. Das letzte, was ich von ihm sah: wie er auf der Plattform des hintersten Wagens stand und winkte – ein Abschied ohne Wiedersehen. Ein einziger Fetzen Papier, ein strikter Befehl, den man nicht zurückweisen konnte, und wir, die wir in unserer schwachen Position keine Möglichkeit hatten, uns gegen die Macht aufzulehnen, mußten schweigend auseinandergehen.

Der Einberufungsort war Sasebo. Von dort erhielt ich eine telegrammartig kurze Postkarte: »Werden nach ... eingeschifft. Bitte, kümmere dich um das Kind und um Mutter.« Danach nichts mehr. Ich von mir aus habe ihm nicht ein einziges Mal schreiben können. Dennoch oder gerade deshalb habe ich jeden Tag sehnsüchtig auf Nachricht gewartet. Es kam keine, dafür ein halbes Jahr später die offizielle Mitteilung von seinem Tod.

Nichts von einem »glorreichen Tod fürs Vaterland«; auf der Überfahrt zum Kriegsschauplatz ist er umgekommen. Am achtzehnten Tag, nachdem er das Haus verlassen hatte, ist er gestorben. Dieser großgewachsene Mann, von dem die anderen zu sagen pflegten, er schwimme im Meer wie ein Fisch – wenn ich mir vorzustellen versuchte, wie er gestorben war, zerriß es mir das Herz.

Ich habe zwei Töchter; mit der jüngeren war ich schwanger, als mein Mann abfuhr, nur wußte ich es da noch nicht. Sie ist nach dem Tod ihres Vaters geboren. Vierzig Tage nach der offiziellen Mitteilung über seinen Tod. Mit den beiden Kindern schlug ich mich nach Kräften von Tag zu Tag durch. Oh, wie ich ihn verabscheute, wie ich ihn haßte, den Krieg!

Es war am 19. April 1944, kurz nach Mittag, daß ich die Nachricht erhielt. Man teilte mir mit, er sei im Ostchinesischen Meer gefallen. Ich zitterte nur. Wenn ihn wirklicher Schmerz überfällt, kann der Mensch nicht weinen. Dann hat er keine Tränen. Ich erinnere mich nicht, wie lange das so ging; aber als ich zu mir kam, hatte ich den Kimono meines Mannes hervorgeholt und preßte die Nase dagegen. Das traurigste: Er roch nicht mehr nach meinem Mann, sondern nach Mottenkugeln. Und jetzt erst kamen mir die Tränen, begann ich zu weinen. Der Krieg, dachte ich, hat mir den Mann geraubt, er hat mir sogar seinen Geruch aus den Kleidern geraubt, und um so heftiger schluchzte ich in mich hinein. Dabei stand mir der eigentliche Leidensweg erst noch bevor.

Das Geld, das uns mein Mann hinterlassen hatte, war bald zu Ende; ich arbeitete, was ich konnte. Unsere alte Mutter half mir und hütete die Kinder, aber zwei Jahre darauf starb auch sie, und ich hatte niemanden mehr. Im Winter ging ich morgens noch unter den Sternen los, und kam ich abends nach Hause geeilt, hatten sich die Kinder oft erkältet. Einen Arzt konnte ich mir nicht leisten, also kurierte ich sie mit Borwasserumschlägen. Dazu wurde es mit den Lebensmitteln immer knapper. Und noch nach dem Kriegsende mußte man Kleider eintauschen, um überhaupt zu essen zu haben. Wie manche Nacht bin ich hungrig schlafen gegangen, weil ich das wenige den Kindern gegeben hatte.

Aber es waren ja nicht meine Kinder allein, die im Krieg ihren Vater verloren hatten, und sie alle vermißten ihn schmerzlich und durchlebten mit ihrer Mutter schwere und dunkle Tage.

Fumie Masaki
(geboren 1901)

Er brannte wie eine Fackel

Wenn ich bloß das Wort »Krieg« höre, zittere ich am ganzen Leib. Armsein macht mir nichts, aber den Krieg hasse ich. Und nicht allein ich, alle in unserer Familie hat es getroffen, und sie haben genug davon.

Es war, meine ich, am 11. Juli 1945. An die Uhrzeit erinnere ich mich nicht genau, aber es muß morgens um acht oder neun gewesen sein. Mein Mann, er betrieb damals in Sakai eine Siegelschneiderwerkstatt, war eben aufgestanden. »Ein Luftangriff!« schrie er. Mit einem klatschenden Geräusch fielen die Brandbomben. In dem Augenblick, in dem mein Mann aus der Tür stürzte, traf ihn eine genau von oben. Ich versuchte, die Flammen mit Lappen, mit den Händen zu löschen; aber es half nichts, sie ließen sich nicht löschen, weil sie von einer Brandbombe waren. Er brannte am ganzen Körper blau wie eine Fackel. Auch die Haare auf dem Kopf schmorten mit bläulichen Flammen. Das klebrige Öl von der Bombe war nicht abzukriegen, so daß er schwerste Brandverletzungen erlitt. Nachbarn, sie nahmen dazu eine Türplatte, transportierten ihn zur Mikunigaoka-Schule, die als Verbandsplatz diente. Er war über und über rot, die Haut war aufgerissen, und das blanke Fleisch trat hervor. Deswegen konnte man ihn nicht einmal abwischen. In den Haaren glomm es noch immer, und eine Schwester ging herum und schnitt sie ihm und den andern, die man herbeibrachte, mit der Schere ab.

Um von mir zu reden, so war ich damals hochschwanger und sollte im selben Monat niederkommen. Und obwohl ich ihn pflegte, so gut ich konnte, half alle Behandlung nichts mehr. Am nächsten Morgen dann ist mein Mann gestorben. Es muß einige Tage vorher gewesen sein. Da hatte er gesagt: »Wenn es ein Mädchen wird, wollen wir es ›Mitsuyo‹ (›Licht-Leben‹) nennen, damit es, wenn der Krieg bald zu Ende ist, in einer Welt lebt, in der das Licht des Friedens scheint.« Aber er starb, ohne daß er das Gesicht des Neugeborenen gesehen hätte.

Zwei Tage später, am 13. Juli, folgte unser dritter Sohn, der evakuiert worden war, seinem Vater nach und starb. Er war damals im sechsten Volksschuljahr. Auf dem Schulhof hatten Männer vom Luftschutz eine Brandbombe untersucht, ob es vielleicht ein Blindgänger wäre, und die Kinder standen aus Neugier dabei und sahen zu. Als einer die Bombe beiseite warf, war sie doch noch intakt, und die Kinder erlitten schwere Verbrennungen. Acht von ihnen starben. Darunter mein Sohn. Auf die erste Nachricht eilte ich zu ihm; da fragte er: »Und Vater, wo ist der?« Ich konnte ihm nicht sagen: Er ist tot. »Er fühlt sich nicht wohl«, sagte ich, »und hat sich hingelegt.« Darauf der Junge: »Ich hätt' ihn so gern gesehen.« Und dann: »Weißt du, Mutter, für das neue Baby habe ich eine Puppe gemacht, ich hab' sie dem Lehrer zum Aufheben gegeben; hol sie dir von ihm ...«

Er war ein kluger und lieber Junge. Er ist gestorben, ohne zu wissen, daß auch sein Vater gestorben war, wie umgekehrt sein Vater nicht gewußt hat, daß ihm sein Sohn so bald nachfolgen würde.

Da unser Haus völlig abgebrannt war, fiel ich danach meinem ältesten Bruder zur Last. Manchmal, das Mädchen war inzwischen angekommen, hatte ich das Neugeborene zum Schlafen auf die Veranda gelegt; dann kamen wieder im Tiefflug die Maschinen von den Flugzeugträgern und warfen ihre Bomben ab. »Mein Kind!« schrie ich, zerrte es mitsamt dem Bettzeug ins Zimmer herein, und mir lief der kalte Schweiß dabei.

Ich wünsche keinem, daß er jemals wieder solche bitteren Erinnerungen haben muß.

Masano Ikeda
(geboren 1897)

Wo sind meine beiden Söhne?

Ich hatte drei Söhne. Zwei von ihnen, der älteste und der jüngste, sind gefallen. Es war Anfang 1944. Da wurde zunächst der älteste, er war zwanzig, als Rekrut zur Marine eingezogen; von unserem Haus in Sakai aus brach er auf. »Lieber Vater, liebe Mutter, bleibt gesund! Ihr braucht euch keine Sorgen zu machen, ich werde mich tüchtig schlagen. Bestimmt komm' ich heil zurück«, sagte er und ging. Danach kamen zwei, drei Briefe: »Mir geht es gut, also seid ganz ruhig!« Doch plötzlich brach die Verbindung ab. Vier Monate später, am 28. April, erhielten wir die Nachricht, daß das Transportschiff unterwegs nach den Philippinen durch Torpedos versenkt und er dabei umgekommen war.

Als man uns vom Gemeindeamt mitteilte, wir sollten ein Einschlagtuch mitbringen und den Urnenkasten in Empfang nehmen, wurde mein Mann wütend: »Was denn, das klingt ja, als ob eine Ware abzuholen wäre!« Auf dem Kasten war nichts als das Schriftzeichen »Seele« aufgedruckt. »Bitte, nicht öffnen«, ermahnte man uns; aber wir hielten uns nicht daran und sahen hinein. Da war der Kasten völlig leer – nichts, was uns an unseren Sohn erinnert hätte. So konnte ich es einfach nicht glauben, daß er gefallen sein sollte.

Wie um den Schmerz einer Mutter noch zu verstärken, wurden auch unser zweiter und dritter Sohn einberufen. Der zweite kehrte durch ein günstiges Geschick lebend zurück; der jüngste, erst ganze achtzehn Jahre alt, meldete sich freiwillig zur Marine. »Ich gehe, um meinen Bruder zu rächen. Sorgt euch nicht.« Ein wirklich unvernünftiger Sohn. Unterwegs zur Insel Mindanao ist auch er zusammen mit dem Transportschiff untergegangen. Gefallen im Mai 1945, so hieß es; aber wieder erreichte uns nicht das geringste aus seinem Nachlaß. Für beide hielten wir eine formelle Totenfeier ab, dennoch fragte ich mich wieder und wieder: »Ob sie wirklich tot sind?« Ein Trost, gewiß, daß der zweite Sohn zurückgekommen ist; doch ganz aufgegeben habe ich die beiden anderen auch dreißig Jahre nach dem Krieg noch nicht. Als Yokoi und Onoda im Dschungel aufgefunden und gerettet wurden, hat mir das Herz geklopft: Wenn nun auch meine beiden ... Da mag man noch so alt werden, das Gefühl körperlichen Verbundenseins zwischen Mutter und Kind läßt einen sein Leben lang nicht vergessen, wie sie aussahen, die Söhne, als sie in den Krieg gingen.

Tomiko Ukita
(geboren 1915)

Um sie nicht verhungern zu lassen

Beim großen Luftangriff auf Ōsaka am 13. März 1945 brannte auch unser Haus nieder. Wir wohnten in der Stadtmitte, und bei den von Tag zu Tag heftigeren Angriffen hatten wir uns angewöhnt, sobald es Alarm gab, unter den Arm zu nehmen, was wir gerade greifen konnten, und mit unseren drei kleinen Kindern in den Keller eines nahen Hochhauses zu flüchten.

Die älteste Tochter, sie ging das dritte Jahr zur Schule, war in die Präfektur Shimane evakuiert. Mit der zweiten, die im Kindergartenalter war, dazu die dreijährige und den acht Monate alten Jungen auf den Rücken und vor die Brust gebunden, lief ich ständig hin und her zwischen dem Bunker und der Wohnung. So auch in der Nacht des Großangriffs, als unsere dritte und der Junge gerade die Masern hatten. Windeln nahm ich keine mit; es wird ja, dachte ich, doch bald Entwarnung sein. Aber es gab die ganze Nacht hindurch keine Entwarnung, die Rauchschwaden trieben immer stärker bis in den Bunker herein, die Kinder konnten kaum noch atmen. Als ich einmal hinaussah, war da ein einziges Flammenmeer, und mein Mann, der den Nachbarschaftsleiter machte, schien der Löscharbeiten wegen die ganze Nacht herumzurennen; er zeigte sich nicht ein einziges Mal bei uns.

Als er dann endlich kam, stand er da mit leeren Händen, mit nichts als dem, was er auf dem Leib hatte. Wir hatten weder die Kraft noch die Zeit, uns darüber zu freuen, daß wir noch am Leben waren. Hätte er wenigstens einen der Koffer herausgeholt! Jetzt blieben mir an Kindersachen nur zwei Steppdecken. Windeln konnte ich daraus keine machen. Und selbst diese beiden letzten Steppdecken hat dann irgendwer an sich genommen, als wir in der nahen Volksschule Zuflucht suchten. Mir war, obwohl ich es nicht durfte, zum Heulen zumute.

Die riesige Brandfläche qualmte noch immer, es fiel ein unheimlicher Regen. Plünderer trieben sich herum; binnen kurzem war alles, was – wie die eisernen Töpfe und dergleichen – den Flammen widerstanden hatte, verschwunden. Unsere Geldkassette fanden wir unversehrt, aber es war kein Sen mehr drin. Wie sollte das weitergehen?

Da ich in den Bunker im Keller gelaufen war, hatte ich das ganze Ausmaß des entsetzlichen Angriffs nicht mitbekommen. Alle, die in ihren privaten Luftschutzgraben gesprungen waren, waren verbrannt; hinten und vorn von Flammen umgeben, hatten sie sich in den Fluß gestürzt, hatten sich mit Wasser übergossen, doch als dann der Feuersturm einsetzte, fingen trotzdem die Kleider auf ihrem Leib zu brennen an.

Nachdem wir so ausgebombt waren, begann für unsere Familie eine elende Zeit. Mein Mann wurde zwar nicht eingezogen, hatte aber auch keine Arbeit. Vorübergehend zogen wir zu Verwandten nach Ikeda, doch in der Großfamilie hatte man seinen Stolz, und wir waren nicht gern gelitten, so daß wir bald weiter westwärts in die Präfektur Okayama flüchteten. Dort, als Fremde, mußten wir ebenfalls allerlei Bedrückendes durchmachen.

Da wagten wir es und kehrten nach Ōsaka, nach Awaji im Östlichen Yodogawa-Bezirk, zurück, wo wir endlich wieder für uns lebten. Aber bald hagelte es auch in dieser Gegend Brandbomben; zudem brach mein Mann mit Anämie und Magengeschwüren zusammen und konnte nichts mehr tun.

Ich hatte das fünfte Kind zur Welt gebracht. Als es sechs Monate alt war, behielt ich unsere Älteste – sie ging das erste Jahr zur Mittelschule – zu Hause, damit sie auf die anderen aufpaßte; denn jetzt mußte ich arbeiten gehen, um sie alle durchzubringen. Zu essen hatten wir für sie so wenig, daß sie sich darum prügelten, und wir als Eltern hielten an uns, obwohl uns auch das Wasser im Mund zusammenlief.

Dann machte die Firma, bei der ich einen ganzen Monat gearbeitet hatte, plötzlich Pleite, und ich bekam keinen einzigen Sen mehr. Um Windeln zu haben, riß ich den Stoff von den Steppdecken ab; das Essen für uns alle kochte ich in einem einzigen Luftschutztopf. Die Kleider der Kinder waren zerfetzt, Nadel und Faden nicht aufzutreiben, so daß sie monatelang bloß im Unterhemd herumliefen wie die Spatzen; da es keine Seife gab, hatten sie die Beine voller Ausschlag, und die Läuse, die sie auf der Flucht aufgelesen hatten, krochen die Nähte entlang.

So kam das Kriegsende. Ich mußte weiter arbeiten gehen – in einer Baumwollfabrik, dann in einer Zementfabrik und in Itami auf dem Flughafen. Ich schuftete wie ein Mann. Von dem eingeatmeten Staub in der Baumwollfabrik bekam ich Fieber, von dem Zement wurde mein Gesicht von den Augen abwärts so schwarz, daß alles Waschen nichts half. Wenn ich nach Hause kam, nutzte ich die Zeit noch für Heimarbeit. Immerhin, wenn es auch nicht viel war, verdiente ich bei der Besatzungsarmee etwas besser. Unter praller Sonne mähte ich das Gras auf dem Rollfeld. Und was die Besatzer wegwarfen, Tücher, Decken, Fleisch, Seife, Schuhe usw., ich stopfte mir alles unter die Kleider und nahm es mit; aus den Decken nähte ich den Kindern Mäntel, so gut es ging. Zwei Jahre und acht Monate arbeitete ich dort und bewahrte damit meine Familie jedenfalls vor dem Verhungern.

Sueko Mano
(geboren 1921)

Der weisse und der rote Befehl

Wir heirateten mitten im Pazifischen Krieg, am 13. April 1942. Mein Mann war vierundzwanzig, ich neunzehn. Ich trug die Mompe-Hosen, er die »Volksuniform«. Am Abend nach der Feier besprachen wir, was zu tun wäre, wenn er einberufen würde. Er war Angestellter bei der Behörde. Sein Gehalt war gering. In der Rüstungsindustrie hätte er das Dreifache verdient, aber dann wäre bei der Einberufung die Familie ohne Sicherheit gewesen. Bei öffentlichen Angestellten lief das Gehalt weiter bis zur Rückkehr. Deshalb beschlossen wir, daß er dort bleiben sollte.

Acht Monate nach der Hochzeit wurde mein Mann am Blinddarm operiert. Wegen der unzureichenden Behandlung im Krieg wollte und wollte sich die Wunde nicht schließen. In diesem Zustand erhielt er im Februar 1944 den weißen Einberufungsbefehl zur Grundausbildung. Er kam zum 22. Bataillon nahe beim Schloß Ōsaka. Nach dem zweiten Monat durfte ihn die Familie besuchen. Mit meinen Eltern, das Kind auf meinem Rücken, ging ich hin. Ich hatte ihm, was bei der Lebensmittelknappheit schwierig war, seine Lieblingsspeisen gemacht, und obwohl das streng verboten war, steckte ich sie heimlich in meinen Kimono und dem Kind unter die Decke und nahm sie mit. Ungefähr eine Stunde konnte er mit uns sprechen – vor den Augen seiner Vorgesetzten, unter freiem Himmel auf blanker Erde. Wie ein Verbrecher. Als ich ihn sah, begriff ich, daß diese zwei Monate ein hartes Training gewesen waren. Die Rekruten bekamen ja wenig zu essen und wurden dafür auch noch angebrüllt. Da wollte man ihnen als Verwandter doch wenigstens einmal richtig etwas zu essen geben. Mein Mann aß mit einem Riesenhunger. Hinterher sollen sie ihn deswegen böse rangenommen haben.

Einen Monat später, der weiße Einberufungsbefehl war abgelaufen, kam er nach Hause. Er sagte nichts, aber die Welt sah für uns doch wieder besser aus. Ich freute mich, daß er frei war. Damals wurde man hoch gefeiert, wenn man eine Soldatenfrau war, wenn man als »Frau hinter den Waffen« stand für das Reich und den Kaiser. Wer sich über die Entlassung seines Mannes freute, wurde als Verräterin behandelt. Dabei ist das doch das wahre Gefühl, das man hat.

Nachdem er wieder da war, wurden meine beiden Brüder, mein Schwager und andere Verwandte einberufen. Der älteste Bruder meines Mannes war Bauer, er hatte anderthalb Hektar Felder, dazu sieben Kinder, der Große war vierzehn, und seinen alten Vater; alles mußte er im Stich lassen. Und das ausgerechnet im Mai, wo die meiste Arbeit ist. Also fuhren wir meiner Schwägerin helfen. Überall auf den Bahnhöfen im Land konnte man damals die Frauen sehen, in ihren Mompe-Hosen und weißen Schürzen, wie sie Fähnchen schwenkten und mit ihren Kindern die Männer verabschiedeten.

Wir waren die Feldarbeit nicht gewöhnt und kamen müde wieder in Ōsaka an. Ich wollte nach dem Abendessen gerade die Haustür abschließen, da sah ich aus der Querstraße gegenüber den Amtsdiener kommen mit der Laterne in der Hand. Bestimmt bringt er jemandem die Einberufung! Und dann plötzlich – mir stockte vor Schreck das Blut – näherte er sich unserem Haus.

Diesmal war es der rote Einberufungsbefehl an die Front, wo es um Tod oder Leben ging. Bereits am 5. Mai mußte er einrücken. Ich war erst einundzwanzig, unser kleines Mädchen fünfzehn Monate alt. Pflichterfüllung hieß das, aber in Wahrheit war es nichts als Grausamkeit. Am Abend zuvor weinte ich, da wies mich mein Mann zurecht und sagte: »Jetzt bist du eine Soldatenfrau, also weine nicht!« Diese Worte brennen mir noch immer im Herzen. Am Morgen, ehe er ging, machte unsere Mutter das Frühstück. Dabei zerbrach ihr der Deckel vom Miso-Topf. Heute nennt man das Aberglauben, doch uns war unheimlich zumute, und wir sagten ihm nichts davon.

Es waren aus unserem Viertel vier oder fünf, die einrücken mußten. Ich erinnere mich noch, wie mein Mann als ihr Sprecher auf dem Sammelplatz eine Rede hielt. Er bat darum, daß man sich um die alleingelassenen Familien kümmern sollte. Wie sehr er an das Kind dachte und an mich! Mir zerriß es das Herz, doch kämpfte ich die Tränen nieder. Als ich wie die Angehörigen der anderen und wie die Leute vom Bezirksverein mit zum nahen Bahnhof gehen wollte, sagte er: »Komm nicht mit, es wird danach nur alles schwerer.« Das war unser letztes Lebewohl, seine letzten Worte. Obwohl ich es damals nicht gedacht hätte. Ich war so blind, zu glauben, daß er bestimmt wiederkäme.

Seit diesem 5. Mai wartete ich Tag für Tag, daß mir der Briefträger Nachricht von ihm brächte. Aber ich erhielt nicht einmal eine Postkarte. Ungefähr zwei Monate später erschien bei uns eine Frau mit ihrer alten Mutter und einem Kind etwa im Alter meines Kindes; sie war die Frau eines Kameraden meines Mannes und berichtete, die Nacht zuvor sei die Einheit von der Takatsu-Mittelschule her über die Midō-Allee zum Bahnhof Umeda marschiert und dort in Richtung Front verladen worden. Wohin, das wisse sie auch nicht. Jedenfalls sei sie selbst, die Frau, bis Umeda neben den Männern hergelaufen, und dabei habe mein Mann sie gebeten, mich aufzusuchen. Ach, wie gerne hätte ich ihn wenigstens mit einem Blick noch einmal gesehen!

Beim ersten großen Luftangriff auf Ōsaka am 13. März 1945 brannte unser Haus völlig nieder, und auch die Verbindung zu dieser Frau des Kriegskameraden riß ab. Doch soll der ebenfalls gefallen sein. So hatte ich niemanden, der mir über das Schicksal meines Mannes an der Front Sicheres berichten konnte.

Das Kriegsende erlebte ich auf dem Lande. Die Verwandten und Bekannten kamen einer nach dem anderen zurück, nur mein Mann nicht. Jeden Tag hörte ich die Meldungen von Rückkehrern im Radio, aber sein Name war nie dabei. Erst einige Jahre nach dem Krieg, 1949 oder 1950, erhielt ich die Todesnachricht. In einem unlackierten Holzkästchen, das in ein weißes Tuch eingeschlagen war, überreichte man mir seine Asche. Auf dem Kästchen stand: »In Mittelchina im 27. Feldlazarett an Krankheit verschieden am 14. Juli 1945«. Also nur einen Monat vor Kriegsende. Mit den Leuten im Dorf richteten wir ihm eine schöne Trauerfeier aus. Aber wenn ich zurückdenke – wie kurz und flüchtig war sein Leben! Vielleicht, wenn er diesen einen Monat länger gelebt hätte, wäre er doch wieder auf die Beine gekommen.

Rie Kuniyasu
(geboren 1893)

Mir nahm der Krieg den Sohn und die Tochter

Ich habe unter drei Herrschern gelebt, unter dem Meiji-, dem Taishō- und dem jetzigen Kaiser, und immer wurde den Kindern eingeschärft, sie hätten dem Kaiser die Treue zu wahren, ihren Eltern Ehrfurcht entgegenzubringen und alles fürs Vaterland zu tun. Als der Pazifische Krieg anfing und noch dann, als die Lage kritischer wurde, haben wir um so tüchtiger gearbeitet, weil wir glaubten, wir müßten unbedingt siegen. An dem Tag, an dem unser Sohn Chūichi in die Mandschurei eingezogen wurde, habe ich die Zähne zusammengebissen und nicht geweint, habe nicht einmal gesagt: Komm gesund wieder ... Auf dem letzten Familienfoto, das wir machen ließen, waren aus irgendeinem Grunde die Köpfe unserer beiden Kinder abgeschnitten, aber besonders zu Herzen genommen haben wir uns das nicht ... Nur die Götter und die Buddhas werden es gewußt haben.

Bei dem großen Luftangriff auf Ōsaka am 13. März 1945 brannten unser Haus im Kogawa-Viertel und unser Geschäft an der Shinsai-Brücke restlos nieder; doch dank eines Bruders meines Mannes, der in Kōriyama lebte, fanden wir drüben in der Yamato-Provinz eine Wohnung. Dort brauchten wir, wenn nachts Fliegeralarm war, keine Sorgen zu haben; im Nachthemd beobachteten wir, in welche Richtung sie flogen. Am 15. Juni morgens erzählte mir unsere Tochter von einem Traum: Eine B 29 habe sie angegriffen, und sie sei nicht imstande gewesen zu fliehen; am liebsten ginge sie heute nicht in die Rüstungsfirma, in der sie arbeitete. Ich sagte, dann solle sie doch zu Hause bleiben. »Aber ich habe die Tresorschlüssel, die brauchen sie. Ich werde schon aufpassen. Wenn es Alarm gibt, komm' ich schnell nach Hause.« Doch es wurde Nacht, und sie kam nicht wieder. Abwechselnd liefen mein Mann und ich bis drei Uhr in der Frühe zum Bahnhof. Alles, was wir erfuhren, war, daß keine Züge bis Ōsaka verkehrten.

Anderntags machten wir uns nach Ōsaka auf, die Stadt hatte sich in eine riesige Brandstätte verwandelt. Als wir die Firma erreichten, war es schon nach drei. Am Tor weinten die Angestellten und sagten zu uns: »Es tut uns so leid.« Dann erzählten sie uns, daß unsere Tochter, wie sie es geträumt hatte, von der Bombe aus einer B 29 getroffen worden war, als sie gerade zum Bunker rannte. Ich sah plötzlich wieder ihr lächelndes Gesicht vor mir, mit dem sie gegangen war ... Warum hatte ich sie nicht zurückgehalten? Ich hätte sie zwingen sollen, zu Hause zu bleiben. Und ich weinte laut und bitterlich, obwohl mein Mann mit mir schimpfte.

Nicht weit von der Firma entfernt waren die Särge mit den Toten zum Verbrennen aufeinandergestapelt. Unter Tränen sagte ich zu unserer toten Tochter: »Warte auf uns, dein Vater und ich, wir werden dir bald nachfolgen.« Wirklich dachten wir, heute oder morgen wird es uns treffen. Doch als wir dann am 15. August mittags die Kapitulationsrede des Kaisers hörten, wollte uns der aufgestaute Zorn das Herz zerreißen. Hätten sie zwei Monate früher die Waffen gestreckt, wäre unsere Tochter nicht gestorben.

Noch hatten wir die schwache Hoffnung, daß unser Sohn Chūichi zurückkäme, und wäre er blind oder verkrüppelt – wenn er nur lebte! Wir begingen gerade den hundertsten Tag nach dem Tod unserer Tochter, da lasen wir plötzlich in der Zeitung, daß Chūichis Bataillon auf den Marianen-Inseln aufgerieben worden wäre. Einige Monate später erhielten wir die offizielle Nachricht, und eines Tages erschien bei uns einer vom selben Bataillon, der berichtete: »Mein Kamerad Kuniyasu ist bei der Landung auf Saipan gefallen.« Hatte ich bis dahin noch immer gedacht, ich würde ihn doch unter denen entdecken, die jetzt gesund nach Hause kehrten – nun gab ich es auf.

Mein Mann hatte zwar keine Tränen, aber wie mochte er innerlich leiden. Er wurde schwächer und schwächer, und im Februar 1950 ist er dann gestorben.

Tomie Akazawa
(geboren 1905)

Als es endlich vorbei war

Damals, 1945, wohnten wir im Ōyodo-Bezirk nahe dem Kinrankai-Lyzeum. Unsere Tochter ging dort in die erste Klasse. Wir hatten verabredet: Wenn wir sterben müssen, dann am besten alle drei gleichzeitig; übrigzubleiben ist scheußlich. So hielten wir, obwohl die Angriffe heftiger wurden, in Ōyodo aus.

Als wir aus der Ferne den Großangriff auf Süd-Ōsaka am 13. März beobachteten, war das nicht so, als ginge uns das nichts an. Immer waren wir darauf gefaßt, daß unsere Gegend als die nächste an der Reihe wäre. Manchmal gab es in einer einzigen Nacht vier-, fünfmal Alarm. Kaum waren wir im Bett warm geworden, krochen wir wieder in den Luftschutzgraben. Gelegentlich dachte ich: Besser, wir wären schon tot.

Im Juli schließlich erlebten auch wir einen Großangriff, und alle ringsum flüchteten hinüber zu dem großen Löschwasserbecken, das man auf einem zum Sammelplatz erklärten freien Grundstück angelegt hatte. In die Schutzgräben konnte man vor Rauch und Hitze nicht hinein. Von den überall fallenden Brandbomben standen die Straßen, die Häuser, auf den freien Flecken selbst der Rasen in hellen Flammen; es bildete sich ein glühendheißer Wirbelwind, Bettdecken und elektrische Kabel flogen durch die Luft. Auch uns wurden die Decken, die wir uns über den Kopf gelegt hatten, weggerissen; zwar hatten wir unsere mit Wasser getränkten Luftschutzkappen auf, doch innerhalb von drei Minuten waren sie völlig ausgetrocknet. Mein Mann war stellvertretender Vorsitzender der Bezirksversammlung, und obwohl er mich und die Tochter zu retten versuchte, hielt er selber es vor Hitze nicht mehr aus und sprang zuerst in das Löschwasserbecken. Wie die Kartoffeln plumpsten die Leute ins Wasser, manche sogar mitsamt dem Fahrrad oder mit ihren Hühnern.

Meine Tochter, merkte ich, war schon fast bewußtlos vom Rauch; den Kopf voran schob ich sie in das Wasserbecken und rief: »Halte dich in Papas Nähe!« Doch in diesem Augenblick – ich selber hatte zuviel Rauch geschluckt – verließ mich die Kraft, ihr nachzuspringen, und ich fiel in Ohnmacht. Es ist aus, dachte ich noch. »Mama, du darfst nicht sterben! Du darfst nicht sterben!«

Von diesem Schrei meiner Tochter kam ich wieder zu mir. Ich kann bis heute ihre gellende Stimme nicht vergessen. Eine Brandbombe hatte meine Luftschutzkappe gestreift und die dicke Wattefütterung zum Glimmen gebracht; den Rauch davon hatte ich direkt eingeatmet. Fast wäre ich daran erstickt.

Unser dreistöckiges Haus, von den Brandbomben völlig verwüstet, diente den Angreifern als Markierung; die daneben aufgestapelten Briketts und die Eierkohlen brannten zwei Tage lang. Selbst am hellen Mittag war der Himmel noch schwarz. Gerettet hatten sich nur diejenigen, die in die Löschwasserbecken gesprungen waren. Wer sich am Straßenrand unter die mit Flüchtlingshausrat beladenen Lkws und Karren geduckt hatte, manchmal noch mit einem Kind auf dem Rücken, war zusammen mit dem ganzen Gepäck verbrannt. Auch der Vorsitzende unserer Bezirksversammlung war tot, ihn hatte am Eingang eines Unterstands eine Brandbombe direkt getroffen.

Wir drei waren wie durch ein Wunder davongekommen. Und als wir nicht weiterwußten, stand plötzlich der frühere Volksschullehrer unserer Tochter mit einem Kohlkopf in der Hand vor uns: »Bleiben Sie doch vorläufig bei uns!« Er hatte uns überall unter den Ausgebombten gesucht. Nicht zu sagen, wieviel Mut mir solch warme Herzlichkeit einflößte.

Später mieteten wir ein Zimmer im Dorf Akasaka. Einige Kommoden, die wir ausgelagert hatten, transportierten wir mit einem Pferdewagen dorthin. Aber in fremder Umgebung etwas zu essen zu bekommen, war schwierig; zudem hatten wir unter wilden Attacken von Flöhen zu leiden. Meinem Mann war beim Luftangriff ein Bombensplitter in die Ferse eingedrungen, er war zu keiner Arbeit imstande. Ich selber hatte all die Jahre immer ein Hausmädchen gehabt und ein angenehmes Leben geführt; jetzt bekam ich vom schweren Heben Blutergüsse an den Armen. Als ich wieder einmal von Sone her mit ausgelagertem Gepäck unterwegs nach Akasaka war, gab es Alarm; ich duckte mich in einen Keller, um gleich darauf in die Luft gewirbelt zu werden. Eine Bombe hatte eingeschlagen und die Gleise zerstört, so daß ich nicht heimfahren konnte. Ich nahm das schwere Gepäck auf den Rücken und ging zu Fuß los. Aber ich hielt das nicht durch. Ich sprach eine Frau an, ob ich das Gepäck nicht bei ihr unterstellen dürfte. Sie antwortete nicht einmal. Im nächsten Haus bat ich den Besitzer darum, und er machte das gern, gab mir sogar Tee und ein Stück von dem rationierten Brot. Über so etwas war man damals glücklich. Als ich dann so spät nach Hause kam, hatten sie schon gedacht, ich wäre unterwegs gestorben.

Endlich war das Kriegsende da. Ich hörte aus dem Radio die Stimme des Kaisers; dabei empfand ich nicht die geringste Enttäuschung darüber, daß wir den Krieg verloren hatten. Eine Freude, ein Gefühl der Erleichterung erfüllte mich: »Wir sind aus all dem Schrecklichen gerettet!«

Minoru Shimoda
(geboren 1928)

Wie mein kleiner Bruder starb

Wenn ich mich an meine Jugend erinnere, so habe ich das Gefühl, als hätte ich mich, etwa in der Fabrik unter den anderen, erwachsenen Arbeitern, stets bis zum letzten verausgabt. Abends, sobald ich nach Hause kam, warf ich mich hin; ich war tatsächlich völlig erschöpft, ich mußte einfach schlafen, schlafen. Wegen zwei-, dreimal Alarm stand ich nicht auf. Die Sirenen hörte ich, natürlich. Aber ich war in einem Zustand, daß ich mir sagte: Wenn jetzt die Bomben fallen und es erwischt mich, na gut, dann bin ich eben tot; besser geschlafen als aufgesprungen und davongelaufen. So erschöpft war ich. Deswegen weckte mich meine Mutter auch nicht. Sie sagte sich wohl: Soll er doch schlafen bis zum letzten Augenblick.

In der Handelsschule im Sugamo-Viertel ließ man uns bis in die dritte Klasse Soldaten spielen, man nannte das vormilitärische Ausbildung. Die dritte Klasse erreichte ich 1943, war also vierzehn, fünfzehn Jahre alt. Dazu hatten wir einen Karabiner aus dem Jahre 1905, den sogenannten »Achtunddreißiger«. Aber der war für unsere Kinderarme viel zu schwer. Wirkliche Übungen konnten wir damit nicht machen. Jeder Schule waren zwei Offiziere zugeteilt, die uns unterrichteten. Damals nun, als ich in der dritten Klasse war, kam als »Schülermobilmachung« der Arbeitseinsatz hinzu. Wir gingen in eine Waffenfabrik in Kamijūjō und halfen beim Verpacken der Gewehre. Immerhin hatten wir da noch etwa die halbe Stundenzahl Unterricht.

Später, in der vierten Klasse, gingen wir so gut wie überhaupt nicht mehr in die Schule, nur noch in die Fabrik. Das sollte wohl die japanische Produktion stärken. Die wehrfähigen Männer waren alle an der Front und bloß die Frauen, Kinder und Alten in der Heimat zurückgeblieben; auch die Schülerinnen arbeiteten in den Fabriken. Sie machten meist die Büroarbeit. Die Fabrik wurde jetzt nach Ōji ins Physikalisch-Chemische Institut verlegt. Man stellte Torpedoteile her, aber wir waren nur damit beschäftigt, das Zeug auf Lkws zu verladen.

Mit der Lebensmittelversorgung stand es schlecht, da aber meine Eltern einen Lebensmittelhandel hatten, war von dem, was anderen fehlte, genügend Vorrat da. Vor allem von dem wertvollen Zucker hatten wir uns so viel zurückgelegt, daß es für die Familie reichte. Deshalb gab mir meine Mutter als Zuspeise zum Essen immer süß gedämpfte Bohnen mit. »Der Shimoda hat's gut«, sagten meine Freunde, die mit mir auf Einsatz waren. »Wir haben schon über zwei Jahre nichts Süßes mehr gegessen.« Sie alle, fünfzehn, sechzehn Jahre alt, hatten nicht einmal an einfachen Dingen satt zu essen; kein Wunder also, daß sie auf meine süßen Bohnen neidisch waren. Ich meinerseits fand durchaus nichts Besonderes daran; und außerdem war es klar, daß ich mit den anderen teilte. Ich nahm deshalb stets einiges mehr an süßen Bohnen mit. Aber weil wir so viele waren, bekam schließlich jeder nur ganz wenige.

Was nun den 9. März 1945 angeht, ganz genau erinnere ich mich zwar nicht, jedenfalls hatte ich zusammen mit den Erwachsenen von frühmorgens bis abends spät geschuftet, und da das jeden Tag so ging, war ich, als ich nach Hause kam, vollkommen erledigt. An dem Abend um neun herum gab es Alarm, der bald wieder aufgehoben wurde. Na, ein Glück, dachte ich; aber kaum hatte ich mich hingelegt, heulten die Sirenen von neuem. Tag für Tag der Arbeitseinsatz und Nacht für Nacht der Fliegeralarm. Mir war also nicht gerade nach Aufstehen zumute, als ich die Sirenen hörte. Aber bei diesem zweiten Alarm konnte ich deutlich das Gebrumm der B 29 am Himmel ausmachen. Sofort rannte ich in den Luftschutzgraben vor dem Haus. Auf der Südseite des Umamichi-Kreisels begann es Brandbomben zu regnen. Das ist anders als sonst, dachte ich. Schon wurde auch die Gegend hinter unserem Haus direkt angegriffen, und Häuser gingen in Flammen auf. Allmählich wurde es gefährlich, wir mußten die Flucht einleiten.

Wir waren sieben Kinder, vier Jungen und drei Mädchen, ich der älteste, dazu unsere Eltern, das machte neun. Der Fluchtplan besagte: erst die Alten und die Kinder in Sicherheit bringen. Also lief meine Mutter mit den anderen Richtung Sumida-Park los, zurück beim Haus blieben nur Vater und ich, jedenfalls bildete ich mir das ein. In Wahrheit aber – das sollten wir erst später entdecken – war unser dritter, der elfjährige Kiyoshi, noch im Haus. Zu zweit schleppten wir sämtliche Möbel auf die Mitte der Straße und bauten sie ringsum dicht mit den Tatami-Matten zu; hätten wir sie im Haus gelassen, wären sie verbrannt, aber so – dachten wir – sind sie uns sicher, denn die Straße, auf der sie jetzt standen, war breit.

Dann rannten wir ebenfalls los. Meine Schulbücher, meine Kleider und dergleichen hatte ich auf einen zweirädrigen Karren geladen. So lief und lief ich, während die Flammen hinter uns herjagten. In der Nähe unseres Hauses brannte es noch nicht, aber weiter hinten, da loderte es heller und heller. Unterwegs wurde ich von meinem Vater getrennt; wo, das weiß ich nicht mehr. Inzwischen wurde der Sturm von den Bränden immer stärker. Am Umamichi-Kreisel bog ich nach links ab, um die Kototoi-Brücke zu erreichen. Hier war ein solches Funkengestiebe, daß manchem davon das Fluchtgepäck in Flammen aufging und verbrannte. Ich setzte mir meine Luftschutzkappe auf, hängte mir den Mantel über, und so kam ich endlich mit meinem Karren an der Brücke an. Auf der Brücke drängten sich die Leute, die sich dorthin geflüchtet hatten; immerhin konnte ich mich mit meinem Karren noch durchquetschen. Dann zur nächsten, zur Narihira-Brücke. Irgend jemand sagte, weiter vorn wäre mit Gepäck nicht mehr durchzukommen. Ich versuchte es trotzdem, doch es war nicht zu schaffen. Die Menschen standen Kopf an Kopf. Kurz entschlossen kippte ich den Karren mitsamt meinen Sachen in den Fluß.

Jetzt hatte ich nur noch mich selber in Sicherheit zu bringen. Ich ging den Fluß entlang Richtung Oshiage. Damals befand sich dort das Depot der Tōbu-Bahn, und ein Zug neben dem anderen stand auf den Gleisen. Da es mit dem Funkenflug immer schlimmer wurde, sprang ich in einen der Wagen hinein. Drinnen kein Mensch, ich war allein ... Nach einer Weile begannen auch hier die Bomben zu fallen, die Wagen gerieten in Brand. Wieder von Flammen gejagt, rannte ich zum Bahnhof Oshiage. Damit war ich gerettet; denn als ich ankam, war die Gegend um den Bahnhof, die es zuerst getroffen hatte, schon ausgebrannt. Alles noch heiß und voller Rauch, aber wenn das Feuer auch hier erst jetzt ausgebrochen wäre, hätten mich die Flammen ganz umzingelt, und wer weiß, ob ich noch am Leben wäre. So stand ich bis zum Morgen und wartete darauf, daß der Angriff zu Ende ging.

Sowie es im Osten hell wurde, sagte ich mir: Jetzt geh nach Hause, und sieh zu, was mit den anderen ist. Erst da begann ich mir Sorgen zu machen, ob sie alle in Sicherheit wären. Ich rannte zurück. Als ich unterwegs auf die Kototoi-Brücke kam, war die mit Leichen übersät. Zunächst begriff ich gar nicht, daß das Tote waren. Es sah aus, als hätte ein Anzugschneider seine Puppen hingeworfen und wäre davongelaufen. Wirklich, wie die Puppen lagen sie da, einer neben dem anderen, und Männer und Frauen nicht zu unterscheiden. Mich packte das Grausen. So viele Tote, daß ich nicht wußte, wohin ich treten sollte. Wie benommen hüpfte ich über sie hinweg und hatte schließlich die Brücke hinter mir. Das war ein derart entsetzlicher Anblick, daß ich nicht mehr sagen kann, ob mir dabei übel war oder ob ich mich fürchtete.

An der Ruine unseres Hauses traf ich meinen Vater. War ich froh! Dann kam mein zweiter Bruder zurück. »Und was ist mit Mama und den anderen?« Er sagte: »Sie sind alle gesund.« Ich spürte, wie mir ein Stein vom Herzen fiel. Unsere Familie wäre also heil durchgekommen. Doch als wir uns alle wieder zusammengefunden hatten, fehlte Kiyoshi, unser dritter. Nun mußte jeder berichten, und dabei stellte sich heraus, daß Kiyoshi schon nicht mehr dabeigewesen war, als sie mit meiner Mutter zum Sumida-Park flüchteten. Seine Leiche haben wir auch danach nicht gefunden. Vielleicht hatte er sich, dachten wir, verlaufen und war irgendwo ganz in der Nähe in den Flammen umgekommen. Einer meiner Freunde aus der Nachbarschaft erzählte später, er und seine Leute seien fast zu spät geflüchtet, erst eine ganze Weile nach uns, als die Gegend schon ein einziges Meer von Flammen war; da habe er von weitem meinen kleinen Bruder gesehen, wie er herumstolperte, unter jedem Arm ein Huhn ...

Tatsächlich hatten wir uns damals Hühner gehalten, und der elfjährige Kiyoshi war für sie verantwortlich gewesen. Nun war das gerade die Jahreszeit, in der sie besonders tüchtig Eier legten, und die bildeten einen wichtigen Beitrag zu unserer Ernährung. So klein er war, mochte Kiyoshi doch gewußt haben, was uns die Hühner bedeuteten. Er wird mit dem ganzen Ernst, mit dem sich ein Kind für etwas verantwortlich fühlt, der Meinung gewesen sein, die Hühner dürfe er auf keinen Fall umkommen lassen. Zweifellos war er deshalb nicht zusammen mit Mutter und den anderen geflüchtet. Und schließlich hatten ihn die Flammen eingeschlossen . . .

So kam es, daß allein unser Kiyoshi ein Opfer des Angriffs wurde, während wir andern acht überlebten. Die Möbel, die ich mit meinem Vater noch auf die Straße geschleppt hatte, waren natürlich verbrannt; und auch von unserem Haus war nichts übriggeblieben. Wie ringsum von sämtlichen Häusern. Alles war eine einzige Brandstätte.

Am 10., morgens zwischen neun und zehn, machten wir uns auf den Weg nach Uguisudani, von wo aus wir mit der Bahn oder notfalls zu Fuß das Elternhaus meines Vaters in Narimasu im Bezirk Itabashi erreichen wollten. Zum Glück war niemand von uns verletzt, nur die Augen brannten uns entsetzlich. Aber ohne uns beim Verbandsplatz im Asakusa-Tempel zu melden, gingen wir geradeaus nach Uguisudani. Auf der Straße, die hinter dem Tempel herumführt, sahen wir keine Toten; vermutlich hatte man sie schon weggebracht.

Als wir endlich in Uguisudani ankamen, fuhr die Yamanote-Linie nicht. Erst von Nippori aus, so hieß es. Aber meine Geschwister, alle noch kleiner, waren so müde, daß sie nicht weitergehen wollten. Ich als der einzige, der den Mut dazu hatte, meinte: »Irgendwie werde ich es schon bis Narimasu schaffen. Außerdem haben die dort ein Auto, und wenn ich ihnen sagen lasse, daß ich unterwegs bin, werden sie mir entgegenkommen.« Also marschierte ich allein nach Nippori. Wirklich verkehrten von dort aus die Züge. Ausgebombte brauchten damals kein Fahrgeld zu bezahlen. Und mir sah man auf den ersten Blick an, daß ich einer war. »Ja bitte, steig nur ein«, hieß es, und so fuhr ich mit der Yamanote-Linie bis Ikebukuro, stieg dort in die Tōjō-Linie um und war in Narimasu. Bis zum Elternhaus meines Vaters ging ich zu Fuß.

Sie hatten sich ziemliche Sorgen gemacht. Bei Tagesanbruch hatten sie was zu essen eingepackt und waren mit dem Auto bis Asakusa gefahren. Aber wir waren einen anderen Weg gegangen. Als ich nun die Geschichte erzählte, fuhren sie noch einmal los und holten die anderen in Uguisudani ab.

Bald darauf, weil unsere Familie so groß war, wurden wir Kinder aufgeteilt, und einige gingen in das Elternhaus unserer Mutter. Die

Verwandten von beiden Seiten waren Bauern. Sie produzierten daneben eingesalzenes Gemüse; so hatten sie wenigstens nie die Sorge, daß einmal nicht genügend zu essen da wäre. Ich half bei der Feldarbeit und blieb dort etwa zwei Jahre. Zwischendurch machte ich mein Handelsschulexamen. Das war kurz nach jenem Großangriff. Die Schule selber war ausgebrannt, es gab keine Abschlußfeier, auch ein schriftliches Zeugnis erhielten wir nicht. Ein armseliges Examen! Aber die Schulzeit war ja ganz ähnlich gewesen: Teils militärische Ausbildung, teils Arbeitseinsatz, wirklich gelernt hatten wir nichts.

Tomio Yoshida
(geboren 1927)

Zweimal davongekommen

Wir waren im März 1945 noch zu viert: meine neunzehnjährige Schwester und ich, als siebzehnjähriger Schüler im Arbeitseinsatz, meine Mutter, die dreiundfünfzig, und mein Vater, der vierundfünfzig war. Mein älterer Bruder stand bei der Armee in Nordchina, ein jüngerer, dreizehnjähriger war mit seiner Schule in die nahe Provinz evakuiert, meine fünfzehnjährige Schwester, als »Freiwillige«, wohnte in der Unterkunft einer Rüstungsfirma, wo sie Lehrling im Konstruktionsbüro für Kampfflugzeuge war. Wir besaßen ein zweigeschossiges Haus mit hundert Quadratmetern im Ōshima-Viertel in Tōkyō, außerdem noch ein Seitengebäude, das vermietet war. Mein Vater betrieb einen Holz- und Kohlenhandel.

Als am Abend des 9. März um acht herum die Sirenen heulten, brachten wir unsere bewegliche Habe teils in den von uns selbst angelegten sieben Quadratmeter großen Bunker unter dem Haus, teils in einen kleineren Graben am Straßenrand vor dem Haus und deckten Eisenplatten darüber. Meine Schwester kochte inzwischen Reis.

In den Nachrichten hatte es geheißen, es handele sich um einen Großangriff von B-29-Maschinen, ihr Ziel sei die dichtbevölkerte Unterstadt Tōkyōs. Also veranlaßten wir unsere Eltern, daß sie möglichst schnell auf freies Gelände flüchteten. Natürlich gab es damals keine wirklichen Freiflächen; da waren nur der Sarue-Park und der Holzplatz beim Forstministerium. Wir schärften ihnen ein, sie sollten vorsichtig sein, weil es wahrscheinlich zu gewaltigen

Staubwolken kommen würde. Wir versprachen, uns später im Park zu treffen.

Bald darauf fielen mit metallischem Klirren die Bomben, dröhnten die B 29 so tief über uns hinweg, daß man seine eigenen Worte nicht mehr verstand. Das vordere und das hintere Haus wurden von Brandbomben getroffen und fingen Feuer. Zunächst versuchten wir, mit Eimern von Wasser zu löschen, aber da, wo die Bomben ihr Öl verspritzt hatten, brannte es wie flüssiger Gummi, und wenn wir Wasser daraufgossen, breiteten sich die Flammen nur um so heftiger aus. Wir schlugen sie mit Kleidern und Decken aus, doch im nächsten Augenblick loderten sie an anderer Stelle auf. Es hatte keinen Sinn. Allmählich erhob sich ein Wind, Funken tanzten, vermischten sich mit dem Staub, der Wind wurde zum Sturm – es war wie auf den Bildern die Hölle. Die Leute, die auf der zwei Meter breiten Straße Richtung Park rannten, wurden von dem Sturm in die Höhe gerissen, sie stürzten, Funken fielen auf sie, und dann brannten sie wie lebende Fackeln.

Ich stopfte meine eigenen Sachen, dazu die Uhr von der Wand und die gerahmten Examenszertifikate in einen Jutesack und drängte meine Schwester zum Aufbruch. »Warte noch einen Augenblick«, sagte sie, während sie emsig Reisklöße formte. Die haben uns später sehr geholfen, aber jetzt begriff ich nicht, ich war ungeduldig, und allein wollte ich nicht losgehen. Ich lief noch einmal in das obere Geschoß hinauf und stopfte auch die Rollbilder in meinen Sack. Wieder unten, setzten wir zuletzt den Topf mit dem Reis in den Sack, ich nahm ihn auf die Schulter, und so verließen wir das Haus.

Schritt für Schritt, von dem Sturm hin und her getrieben, arbeiteten wir uns auf der Straße vorwärts zum Park. Als wir die Kimura-Brücke überquerten, standen der Holzplatz beim Ministerium und die Verkaufsbuden im Park schon in Flammen, und die Straße selber war so mit Funken übersät, daß an ein Weitergehen nicht zu denken war und wir an der Schiffslände unterhalb der Steinmauer der Brückenauffahrt haltmachten. Es kauerten dort schon zwei, drei Leute; bald waren wir zwanzig bis dreißig.

Der Sturm hatte jetzt Orkanstärke erreicht. Damit nahm auch die Hitze zu, und wir zwei klammerten uns aneinander, um so der Glut zu widerstehen. Irgend jemand nahm eine leere Konservendose und bespritzte uns alle mit Flußwasser. Ein bis zwei Stunden mögen wir so ausgeharrt haben. Während dieser ganzen Zeit war pausenlos das entsetzliche Dröhnen der B-29-Maschinen über uns, die wir mit zusammengebissenen Zähnen dahockten. Dann plötzlich wurde mir kalt, und ich stand auf. Meine Schwester wollte mich zurückhalten, aber ich kletterte auf die über zwei Meter hohe Mauer, und während ich mich in dem heißen Wind wärmte und auf die verkohlten Bäume starrte, spürte ich, wie ich auf etwas Weiches trat. Im Feuerschein sah es aus wie eine Schneiderpuppe. Schon war ich im Begriff, es mit dem Fuß wegzuschieben, da erkannte ich: Es war ein Toter! Von den Kleidern war kein Fetzen mehr vorhanden, er mußte gebrannt haben wie eine Fackel – dieser erste Tote, den ich in meinem Leben sah. Und das nur ein paar Schritte von uns entfernt, über unseren Köpfen. Zitternd kehrte ich zu meiner Schwester zurück. Ich erzählte es ihr. »Du solltest nicht gehen!« Sie zitterte wie ich.

Irgendwann begann es im Osten hell zu werden, wie gewöhnlich. Wo mochten unsere Eltern sein? Wir gingen durch die ausgebrannte Stadt. Nirgends stand mehr etwas, als hätte es nie etwas gegeben. Wo denn war unser Haus gewesen? Wir versuchten, uns nach der Bahnlinie zu orientieren, und stellten fest, daß wir zu weit gegangen waren. Beim Umkehren entdeckten wir nahe bei einem Übergang mitten auf der Straße zwei völlig verkohlte Frauenleichen, die beiden kleinen Bündel daneben schienen Kinder gewesen zu sein.

Endlich fanden wir die Stelle, wo unser Haus gestanden hatte. Wenigstens unser Bunker vorn an der Straße war noch zu erkennen. Aber auch der war ausgebrannt. Neben ihm ein Auto, offenbar das unseres Nachbarn, das völlig ausgeglüht war. Als es in Brand geriet, muß das Benzin in unseren Bunker gelaufen sein und unsere Sachen in Flammen gesetzt haben. Aber wirklich leid tat es mir nur um mein Akkordeon mit den dreiundzwanzig Tasten; ich hatte es mir von meinem Taschengeld abgespart, und nichts hatte mir während dieses Krieges mehr Beruhigung verschafft, als wenn ich darauf spielen konnte.

Inzwischen kehrte meine Mutter zurück, bald darauf auch mein Vater. Beide hatten sie so rote Augen, daß sie kaum noch etwas sahen und nur taumelten; sonst waren sie gesund. Es war schon richtig gewesen, daß wir sie so früh losgeschickt hatten.

Wohlbehalten, aber untätig saßen wir inmitten der Aschenwüste, bis am Nachmittag meine in Mejiro verheiratete älteste Schwester mit ihrem Mann erschien, der für die Armee arbeitete. Sie waren von Kanda die Bahnstrecke entlang bis Kameido gelaufen und von dort aus weiter zu Fuß bis zu uns heraus. Schon seit morgens unterwegs aus Sorge um uns, hatten sie seither nichts gegessen. Wir holten die Reisklöße hervor, und während ich erzählte, wie wir zu diesem Vorrat gekommen waren, verzehrten wir sie gemeinsam. Zum erstenmal seit dem Angriff wurde sogar gelacht. Dann brachen wir auf, um noch vor Abend Mejiro zu erreichen.

Der Holzplatz brannte noch immer. An der Kikugawa-Brücke sahen wir aus der Ferne Berge von etwas Schwarzem. Als wir näher kamen, waren es Tote, die einer über dem anderen lagen. Hier war es offensichtlich am schlimmsten gewesen. Die Leute aus Kikugawa und Chitose schienen in dem Augenblick von den Flammen eingeholt worden zu sein, als sie sich vor der Brücke drängten. Auch im Fluß Berge von Toten auf den Flößen. Manche mit dem Kopf im Wasser, manche die Arme in die Luft gereckt, andere neben den Flößen bis zum Hals im Wasser. Von irgendwoher wehte der Duft von Weihrauchstäbchen heran: Die Überlebenden erwiesen ihren Toten den letzten Dienst. Jenseits des Sumida-Flusses hatte es, meine ich mich zu erinnern, weniger Opfer gegeben. In Nihombashi in den Betongebäuden flackerte es noch hier und da. Endlich waren wir am Bahnhof Tōkyō, wo wir in den Zug stiegen. Natürlich kostenlos.

Am nächsten Tag hörte ich von meinem Vater, daß der Onkel in Kameido vermißt werde; später hieß es, er sei mit seiner Tochter verbrannt.

Damals wurde man von einer Propaganda, die die Engländer und Amerikaner als »Teufel und wilde Tiere« bezeichnete, in den Krieg gejagt; aber nachdem ich diese Feuerhölle erlebt hatte, meldete ich mich freiwillig zur Armee – so groß war meine Wut. Ich wurde nach Chiba einberufen, dann nach Kyūshū, Tottori, Okayama und schließlich nach Hiroshima verlegt. Hier erlebte ich, nun als Soldat, die Atombombe. Da wir jedoch an dem Tag in ziemlicher Entfernung von der Abwurfstelle unter einer Brücke biwakierten, entging ich der Gefahr. Auf der Straße nach Okayama sah ich Menschen, denen der Druck von der Atombombe ein Auge herausgerissen hatte, andere waren von Kopf bis Fuß mit Wunden bedeckt, eine Frau hielt eine Wärmflasche umklammert und meinte, es sei ihr Kind. Im Zentrum der Stadt klebte ein weißer Stoffetzen an einer

Betonmauer, der Rest eines weißen Kittels. Mehr war von einem Arzt nicht übriggeblieben, sein Leichnam unauffindbar. Ein Brandfleck auf der Mauer wie von einer dünnen Gummiplatte mochte sein Kopf gewesen sein.

Eiji Okugawa
(geboren 1924)

Geblieben ist nichts

Etwa dreieinhalb Jahre lang war ich in der Armeefabrik in Ōji beschäftigt und drehte Gewehrmunition. Die zweieinhalb Kilometer von Higashijūjō bis zur Fabrik lief ich, nachdem ich früh aufgestanden war, zu Fuß. Unterwegs in einem Lokal am Bahnhof Jūjō schlürfte ich morgens und abends eine Suppe. Auch an Sonntagen wurde gearbeitet, und abwechselnd jede zweite Woche hatte ich Nachtschicht. Da wir in der Fabrik mit gefährlichen Dingen umgingen, fand morgens und abends bei Schichtwechsel eine strenge Leibesvisitation statt.

Wir alle waren erschöpft, und in den kurzen fünfzehnminütigen Pausen legten wir uns sofort lang hin. Irgendwo in der still gewordenen Werkshalle schnarchte einer. Keiner beschwerte sich über die äußeren Bedingungen; wir arbeiteten mit Eifer Tag für Tag und in Erfüllung unserer selbstverständlichen Pflicht.

1944 wurde ich nach Kamimeguro zum 17. Bataillon einberufen. Ich hatte Tauglichkeitsstufe 3 b, wäre also in normalen Zeiten nie Soldat geworden. Jetzt gab es einige von meiner Sorte: spillerige Kerle, die nicht größer waren als ein 38er Karabiner. Ich glaube selbst, daß ich als Soldat eine schlechte Figur machte. Aber in meiner Gesinnung gegenüber dem Vaterland wollte ich mich von keinem unterkriegen lassen.

Sobald ich zum Kasernentor hinein war: ringsum nur strenge Gesichter. Als wäre es gestern gewesen, erinnere ich mich, wie ich selber die Zähne zusammenbiß und mich straffte. Um sechs war Wecken, dann Appell und anschließend hartes Training. Manchmal schaffte man es nicht. Da gab es unweigerlich Ohrfeigen dafür. Und war man müde, ließen sie einen nicht zum Schlafen kommen. Um sich bei den Vorgesetzten beliebt zu machen, haben wir häufig für sie die Wäsche gewaschen. Am Waschplatz haben wir und dann leise und mit gesenkten Köpfen über die unangenehmen Kerle ausgelassen. Das waren unsere einzigen heiteren Augenblicke damals, aber eben auch nur, weil wir Rekruten dabei einmal unter uns waren. Sich gegen einen Altgedienten aufzulehnen war unmöglich; hatte man von so einem, etwa beim Appell, grundlos Prügel eingesteckt, heulte man sich danach auf der Latrine aus.

Als wir die erste Inspektion hinter uns hatten – inzwischen hatte sich die Lage an der Südfront verschlechtert, und wir hörten von Luftangriffen auf die japanische Hauptinsel –, waren wir an einem heiteren Tag am Tama-Fluß zum Kiesschippen. Der Lkw, mit Holzkohle betrieben und von einem älteren Soldaten gesteuert, stand nahe am Ufer, und gerade wollten wir eine Zigarettenpause machen, da peitschte uns plötzlich von irgendwoher eine Maschinengewehrsalve um die Ohren. Wir schauten auf: am Himmel ein einzelnes Flugzeug, das in der Sonne silbern blitzte. Verwirrt suchten wir nach Deckung, aber da war keine. Gleich darauf heulten die Alarmsirenen. »Schnell auf den Wagen!« schrie der ältere Soldat; dann rasten wir über die Setagaya-Straße zurück zur Kaserne. Unterwegs hörten wir unregelmäßiges Feuer unserer Luftabwehr. Als wir einmal unter Alleebäumen haltmachten, um abzuwarten, schlug es in der Nähe ein – offenbar ein Blindgänger aus einer Abwehrkanone. Sonst war alles ganz still ringsum.

In der Kaserne fanden wir unsere Einheit in großer Aufregung, alles lief durcheinander. Schäden hatte es angeblich nicht gegeben, und wir wurden auch danach über die von Tag zu Tag bedrohlichere Situation im Süden nicht informiert. Wir sollten wohl nicht unsicher werden.

Einige Tage später waren wir zu einer Feldübung auf dem Truppenübungsplatz in Komazawa, der von unzähligen Schützengräben durchzogen war. Um vier, wir waren dreckbeschmiert und hundemüde, wurden wir plötzlich von zwei, drei tieffliegenden feindlichen Bomben angegriffen. Wir stürzten in die Schützengräben, setzten die Stahlhelme auf und beobachteten sie. Wenn wir dachten, jetzt sind sie weg, kehrten sie um und griffen wieder an. Es war, als hätte jemand dem Feind gemeldet, daß wir hier eine Übung hatten. Zum Glück gab es keine Verletzten. Auf der Rückfahrt redeten wir untereinander mit leiser Stimme darüber, wo denn eigentlich unsere Flugzeuge geblieben waren und ob wir vielleicht, wenn es so stand, irgendwohin an die Front verlegt würden, um dort zu sterben. Aber das wollte keiner von uns.

Von März 1945 an wurden die Luftangriffe immer schwerer. In der Nacht, als die Unterstadt total zerstört wurde, hatten wir Alarmstufe eins. Mehrmals mußten wir, um alles durchzuproben, in höchster Eile auf dem Hof antreten. Die Luftabwehr schoß auf die im Licht der Scheinwerfer aufblitzenden feindlichen Maschinen, aber die Pulks von B 29 luden weiter ihre Brand- und Ölbomben ab. Der Himmel war blutrot. Dann auch bei uns die ersten Schreie, das Geballer der Abwehrkanonen, und klatschend fielen die Brandbomben auf die Kaserne. Wir liefen los, um die Flammen auszuschlagen, doch im Nu hatten sich die zweigeschossigen Gebäude in ein ganzes Meer von Flammen verwandelt. Gleichzeitig mit einem Riesenknall wurde ich sieben, acht Meter weit in den Hof geschleudert. Zwischen Feuersäulen hindurch liefen wir Hals über Kopf davon. Hinter uns fielen die Gebäude krachend in sich zusammen.

Morgens beim Hellwerden sahen wir: Da stand nichts mehr, nur Asche war übriggeblieben. Einer von uns Rekruten war umgekommen, nachdem eine Brandbombe direkt auf ihn gefallen war.

Diese Bomben hatten einen Durchmesser von etwa zehn Zentimetern, sechskantige Rohre, ungefähr einen halben Meter lang; an ihrer Spitze – das war das Raffinierte – befand sich eine blaue Schnur, mit der sie sich irgendwo festhaken konnten.

Einen halben Monat später, wir hatten uns in einer anderen Kaserne eingerichtet, brannte auch die völlig nieder. Und diesmal dachte ich wirklich, ich käme nicht mehr heraus.

Nach dem zweiten Angriff nahm ich einen Kurzurlaub, um nach meinen Verwandten in Ogu und nach einem Freund in Jōtō zu sehen. Ich ging über die Eitai-Brücke und dann zwischen verkohlten Leichen hindurch die löcherige Straße entlang. Auch im Fluß trieben Leichen; man hatte mit dem Aufräumen noch nicht angefangen. Eine Aschewüste, so weit man sehen konnte. Hier und da waren wie zur Abschreckung die Torpfeiler stehengeblieben. Oder schwarz verbrannte Leitungsmasten ohne einen Fetzen Draht. Ich fand das Haus meines Freundes nicht. Eine Menge Vögel flogen über das Trümmerfeld. Nicht abzuschätzen, wie viele Tote es hier gegeben hatte. Mit steifen Beinen ging ich weiter in Richtung Ogu, aber unterwegs begann ich unsicher zu werden und kehrte um.

Schließlich kamen die Nachrichten von den Atombombenabwürfen auf Hiroshima und Nagasaki, wo so viele unschuldige Alte, Frauen und Kinder gestorben waren, daß die Überlebenden, als danach der Krieg zu Ende ging, bitteren Groll empfanden.

Mein Kleiderbündel und einen armseligen Beutel Reis auf dem Rücken, kehrte ich in meine Heimat zurück. Von 1938 an hatte ich drei Jahre lang in der Mandschurei beim Patriotischen Korps der Jungkolonisten gestanden, hatte dann dreieinhalb Jahre in der Armeefabrik gearbeitet und war anschließend noch bei der Armee gewesen. Ich hatte mich ehrlichen Gefühls fürs Vaterland eingesetzt, aber geblieben war davon nichts.

Aiko Matani
(geboren 1924)

Jemand rief nach der Hebamme

Auf das schon gewohnte Heulen der Sirenen hin nahm ich meine Sachen und rannte hinaus; da sah ich am blauen Himmel fünf weiße Streifen. Es waren Kondensstreifen; die Maschinen selber konnte ich nicht erkennen ... Aus dem Radio, das bis dahin nur militärische Erfolge gemeldet hatte, kam jetzt häufiger die Bekanntgabe, es seien feindliche Flugzeuge eingedrungen. Wo die Häuser am dichtesten standen, hatte man einige zwangsgeräumt. Die große Durchgangsstraße war so aufs Dreifache verbreitert worden, und man hatte bis weithin einen freien Blick.

Nun wurden die Kinder evakuiert. Die Schüler der ersten bis sechsten Klasse lebten außerhalb der Stadt und getrennt von ihren Eltern in Gemeinschaftsunterkünften. Auch aus meiner Familie, die im Kōtōbashi-Viertel ein Badehaus betrieb, waren eine jüngere Schwester in die Präfektur Kanagawa und ein kleiner Bruder in die Präfektur Chiba evakuiert.

Im März 1945, weil sie vor der Abschlußprüfung standen, sollten die Sechstkläßler zurückgeholt werden; alle freuten sich darauf, aber da wurde am 9. März die Unterstadt völlig zerstört. Wir hatten das Badehaus früher geschlossen, weil kaum noch Kundschaft kam. Es muß abends etwa um neun gewesen sein. Im selben Augenblick gingen mit einem unheimlichen Ton die Sirenen los. Dann, mit den entsetzlich dumpfen Geräuschen, begannen die Brandbomben zu fallen und die Flammen unser Viertel einzuschließen. Wir sahen einander an. Wir waren auf alles gefaßt. Jeder auf seinem Platz, versuchten wir zu löschen, doch mein Vater spürte die Gefahr, nahm meine Mutter und eines der kleineren Geschwister fest bei der Hand, und indem ich das kleinste huckepack trug, flüchteten wir.

Die Flugzeuge ließen Leuchtbomben fallen. Plötzlich war es ringsum taghell. Mir schlug das Herz bis zum Halse: Jetzt kommen sie genau auf dich zugeflogen! Ein Pulk von B-29-Maschinen griff im Tiefflug an, so niedrig, daß sie rechts und links fast die Dächer streiften; ich konnte erkennen, wie die Brandbomben herausfielen. Eine Tragfläche, so hatte ich gehört, sei lang genug, daß elf Männer mit ausgestreckten Armen Platz darauf haben, und wirklich waren das riesige Maschinen. Ich sah, wie dem Sohn des Barbiers von einem Splitter der Arm abgerissen wurde. Dann spürte ich eine Hitze an meiner Hüfte: Die Stiefelchen des Kleinen auf meinem Rücken hatten Feuer gefangen! Rasch zog ich ihm die Stiefel aus und warf sie fort. Und weiter rannte ich die Straßenbahngleise entlang, den Blick immer auf den Rücken meines Vaters gerichtet, der schon halb im Rauch verschwand, bis wir unseren Fluchtplatz, die Kayaba-Volksschule, erreichten.

Im Handumdrehen hatte sich die Aula mit Menschen gefüllt; man schloß die Türen. Männer und Frauen, die noch draußen waren, schrien: »Macht doch auf! Helft uns!« Aber aus Furcht, beim Aufmachen könnte das Feuer hereinschlagen, ließ man die Türen geschlossen. So hart war man gegeneinander geworden. Auf einmal merkten wir, daß meine ältere Schwester nicht bei uns war. »Sie ist bestimmt auch noch draußen!« weinte meine Mutter, woraufhin ich sie, vielleicht weil ich so durcheinander war, wütend beschimpfte. Sicher, ich bedauerte meine Schwester, doch die Tränen kamen mir deswegen nicht.

Durch die Fenster sahen wir, daß draußen, wie aus Eimern geschüttet, der Funkenregen niederging. Um die Gefahr abzuwenden, preßten die Männer die Tatami-Matten gegen die Fensterscheiben. Vor Entsetzen bebte ich am ganzen Leib, auch das Kind auf meinem Rücken bebte. Als eine Brandbombe direkt die Schule traf und die Flammen sich schnell ausbreiteten, hieß es, hierzubleiben sei gefährlich, da gingen wir alle zusammen los, wußten aber nicht, wohin. Schließlich rannten wir durch die Glut auf den Sarue-Park zu. Eine Frau wälzte sich am Boden, ihr Haar brannte. Ein Mann riß sich im Laufen den brennenden Kimono herunter. Die Masten der elektrischen Leitung loderten. Blechstücke, Eimer wurden von dem Wind hochgeschleudert und fielen klirrend auf die Erde. Wir kamen nur bis an die nächste Kanalbrücke, krochen dort unter die Auffahrt und warteten den Morgen ab, während wir die umherfliegenden Funken abwehrten und uns gegenseitig schützten.

Alle Gesichter waren schwarz, die Augen schmerzten vom Rauch, das Gehen fiel schwer. Wir beschlossen, zu unserem Haus zurückzukehren. Wenn wir Bekannte trafen, fragten wir sie nach meiner ältesten Schwester. Keiner hatte sie gesehen. Da plötzlich entdeckten wir sie: Vor uns her ging sie auf die Stelle zu, wo von unserem Haus nur noch glimmende Asche übriggeblieben war. Sie hatte ein Bündel in der Hand; darin befanden sich einige Kleider sowie drei Zeitschriften – als Toilettenpapier, das war damals so wichtig. Ach, waren wir froh, daß wir sie heil und gesund wiedergefunden hatten!

Zum Flüchtlingssammelpunkt hatte man das Honsho-Kino bestimmt. Nachdem wir auf unser Grundstück eine Tafel, »Alle wohlauf«, gestellt hatten, begaben wir uns dorthin. Unterwegs sahen wir die verkohlten Leichen einer Mutter mit ihrem kleinen Kind. Das tat weh – wer mochten sie gewesen sein?

Die Ausgebombten vom 10. März erhielten nicht viel Hilfe. Man war glücklich, wenn man einen Namen ausrief und sich einer meldete und sagte: »Hier bin ich!« Jemand rief auch nach der Hebamme. Bei einer Frau hatten die letzten Wehen eingesetzt. Ich war damals zwanzig, aber das vergesse ich nicht: Es war schrecklich; wir wußten nicht, sollte man darüber glücklich oder traurig sein. Ich begriff die Verlegenheit der jungen Mutter sehr gut.

Tsuta Kawai
(geboren 1899)

Eine seltsame blutrote Sonne

Ich wohne seit sechsundfünfzig Jahren in Kameido. Damals im Krieg betrieben wir einen Eishandel. Wenn es gutging, verdienten wir in einem einzigen Sommer so viel, daß wir davon bequem drei Jahre leben konnten. Wir hatten daher ein ansehnliches Sparkonto, unser Haus war ein Neubau, ganz aus Zypressenholz; kurzum, es fehlte uns an nichts. Mein Grundsatz war, daß wir uns, weil wir selber auf jeden Fall genug zu essen hatten, für andere einzusetzen hätten. So arbeitete sich im Vorstand der Frauensektion und leitete zudem im Krieg unsere Nachbarschaftsvereinigung. Ich sah meine Lebensaufgabe darin, mich um das Wohlergehen von sechsundvierzig Frauen aus unserem Viertel zu kümmern. Meine Tage waren voll ausgefüllt.

Was unsere Familie an rationierten Lebensmitteln bekam, teilte ich unter den Frauen auf. Oft fuhr ich mit der ganzen Gruppe zu meinem Elternhaus, das in der Präfektur Chiba stand, und sagte zu meiner Mutter: »Gib ihnen zu essen, sie haben Hunger.« Da tischte sie ihnen nicht nur auf, sondern gab ihnen auch noch Reis und anderes mit. Oder wir gingen nach Koiwa, wo ich eine jüngere Schwester hatte, und holten Gemüse; das wurde auf alle verteilt, und dann warteten wir die Nacht ab, um auf Umwegen zurückzukehren.

Der Sohn von Verwandten arbeitete bei der Eisenbahn. Wir packten Reis, Gemüse, Obst und Eingelegtes in Pakete, und er warf sie, wenn er die Güterwagen rangierte, auf den Bahndamm. Auch das wurde an alle in der Nachbarschaftsvereinigung verteilt. Wir hielten zueinander wie eine große Familie. Es waren prächtige Leute ...

An jenem Tag ging ich, was ich regelmäßig tat, zu den Kasernen in Ōtsuka, wohin sie meinen Mann dienstverpflichtet hatten; um bei seinen Vorgesetzten zu erreichen, daß sie ihn, weil er kränklich war, bald wieder entließen, nahm ich allerlei Geschenke mit. Am nächsten Tag war »Armee-Tag«, da würde er Urlaub bekommen, und wir verabredeten, daß wir dann einiges Gepäck zu meinen Leuten aufs Land brächten. Später am Abend kam unser Sohn, der als Wissenschaftler beim Marineministerium war; er hatte seinen Dienstplan geändert, damit er sich am Vorabend des Feiertags um das Gepäck kümmern konnte.

Wie immer war ich, bevor um neun Uhr die Alarmsirenen erklangen, aus dem öffentlichen Bad zurück. Die üblichen Mompe-Hosen verabscheute ich und zog sie nie an, außer bei Alarm. Und auch an diesem Abend kam der Alarm. Aber es war anders als sonst. Es blies ein kräftiger Wind, irgendwie war mir an diesem Abend unheimlich zumute. Das Dröhnen der B 29 am Himmel klang entsetzlich laut.

Ich sagte zu unserem Sohn: »Das ist so merkwürdig heute abend. Steh schon auf!« Doch er erwiderte: »Ach was, wieder bloß blinder Alarm!« und ging überhaupt nicht auf mich ein. Nach einiger Zeit wurde das Getöse draußen immer lauter, die Fenster drüben im siebenten Block von Kameido verfärbten sich dunkelrot.

Ich hielt das nicht aus. Ich zog unserem Sohn die Bettdecke weg und schrie: »Schnell, steh auf!« Da sprang er in die Höhe und riß das Fenster auf. Die Gegend in Kameido war jetzt ein einziges Meer von Flammen. Als er das sah, begann es ihn zu schütteln, er wurde aschfahl, eine Weile war er wie benommen. Dann lief er ziellos im Zimmer hin und her, und schließlich nahm er einen Wasserschlauch und fing an, das Haus unter Wasser zu setzen.

Er hatte keine Fronterfahrung. »Sei nur ruhig«, sagte er. »Uns kann nichts passieren.« Aber mir war unwohl bei seinem Herumgelaufe, für mich war alles verloren, und ich trieb ihn an, daß wir das Haus verließen. Er schien völlig verwirrt, hatte lediglich die Hosen an und sonst nichts.

So liefen wir endlich aus dem Haus. Es war nicht mehr unser altes, ganz aus Zypressenholz erbautes; aus dem waren wir zwei Jahre zuvor zwangsevakuiert worden. Aber dort hatten wir einen Keller, voll mit Reis und Reiswein, damit wir, wenn unser Sohn eingezogen würde, mit der Nachbarschaft den Abschied feiern könnten; auch eine Menge Kleider usw. hatten wir dort eingelagert. Nachdem wir noch einiges Gepäck darin verstaut hatten, begaben wir uns zu dem Ehepaar von der Firma Seikōsha schräg gegenüber. Sie besaßen einen Keller und hatten uns wiederholt gesagt: »Kommen Sie nur, wenn es schwierig wird, zu uns. Unser Keller ist absolut sicher.«

Aber der Keller war bereits vollgestopft mit Menschen, und es gab kein Hineinkommen mehr. Unser Sohn meinte: »Nur nicht hier hinein! Wenn es ringsum brennt, verschmoren sie alle.« Also liefen wir weiter und flohen auf die Fünfte Brücke zu. Unterwegs trafen wir einen Mann, der einen Karren zog. Die Betten darauf begannen Feuer zu fangen. Beim genaueren Hinsehen steckten drei kleine Kinder in den Betten. Mein Sohn riß die brennenden Betten herunter und half dem Mann, das Gepäck neu zusammenzuschnüren. »Nun machen Sie, daß Sie fortkommen! Und passen Sie auf die Kinder auf!« Wir sahen ihm nach, aber wohin wir zwei uns wenden sollten, das wußten wir nicht. In der Gegend der Brücke brannte es lichterloh. Es ist aus, dachte ich. Da war kein Fluchtweg mehr, wir kamen nicht mehr voran. Notgedrungen kehrten wir um, während wir uns bei den Händen faßten.

An unserem Haus vorbei liefen wir auf die Trambahnstraße hinaus.

Das Haus stand da noch. Ich weinte, wäre am liebsten in dem Haus geblieben; aber unser Sohn, der auch am Ende war, zerrte mich mit sich fort, und wir flohen hinüber in den siebten Block, der zuerst gebrannt hatte. Ich litt entsetzlich. Unser Haus, das wir uns mit Mühe gebaut hatten! Es machte mir nichts aus, daß andere heimlich mit dem Finger auf mich wiesen. Ich betete in meinem Innern. Welche Schuld hatten wir denn auf uns geladen? Mich würgte der Zorn.

Irgendwie schafften wir es bis zur Ruine des Feuerwehrhauses im siebenten Block. Hinter uns brennende Kohlehaufen, hockten wir uns hin. Und mit uns viele andere. Jemand schrie: »Da, jetzt brennt auch das Seikōsha-Haus!« Ich sah auf meine Armbanduhr, es war halb drei. Aus den Fenstern des Gebäudes drang dichter schwarzer Rauch. Ich hatte solche Angst. »Wenn wir sterben müssen, dann beide zusammen«, rief ich und klammerte mich an unseren Sohn.

Wir blieben in den Brandruinen bis morgens gegen fünf. Die Sonne, die aufging, war nicht zu beschreiben. Eine glühende, blutrote und seltsame Sonne war das. Diese Sonne im Rücken, gingen wir nach unseren Häusern sehen. Beide waren sie heruntergebrannt, aus dem Keller stieg Rauch. Ich kippte schnell Wasser darauf, doch das war umsonst. Ich stellte mir vor, daß diejenigen, die sich in den Seikōsha-Keller geflüchtet hatten, so umgekommen waren, ein verwirrender Gedanke.

Eine von der Nachbarschaftsvereinigung kam auf mich zu und fragte stammelnd: »Haben Sie meinen Mann nicht gesehen? Wir sind auseinandergerissen worden. Er ist nicht mehr da.« Ich konnte ihr nichts sagen, nicht einmal ein Wort des Trostes. Von den sechsundvierzig unserer Vereinigung waren danach nur noch acht am Leben. Vermutlich waren die anderen in ihren Häusern geblieben, um die Flammen zu löschen.

Yoshimitsu Mano
(geboren 1909)

Sie hatte noch im Tod das Kind auf dem Rücken

Ich erlebte den großen Luftangriff am 9. März um Mitternacht. Wir waren eine vierköpfige Familie und wohnten in Susaki im Bezirk

Jōtō. Ich arbeitete als Dienstverpflichteter auf der Ishikawajima-Werft. Zufällig war ich an jenem Tag nach Ichikawa zu Verwandten hamstern gefahren und hatte mich von der Nachtschicht befreien lassen.

Die B 29 flogen mit einem ohrenzerreißenden Gedröhne heran, wie ein Regen fielen die Brandbomben.

Ich nahm unseren Fünfjährigen auf den Rücken, meine Frau den kleinen Haruo; eine Sommersteppdecke übergehängt, rannten wir wie besinnungslos durch die Flammen davon.

Aber sämtliche Brücken in der Nähe waren verbrannt, und auf dem Deich, gegen den von unten herauf die Flammen leckten, wurde uns erst richtig klar, daß uns der Fluchtweg abgeschnitten war.

Ich rief meiner Frau zu, ich würde voraus in den Fluß springen. Ich wollte eines der Flöße erreichen, aber als ich sprang, geriet ich zwischen die Stämme. Verzweifelt schlug ich mit Armen und Beinen um mich; endlich schaffte ich es und zog mich und den Jungen auf ein Floß hinauf.

Dann schrie ich, so laut ich konnte, nach meiner Frau. Ich meinte, sie unter der Menge auf dem Deich zu erkennen; doch da war sie nicht. Noch wollte ich nicht einsehen, daß das ein Abschied für immer von meiner Frau und unserem Jüngsten gewesen war.

Da ich sonst nichts tun konnte, ließ ich den Fünfjährigen von meinem Rücken herunter und setzte ihn auf das Floß. Aus dem Nachthimmel, der von dem Luftangriff rot leuchtete, fielen die Funken; es war heiß, unerträglich heiß, so daß ich die Sommersteppdecke, die ich dabei hatte, ins Flußwasser tauchte und mir und dem Jungen über den Kopf legte. Doch sie trocknete im Handumdrehn, und ich mußte das Mal um Mal wiederholen.

Unterdessen begannen die Brände nachzulassen, dafür hatten wir jetzt mit dem Schlaf zu kämpfen. Da wir in den Fluß gesprungen waren, waren wir naß bis auf die Knochen. Selbst im Sommer hätte dies, wären wir so eingeschlafen, unser Tod sein können. Kaum hatte ich das gedacht, schlief der Junge auch schon ein. Ich riß mich zusammen und schlug ihn ins Gesicht, und so wartete ich auf den Tagesanbruch.

Schließlich ging diese lange Nacht zu Ende. Den Leuten, die ich auf dem Deich sah, rief ich zu, sie sollten uns hinüberholen, und mit Mühe und Not wurden wir gerettet. Als wir auf den Deich kletterten, war ich entsetzt über den grausigen Anblick, der sich da bot.

Schwarz verkohlte Leichen, von denen nicht zu unterscheiden war, ob es sich um Männer oder Frauen handelte, lagen zu Bergen aufgetürmt, hingekrümmt am Straßenrand. In den Luftschutzgräben sah es aus wie in der Hölle.

Von einem Nachbarn bekamen wir ein paar Reisklöße; die teilte ich mit meinem Jungen, und wir aßen sie. Dann gingen wir los, um Freunde aufzusuchen, die in Kameido wohnten.

Die ganze Gegend war zu einer Wüste verbrannt, keine Menschenseele war unterwegs. Als wir dorthin kamen, wo das Haus unserer Freunde gestanden hatte, fanden wir auch da nur verkohlte Leichen. Jetzt hatten wir nur noch die Verwandten in Ichikawa, zu denen wir uns flüchten konnten.

Züge verkehrten nicht. Aber von Shinkoiwa aus, so hörte ich, sollte ab und zu einer fahren. Also nahm ich den Jungen wieder auf den Rücken und machte mich auf den Weg.

Von den Ausgebombten forderte man in jenen Tagen kein Fahrgeld auf der Bahn. In Ichikawa konnten wir dann endlich Atem schöpfen.

Danach fuhr ich Tag für Tag nach Susaki, um dort unter den Toten meine Frau und unseren Jüngsten zu suchen.

Genau am fünfzehnten Tag nach dem Angriff – diesmal hatte ich meinen Jungen mitgenommen, damit wir in Susaki gemeinsam Weihrauchstäbchen für Mutter anzündeten – sah ich dort am Deich eine Luftschutzmütze liegen. Kein Zweifel, es war die Mütze meiner Frau.

Sorgfältig begann ich die Gegend ringsum abzusuchen. Schließlich entdeckte ich sie im tiefen Schlamm; noch im Tod hatte sie den Kleinen auf dem Rücken. Es war ein halber Monat seither vergangen; ihre Arme und Beine waren weich und aufgedunsen.

Nachdem ich sie mit einem Seil herausgezogen hatte, rief ich unseren einstigen Heiratsvermittler, und wir vergewisserten uns, daß es sich bei den Toten um meine Frau und den Jüngsten handelte. Dann nahmen wir zwei große Steine, die da lagen, schichteten Rundhölzer und Eisenplatten darauf und begannen die Toten zu verbrennen. Es brauchte den ganzen Tag, weil sie schlecht Feuer fingen. Mir war so elend zumute. So traurig.

Ihre Asche setzten wir in unserer Heimat in der Präfektur Ibaraki bei.

Hätte ich mir an jenem 9. März nicht freigenommen, hätte ich selbst den einen Jungen nicht retten können. Es war wie ein Wunder. Und dennoch, wäre der Krieg nicht gewesen, hätte ich auch meine Frau und den Kleinen nicht zu verlieren brauchen.

Masayoshi Nakagawa
(geboren 1908)

Tod und Geburt im Feuersturm

Tief nachts am 9. März 1945 – wir waren alle wie zerschlagen von den anhaltenden Luftangriffen Tag und Nacht – wachte ich davon auf, daß abermals mit schauerlichem Geheul die Sirenen erklangen und gleichzeitig draußen die Leute schrien und weinten. Tatsächlich war es in dem Augenblick bereits zu spät, der Himmel leuchtete schon rot von den Bränden. Feuer, heißt es, zieht den Wind herbei; das ist, weil durch die Hitze die Luft aufsteigt. Aber da draußen tobte ein schwarzer Wirbelsturm wie ein Taifun. Wir wohnten damals im Sarue-Viertel, nahe bei der Tōkyō-Gasgesellschaft. Meine Frau war tags zuvor ihrer bevorstehenden Niederkunft wegen in die Sanikukai-Klinik im Kinshi-Viertel gegangen, so daß ich mit unserer sechsjährigen Haruko und dem zweijährigen Isao allein war; die beiden älteren Töchter waren mit ihren Schulklassen nach Chiba evakuiert und entgingen so dem Feuersturm.

Die Leute in unserem Viertel riefen durcheinander: »Wir sind von den Flammen eingeschlossen! Schnell, Vater, pack die Sachen zusammen!« Hastig luden sie Betten, Töpfe, Kopfkissen auf große Karren, auf Fahrräder, auf die Schultern und flohen in die Richtungen, wo es noch nicht brannte, vor allem zu den Flüssen hin. Ich nahm den kleinen Isao auf den Rücken, Haruko an der Hand und sonst nichts weiter mit mir, um auf ein freies Gelände zwischen den Gasometern (die man entleert hatte) und dem Konaki-Fluß zu laufen. Aber gegen die Hitze und den Sturm kamen wir nicht so voran, wie ich gehofft hatte. Ich drängte mich durch die Menge, stieg über Daliegende hinweg; ich war verzweifelt bemüht, so schnell wie möglich von den Flammen wegzukommen. Doch plötzlich rief jemand mir zu: »Der Junge auf Ihrem Rücken brennt ja!« Da sah ich, daß auch Harukos Mompe-Hosen Feuer gefangen hatten. Rasch ließ ich den Jungen herunter, wobei ich von einem

Windstoß so heftig weggeschleudert wurde, daß ich das Kind aus den Händen verlor. Gegen den Sturm ankämpfend kam ich bis zu Haruko und löschte die Flammen auf ihren Hosen. Ich hörte den Jungen weinen und beeilte mich; indessen, als ich zu ihm hinsprang, war er zu meinem Entsetzen bereits tot. Zu Tränen blieb mir keine Zeit, die Flammen jagten uns, bis wir mit knapper Not das freie Gelände erreichten, wo ich mit Haruko und dem toten Isao wartete, daß die Brände nachließen und der Tag anbräche.

Am Morgen machte ich mich mit Haruko müde und völlig erschöpft auf den Weg zu Verwandten in Koiwa. Ohne zu denken, schleppten wir uns mit schweren Beinen durch die Trümmer, um uns der Geruch der verkohlten Leichen, das Gewimmer der Verletzten. Ein Mann, die Kleider in Fetzen hängend, einen Topf in der Hand, starrte auf die Ruine seines Hauses, mit leerem Blick; andere hockten einfach schweigend da. Kinder suchten weinend ihre Mütter; Eltern suchten mit weit aufgerissenen Augen nach ihren Kindern. Es war wahrhaftig, als hätte man eine Höllendarstellung aufgebaut. Tatsächlich waren meine Gefühle jetzt so abgestumpft, daß mich andere Leute nicht kümmerten und ich nur daran dachte, wie wir selber etwas zu essen fänden, um zu überleben. Und so ging es vermutlich allen.

Als wir in die Nähe des Bahnhofs Kameido kamen, waren dort die Wände der Übergangsbrücken mit Blut beschmiert. Auch lagen da Tote, die offenbar sterbend einer über den anderen gefallen waren – eine Mutter, ihr Kind wie schützend in den Armen, ein Mann, der im Sitzen umgekommen war. Aber nur gelegentlich konnte man die Geschlechter unterscheiden; sie wirkten alle wie Schneiderpuppen, mit kahlgebrannten Köpfen und verschmorten Kleidern. Der Angriff mußte hier die Nacht zuvor schrecklich gewesen sein; noch jetzt sträubt sich mir die Feder und überläuft es mich kalt, wenn ich daran denke, noch jetzt habe ich die Stimmen der Verletzten im Ohr: »Gebt mir Wasser, mir ist so heiß, gebt mir Wasser!« Viele von denen, die mit Glück davongekommen waren, hatten sich an die Löschwasserbecken angeklammert, den Kopf hineingetaucht, sich übergossen oder waren ganz hineingesprungen. Andere hatten sich in die Flüsse gestürzt, an Booten oder Treibholz festgehalten; doch da die Flammen selbst über die Wasserfläche schlugen, waren sie fast alle umgekommen. Daß wir, Haruko und ich, überhaupt am Leben blieben, ist ein Wunder.

Meine Frau ihrerseits hatte am Morgen des 9. ein Mädchen zur Welt gebracht. Am Abend, als es auch auf das Kinshi-Viertel Brandbomben regnete, war sie vor den Flammen geflüchtet. Sie hatte jemanden angefleht, ihr das nur wenige Stunden alte Neugeborene abzunehmen, doch die harsche Antwort war gewesen: »Was denn, so ein Kind ist jetzt doch nur lästig; besser, Sie setzen es gleich aus.« Da hatte sie weinend das Kleine an sich gepreßt und war durch die Flammen und den Rauch keuchend bis an den Rand des Schwimmbeckens einer Mittelschule gelangt, wo sie sich und das Baby mit Wasser übergoß und so die Feuersbrunst überlebte.

Am anderen Morgen kehrte sie zu unserem Haus zurück, aber das war verbrannt – und von der Familie keine Nachricht da; vielleicht, dachte sie, werden sie bei Verwandten in Shitaya sein, und sie begann wieder loszulaufen. Aber sie war von der Geburt geschwächt. In der Nähe von Ueno konnte sie einfach nicht mehr weiter und kauerte sich hin. Da haben sie Vorüberkommende ins Shitaya-Krankenhaus gebracht.

Das alles erfuhr ich erst zehn Tage später durch ein Telegramm, das mich in Koiwa erreichte. Die Trauer darüber, daß unser Sohn tot war, die langen zehn Tage, in denen ich darum betete, daß meine Frau heil davongekommen wäre – ich war davon so niedergeschlagen, daß ich die Hoffnung schon fast aufgegeben hatte. Und nun wenigstens dieser eine Lichtstrahl ...

Meine Erfahrungen waren dabei noch verhältnismäßig leicht; viele haben weit Schlimmeres durchmachen müssen.

Nisaku Kokubu
(geboren 1896)

Wen soll ich dafür hassen?

9. März 1945: Ein Datum, das ich nie in meinem Leben vergessen werde. Noch heute, dreißig Jahre danach, stehen mir die Geschehnisse jenes Tages klar und unauslöschlich vor Augen. Schließlich war das der Tag, an dem ich in einem Augenblick meine über alles geliebte Frau und drei meiner Kinder verlor.

Ich war, da man mich zur Verteilung der rationierten Reisvorräte verpflichtet hatte, von der Einberufung ausgenommen. Wie damals wohl alle Japaner glaubte auch ich fest an unser Land. Um die Einwohner des Fukagawa-Bezirks, aus dem die jungen Leute völlig verschwunden waren, vor dem Hunger zu schützen, verteilte ich den (mit Soja-Abfällen, Kastanien und Hirse vermischten) Rationierungsreis, manchmal auch Hartbrot und Reisklöße, dann wieder, aus Eimern statt aus Töpfen, eine völlig blanke Miso-Suppe. Wir arbeiteten, was wir nur konnten, und das Tag und Nacht.

Als es in den Februar ging, nahmen die Luftangriffe an Heftigkeit zu; das gesamte Kanda-Gebiet und am 25. Februar die Gegend vom Miyoshi-Viertel bis Tatekawa brannten nieder. Wir blieben glücklicherweise verschont. In jenem Jahr war es lange außerordentlich kalt; vor dem Angriff am 25. hatte es tüchtig geschneit.

Zwar spürten wir, daß die militärische Lage nicht eben günstig war, aber wir vertrauten darauf, daß wir mit unseren Anstrengungen schließlich siegen würden. Vielleicht zwangen wir uns auch nur dazu, es zu glauben. Irgendwann lähmten die dauernden Fliegeralarme die Nerven. Als am 9. März abends um acht die Sirenen heulten, waren wir durchaus nicht aufgeregt. »Was denn, schon wieder?« Und wie immer zogen wir die schwarzen Vorhänge vor die Fenster, damit aus den Zimmern kein Licht nach draußen drang. Dann sortierten wir weiter die Auftragszettel für den einige Tage nicht ausgelieferten Reis. Lange Zeit war nichts vom Angriff der feindlichen Maschinen zu bemerken, und meine Frau und die Kinder lachten einander verstohlen zu und sagten: »Nanu, heute will uns der Gegner scheinbar foppen!« Nie im Traume wäre mir eingefallen, daß es wenige Stunden später mit diesem trauten Familienzusammensein für immer vorbei sein sollte.

Mitternacht, null Uhr.

Plötzlich, ohne weitere Vorwarnung, war über uns ein solches Dröhnen von B-29-Maschinen, daß es schien, als berste die Erde. Merkwürdig, dachte ich noch, es hat gar keine Sirene geheult, und schon fielen wie ein Regen, wie ein Gewitter ringsum die Brandbomben. Es war hell wie am Tag, rote Flammen schossen auf. Ein Stück entfernt von uns mußte es ein Haus getroffen haben, das Feuer breitete sich zusehends aus. Einige Leute bildeten eine Eimerkette und versuchten zu löschen. Jemand schrie: »Helfen Sie doch, Herr Kokubu!« Und ich: »Wie könnte ich! Uns hat es auch erwischt.« Eine der Brandbomben war in unseren Hinterhof gefallen. Zwar konnte meine Frau sie mit dem bereitstehenden Wasser löschen, aber dann fielen sie eine nach der anderen, und als ich die Funken fliegen sah, war mir klar: Jetzt wird es kritisch.

»Nichts wie hier heraus! Beeilt euch! Wir wollen versuchen, hinüber in das ausgebrannte Tatekawa zu kommen.«

Wir luden einiges Gepäck auf einen Karren. Meine Frau nahm ein Kind auf den Rücken, zwei andere an der Hand; unsere Achtzehnjährige schob hinten den Karren. Etwa fünfzig Meter weiter an der Morishita-Kreuzung rief meine Frau: »Wir haben Töpfe und Kessel vergessen! Hol sie doch noch!« Ich rannte durch die stiebenden Funken zurück; natürlich brauchten wir sie.

Als ich damit zurückkam und wir gemeinsam weiterzogen, wehte auf einmal ein heftiger Windstoß heran. Unser Karren kippte um.

»Jetzt ist auch noch der Sack geplatzt, und Reis läuft aus. Wir müssen ihn aufsammeln.«

Meine Frau begann die Körner mit den Händen zusammenzuschaufeln, ich wurde ungeduldig, nahm ein herumliegendes Brett und schob sie damit in ein Gefäß. »Jetzt aber vorwärts!« Ich drehte mich um. Doch was war das? Meine Frau, die mit den drei Kindern hinter mir hätte sein müssen, war nicht mehr zu sehen, war innerhalb weniger Sekunden verschwunden. Verzweifelt rief ich ihren Namen. Wie von Sinnen suchte ich die Gegend ab; indessen, ich fand sie nicht.

So war ich also allein mit unserer Achtzehnjährigen und ließ mich mit ihr dorthin treiben, wohin die Menge flüchtete. Viele irrten ziellos umher. Und überall der seltsame Geruch derer, die verbrannt am Boden lagen. Ein Bild der Hölle. Dabei dauerte der Angriff mit unverminderter Heftigkeit an bis in die erste Morgendämmerung.

Schließlich endete die Nacht des Schreckens. Wir hatten kein Auge zugetan, trotzdem suchten wir, indem wir von Leiche zu Leiche gingen, den ganzen Tag über die Stellen ab, an die sich meine Frau mit den drei Kindern geflüchtet haben konnte. In Schulen, Parks, an Brücken und Flüssen ... Aber nirgends fanden wir sie.

Allmählich an den gräßlichen Anblick der Toten gewöhnt, setzten wir unsere Suche vier Tage lang fort, bis uns die Beine schwer wurden. Wir gingen zur Polizei und zum Bezirksamt und sahen die Totenlisten durch. Ihre Namen waren nicht darunter. Es blieb uns unter den damals herrschenden Umständen nichts anderes übrig, als die Nachforschungen aufzugeben.

So kam das Kriegsende heran. Die älteste Tochter, die mit mir überlebt hatte, war schon immer kränklich gewesen; sie starb bald darauf überanstrengt an Lungentuberkulose. Danach hatte ich nur noch den ältesten Sohn, der – er war damals sechs – vor dem Angriff mit seiner Schule nach Yamagata evakuiert worden war.

Ich klagte dem Himmel mein Leid. Aber wen sollte ich dafür hassen? Den Gegner Amerika? Oder unser Japan?

Wenn ich es heute ruhig bedenke, war es weder Amerika noch Japan. Das Übel ist der Krieg – ist jeder einzelne, der einen Krieg unternimmt und ausführt.

Tai Kitamura
(geboren 1898)

Der tote Nachbar

Nie werde ich den 13. Januar 1945 vergessen. Es war ein trüber Tag. Aus dem grauen Himmel kamen die B 29 in großen Mengen, eine Maschine nach der anderen, von Westen her und griffen uns an.

Als ich in den Luftschutzgraben flüchtete, fiel eine Bombe auf das Haus eines Nachbarn gegenüber. Kurz zuvor hatte ich noch mit ihm gesprochen. Er wurde vor meinen Augen zerrissen, das Haus ging in Flammen auf und brach zusammen.

Als die Flugzeuge über uns endlich verschwunden waren und ich zurückkehrte, lag da der Kopf des Nachbarn. Mir lief es kalt über den Rücken, mir wurde schwarz vor Augen. Sobald ich mich gefaßt hatte, sammelte ich die Arme und Beine des Toten ein; sie lagen im Umkreis von dreißig Metern verstreut. Dabei dachte ich: Vielleicht geht es dir selber einmal so. Und mir wurde weich in den Knien, ich schwankte auf meinen Füßen.

Am 9. März in der Nacht griffen die B 29 wieder vom Westen her an, und diesmal brannte die ganze Jōtō-Gegend nieder. Sie warfen etwas Zähflüssiges ab, das wie Öl war; danach die Brandbomben, so daß mit dem Öl zugleich die Häuser und die Menschen in Flammen aufgingen.

Ich wohnte in Kitasuna im zweiten Block. Hinter dem dritten Block war eine große Wiese. An ihrem Rand waren die Luftschutzgräben, in die wir uns flüchteten. Es wehte aber ein starker Wind; von dem wurde brennendes Zeug in die Höhe gerissen und trieb bis auf die Wiese. Die Leute fielen zu Boden wie hingeschichtet, die Haare versengt, so daß man Männer und Frauen nicht unterscheiden konnte. Dazu der Geruch von verbrannter Haut. Später hörte ich, die Amerikaner hätten diese Wetterlage vorausberechnet.

Im Luftschutzgraben war ich sofort bewußtlos geworden. Als ich morgens gegen vier wieder zu mir kam, waren zunächst meine Augen so von Ruß und Asche verklebt, daß ich sie kaum aufkriegte. Mit Mühe kroch ich heraus. Da lagen überall ringsum die Toten. Einer am anderen und aufeinander, als ob sie an den Brandwunden zusammengeklebt wären.

Heute lebe ich, umgeben von meinen Kindern und Enkelkindern, ein friedliches und glückliches Leben. Manchmal fange ich an, die Schrecken des Krieges zu vergessen. Aber das darf nicht sein, auch wenn es mir davon schwer wird im Kopf. So habe ich diese ungelenken Zeilen geschrieben, damit sie mithelfen, den Krieg endgültig aus der Welt zu verbannen.

Yū Saida
(geboren 1917)

Als ich einen Arzt fand, war es zu spät

1937 lebten wir, eine dreiköpfige Familie, im Inari-Viertel in Ōsaka. Es war die Zeit, als sich der »Chinesische Zwischenfall« ereignete. Dennoch lebten wir glücklich miteinander Tag für Tag und machten uns keinerlei beschwerliche Gedanken um solche Dinge. Dann kam das Jahr 1944. Der Krieg wurde heftiger, und mein Mann mußte zur Armee.

Seitdem gab es fast ununterbrochen jeden Abend Luftangriffe. Sobald Fliegeralarm verkündet wurde, ging ich in den Unterstand. Dort war es schrecklich dunkel, und oft genug fingen die Kinder an zu weinen, was mir peinlich war. Dabei mußten sie einem leid tun; denn da die Lebensmittel rationiert waren, konnte ich ihnen nicht genügend zu essen geben. Schließlich, am 13. März 1945, wurden wir nach alledem ausgebombt, ein Tag, den ich nie in meinem Leben vergessen werde.

Es war an dem Abend um elf Uhr. Im Radio sagten sie, amerikanische B-29-Maschinen näherten sich im Tiefflug. Die Durchsage war noch nicht richtig zu Ende, da hörte ich schon die Schritte von den Leuten in der Nachbarschaft, die hastig davonrannten. Auch ich preßte meine beiden kleinen Töchter fest an mich und lief hinaus. Doch die Flammen waren schneller gewesen, ringsum war bereits alles ein einziges Meer von roter Glut. Unter diesen Umständen blieb mir nichts anderes übrig, und verzweifelt floh ich in Richtung auf einen großen Platz, den man dafür leergeräumt hatte. Aus den Luftschutzgräben in der Nähe rief man mir zu, ich solle doch hineinkommen. Aber ich dachte, wenn schon sterben, dann besser im Freien, und wirklich fand ich ein kleines unbebautes Grundstück, auf dem ich mit meinen Kindern bis zum Morgen und zum Ende des Angriffs ausharrte.

Auf dem Höhepunkt des Angriffs, ringsum die Feuerglut, war die Hitze schier unerträglich. Zum Glück befand sich nahebei ein Wasserbehälter; da besprengte ich die Jäckchen, die die Kinder anhatten, mit Wasser und schützte sie so vor der Hitze. Viele Leute, weil unterwegs ihre Kleider Feuer gefangen hatten, kamen wie irrsinnig schreiend herbeigerannt oder stürzten sich wegen der peinigenden Hitze kopfüber in das Becken. Als allmählich der Morgen dämmerte und es hell wurde, lagen überall die Toten, die verbrannt waren; die Verwundeten quälten sich und riefen um Hilfe. Ich hätte ihnen gern beigestanden, aber ich wußte ja nicht einmal, wie ich das Leben meiner Kinder schützen sollte.

Tatsächlich entdeckte ich erst jetzt, als ich die Kleine, sie war eben ein Jahr alt, vom Rücken nahm, daß das Kind im Gesicht und an den Händen voller Brandwunden war. Ich gab ihr die Brust, aber sie erbrach alles. Sie war vor Schmerzen wohl nicht kräftig genug, um die Milch hinunterzuschlucken. Da ich selbst nichts tun konnte, suchte ich nach einem Arzt. Doch unter diesen Umständen war nicht damit zu rechnen, daß ich so schnell einen fände. Das weinende Kind auf dem Arm, lief ich zur nächsten Flüchtlingsstation, einer Schule, wo ich jemanden aus der Nachbarschaft traf. Dieser hatte einen Bekannten, der in Fuse als Arzt praktizierte, und bot sich an, mir den Weg zu zeigen.

Da die Gleise zerstört waren, fuhr keine Bahn. Also liefen wir, ich in der größten Angst, zu Fuß nach Fuse. Endlich, am Abend, erreichten wir den Arzt, und er sah sich die Kleine an. Ein Erwachsener, selbst mit Brandwunden am ganzen Körper, sei unter Umständen noch zu retten, meinte er; aber bei einer Einjährigen habe es damit seine Schwierigkeiten. Wirklich waren alle Versuche des

Arztes vergebens; am Morgen darauf starb die Kleine. Nie habe ich so unerträgliche Qualen erlitten wie damals, nie etwas so gehaßt wie diesen Krieg.

Ich band mir das tote Kind wieder auf den Rücken und fuhr nach Wakayama, wo meine Eltern lebten. Da man in jenen Tagen in den Zügen keinen Platz hatte, um Tote zu transportieren, wickelte ich den Leichnam in Binden ein, so als wäre die Kleine nur verletzt. In Wakayama traf mich dann ein zusätzliches Leid: Eine Woche später, durch den allzu großen Schock, starb auch meine Mutter.

Nach dem Krieg, als mein Mann entlassen wurde, kehrten wir in das völlig ausgebrannte Ōsaka zurück. Wieder leben wir hier glücklich miteinander, und wenn ich an unsere tote Tochter denke und an die Schrecknisse der Luftangriffe, habe ich nur den einen Wunsch, daß es nicht noch einmal einen Krieg geben möge.

2. Kapitel
Des Kaisers Soldaten und Kolonisten

Du darfst mir nicht sterben!

Klage um den während des Russisch-Japanischen Krieges 1904 zur Belagerung von Lüshun eingesetzten jüngeren Bruder

Ah, mein Bruder, ich weine um dich,
du darfst mir nicht sterben!
Wie groß war zu dir, dem Letztgeborenen,
die Liebe unserer Eltern!
Oder hätten sie dich das Schwert zu ergreifen,
hätten sie dich andere zu töten gelehrt?
Hätten sie gesagt: »Töte und stirb auch du«?
Wärest du so herangewachsen zu deinem vierundzwanzigsten Jahr?
Ah, der du dich rühmen kannst,
Herr zu sein unseres ehrwürdigen Hauses
unter den Kaufleuten in Sakai, der Stadt,
Erbe des guten Vaternamens –
du darfst mir nicht sterben!
Ob sie fallen, die Wälle von Lüshun,
oder nicht – was kümmert's?
In den Regeln des Kaufmanns,
vergiß das nie, steht davon nichts geschrieben!

Du darfst mir nicht sterben!
Der Kaiser, ER zieht nicht hinaus,
ER geht nicht in die Schlacht
und heißt euch dennoch, überströmt
vom Blut der anderen, sterben wie das Vieh;
der Tod sei die Ehre des Mannes.
Wenn denn SEIN Wohlwollen wirklich so groß ist –
wie kann ER das denken?

Ah, mein Bruder dort in der Schlacht –
du darfst mir nicht sterben!
Nach dem vorigen Herbst um unseren Vater
noch in Trauer – wie leidet, des Sohnes beraubt,

als Hauses Hüterin unsere Mutter!
Friedlich, sagen sie, sei unsere Zeit,
aber Mutters Haar wird weißer von Tag zu Tag.

Und die im Schatten des Vorhangs kniet und weint,
deine schwache junge Frau –
hast du ihrer vergessen? Denkst du an sie?
Erinnere dich ihres mädchenhaften Herzens:
Zehn Monate nur, und sie mußte sich von dir trennen,
der du ihr einziges bist auf dieser Welt;
ach, niemanden hat sie sonst, auf den sie sich verlassen könnte.
Bruder, du darfst uns nicht sterben!

Akiko Yosano

Die militärische Expansion Japans erreichte im Sommer 1942 ihren Höhepunkt. Im Süden standen japanische Truppen auf Neuguinea, den Philippinen, in Malaya, Indochina und Birma (Thailand war vertragsgemäß auf japanischer Seite in den Krieg eingetreten); in China hielten sie die südlichen Küstenstädte einschließlich Hongkong besetzt; Hankou, Nanking und damit ein großer Teil Zentralchinas befanden sich in ihrer Hand. In der Region von Peking war ein weiterer Satellitenstaat entstanden. Über Sachalin und die Kurilen hinaus hatten die Soldaten des Kaisers nordwärts einige Inseln der Alaska vorgelagerten Aleuten genommen, im südöstlichen Pazifik Guam, Saipan und die Salomon-Inseln. Über nahezu einer halben Milliarde Menschen wehte das Sonnenbanner.

In der Armee ging es hart zu, es wurde ohne Schonung gekämpft. In Gefangenschaft zu geraten galt als schändlich; gefangene Gegner wurden verachtet und nicht selten erschlagen oder zu Tode gequält. Bei der Eroberung von Nanking kam es zu den Plünderungen und Vergewaltigungen; zwölftausend Einwohner wurden niedergemetzelt. Vieles davon geschah aus Rache für die Verbrechen an Auslandsjapanern.

Ähnlich wie zuvor Korea, das als Japans Rüst- und Reiskammer diente, sollte Mandschukuo wirtschaftlich ausgebeutet werden. Riesige Industriegebiete wurden aufgebaut. Nach einem Regierungsplan von 1936 rechnete man mit der Ansiedlung von einer Million japanischer Familien innerhalb von zwanzig Jahren. Doch angesichts der Ausweitung des Krieges waren es schließlich nur 320 000 Kolonisten, die als Wehrbauern die mandschurische Erde pflügten. Älter war die Kolonisierung von Südsachalin, das 1905 nach dem Russisch-Japanischen Krieg an das Kaiserreich gefallen war. Dort lebten zuletzt 400 000 Japaner.

Insgesamt befanden sich bei der Kapitulation im August 1945 rund sieben Millionen japanische Soldaten und Zivilisten in Übersee, in den einst eroberten und nun verlorenen Gebieten. Die Armeeangehörigen wurden in Lager zusammengefaßt und, soweit sie irgendwelcher Kriegsverbrechen beschuldigt werden konnten, verurteilt und zu Hunderten hingerichtet. Die Kolonisten und anderen Zivilisten, zumal aus Korea, aus China, aus der von der Sowjetunion nach deren Kriegseintritt am 9. August besetzten Mandschurei und aus Sachalin, flohen zumeist Hals über Kopf, Familien wurden auseinandergerissen. Die endgültige Repatriierung brauchte Jahre, und noch heute suchen in China zurückgelassene Kinder ihre japanischen Eltern.

Yasuo Kawabata
(geboren 1909)

Es begann an der Marco-Polo-Brücke

Einige Stunden nachdem unser Lkw die Große Mauer passiert hatte, überquerten wir den Yungting-Fluß. Dann erschien draußen im Lichte des morgendlichen Mondes eine prächtige Marmorbrücke. Das war die Marco-Polo-Brücke.

Am Abend zuvor waren wir dem Polizeibataillon in Peking zugeteilt worden. Nach der Begrüßungsfeier hatte ich mich gerade darangemacht, einem Bekannten daheim einen Brief zu schreiben, als plötzlich Alarm gegeben wurde. Das war am 8. Juli 1937 nachts um ein Uhr. Was sollte das um diese nächtliche Stunde? Man würde doch nicht gleich am ersten Tag mit uns Neuen eine Nachtübung unternehmen? Wir traten in dem stockdunklen Innenhof an, etwa dreißig Militärpolizisten. Oberstleutnant Akafuji sagte kein Wort, sondern suchte, indem er mit dem Finger auf sie deutete, fünf Männer aus. Ich war einer von ihnen. Dann bestiegen wir mit ihm den Wagen.

Wir rasten mit hoher Geschwindigkeit durch die Nacht, die Scheinwerfer leuchteten weit voraus. Der Oberstleutnant redete noch immer kein Wort; aber außer ihm wußte keiner, wohin es ging. Früh gegen vier erreichte der Wagen den Abhang eines sanften Sandhügels. Vor uns sahen wir eine in flachem Bogen gewölbte weiße Brücke, eben die Marco-Polo-Brücke. Und jetzt erfuhren wir auch, daß unsere etwa tausend Meter nördlich der Brücke zu einer Nachtübung nahe beim Palast des Drachenkönigs ausgerückten Verbände von dem unter Sung Che-yüan stehenden 29. chinesischen Armeekorps angegriffen worden waren. Es war das der sogenannte Zwischenfall an der Marco-Polo-Brücke.

Möglicherweise hatten die an der Brücke stationierten Chinesen die Nerven verloren. Unsere brachen die Übung sofort ab. Beim anschließenden Zählappell fehlte ein Mann. Unverzüglich entsandte man eine Einheit an den Ort des Geschehens, und es begannen Verhandlungen mit den Chinesen. Währenddessen kam es in unmittelbarer Nähe des Palastes abermals zu einem Feuerüberfall seitens der Chinesen. Daraufhin brachen unsere Kommandeure ihr Schweigen und gaben Befehl, zurückzuschießen. Tatsächlich dürften die Chinesen die immer häufigeren japanischen Nachtübungen als Herausforderung empfunden haben.

Weil ein Soldat übergelaufen sei, verlangten unsere Stäbe, die Chinesen sollten sich in das Gebiet von Yüanp'ing zurückziehen; was diese natürlich ablehnten. Als Folge davon gingen die japanischen Truppen zum Gegenangriff über. Das wurde der Anfang des chinesischen Feldzuges.

Am Morgen des 19. Juli wurden wir nach T'ungchou kommandiert. Dort war es zu einem Massaker an japanischen Zivilisten gekommen. Als wir in dem Ort eintrafen, bot sich uns ein Bild des Grauens. Ich sah so etwas zum erstenmal. Auf den Straßen große Karren, an deren Rädern, mit Stricken festgebunden, die Leichen von Männern hingen, die vom Drehen der Räder wieder und wieder mit dem Kopf auf das Pflaster geschlagen waren. Nahe bei einer Steinmauer ein totes Kind, blutüberströmt; nach den Umständen zu urteilen, hatten sie es an Kopf und Füßen gepackt und wie einen Ball gegen die Mauer geschleudert. Unter den Toten befanden sich welche, denen man die Augen ausgestochen oder die Ohren abgeschnitten hatte; vor allem die Frauen waren auf unbeschreibliche Weise zugerichtet. Unser Abscheu wuchs. Die Erde war mit Blut getränkt. Die meisten hatte man aus ihren Häusern an die Stadtmauer gezerrt und dort umgebracht. Von den 380 Einwohnern des alten Japanerviertels waren nur etwa 130 dem Tod entgangen.

Dann begann die Suche nach den Schuldigen. Man wußte, es waren rote Partisanen gewesen. Ich wurde zurück nach Peking beordert und hatte mit anderen die Vernehmung von Verdächtigen durchzuführen. Es war nichts aus ihnen herauszubringen. Keiner wollte sich an dem Tag in T'ungchou aufgehalten haben. Um dennoch ein Geständnis aus ihnen herauszupressen, wurden sie rücklings auf ein Bambusrost gelegt und so festgebunden, daß sie sich nicht bewegen konnten. Dann gossen wir ihnen aus Kesseln Wasser in Mund und Nase, das sie, da sie sonst nicht atmen konnten, hinunterschluckten. Ab und zu hielten wir inne und setzten die Befragung fort. Nachdem wir sie zwei, drei Stunden so gefoltert hatten, bekamen sie von dem Wasser dicke Bäuche wie die Schwangeren. Aber ich hatte die gräßlichen Bilder von T'ungchou vor Augen und empfand kein Mitleid. Manche von ihnen starben, die meisten davon, daß ihnen Wasser in die Luftröhre kam und sie daran erstickten.

Das Ergebnis des Verhörs meldete ich dem Pekinger Militärgericht; die darauf befohlene Maßregel lautete in jedem Falle: »Auf der Stelle hinrichten!« Achtzehn der von mir Verhörten wurden auf die Weise abgeurteilt.

Mit ihrer Hinrichtung warteten wir den Abend ab. Dann luden wir sie, die Hände auf dem Rücken gefesselt, auf einen Lkw und fuhren mit ihnen durch das Chengyang-Tor, am Bahnhof und am Himmelstempel vorbei hinaus zum Flughafen Nanyüan. Wie oft sind wir diese Strecke hin- und zurückgefahren!

Noch während diese Verhöre im Gange waren, wurden wir plötzlich zusammen mit einem Militärarzt losgeschickt: »Am Himmelstempel befindet sich ein Labor zur Aufzucht von Bakterien.« Als wir, von einem V-Mann geführt, vor Ort eintrafen, waren dort auf einer Weide sieben, acht chinesische Pferde aneinandergekettet. Nahe dabei hatte man einen unterirdischen Bunker angelegt. Wir stiegen hinunter. In den Korridoren standen zu beiden Seiten Regale und auf ihnen unzählige Glasbehälter. Der Militärarzt erkannte es offenbar auf den ersten Blick: »Jawohl, das sind Bakterienkulturen.« Bei der genaueren Durchsuchung fanden wir Aufzeichnungen über eine Verteilung dieser Bakterien; als verantwortlich für die Kontrolle war darin der Bürgermeister von Peking, Shih Hsin-p'ing, genannt.

Auf der Stelle fuhren wir zur Residenz des Bürgermeisters, verhafteten Shih Hsin-p'ing und setzten ihn fest.

Shih Hsin-p'ing, von kleiner Statur, machte den Eindruck eines gutmütigen Greises. Deshalb vielleicht ging ich im Verhör sanfter vor.

»Wußten Sie von der Tatsache, daß es ein solches Labor gab?«

»Ich wußte es zwar; doch zu welchem Zweck und wie diese Bakterien benutzt werden sollten, darüber habe ich nie etwas Genaueres gehört, außer daß sie der medizinischen Forschung dienten. Daß man mir die Aufsichtsfunktion zuwies, geschah nur ehrenhalber.«

Ohne ihn je wie einen Verbrecher zu behandeln, ja, wir rauchten dabei und hatten manches harmlose Gespräch miteinander, setzte ich das Verhör einen Monat lang fort. In dieser Zeit kam Tag für Tag die Tochter Shih Hsin-p'ings in mein Büro und brachte ihm zu essen. Die liebevolle Art, in der sie das tat, rührte mich an, und ich wünschte, ich hätte ihm helfen können. Tatsächlich habe ich ihn nie einen Verbrecher genannt. Ohne meine gute Meinung über ihn zu verhehlen, fertigte ich den Bericht über das einmonatige Verhör an und reichte ihn beim Militärgericht ein. Doch auch diesmal fiel das Urteil aus wie die anderen zuvor.

Ich mußte es Shih Hsin-p'ing geradeheraus sagen: »Das Militärgericht hat gegen Sie das Todesurteil verhängt.«

Ruhig erwiderte er: »Das war nicht anders zu erwarten. Aber wenn ich Sie um eines bitten darf – vollstrecken Sie es selbst!«

Ich willigte ein. Hinrichtungsort war wieder der Flughafen Nanyüan, Hinrichtungstag der fünfzehnte im achten Monat nach dem alten Mondkalender, der Tag des Herbstvollmonds. Während der Vorbereitungen für den Vollzug – er hatte bis dahin kein Wort gesprochen – erklärte Shih Hsin-p'ing, wenn es erlaubt sei, möchte er gern nach Westen gewandt dastehen und die Hände falten. Sonst hatten die Verurteilten bei der Hinrichtung stets die Hände auf dem Rücken gefesselt, doch ich kam auch in diesem Wunsch Shih Hsin-p'ings nach. Dabei begann ich zu spüren, daß nichts bitterer ist, als jemanden hinrichten zu müssen, mit dem man so im Einverständnis ist. Ich gab mir einen Ruck, dieses Gefühl zu unterdrücken, und zog das Schwert. Als ich zum Nachthimmel aufsah, glänzte dort groß der Herbstvollmond.

Es war für mich die zwanzigste Hinrichtung. Ich vollzog sie mit dem festen Entschluß: Das werde ich nicht noch einmal tun.

Am nächsten Morgen klopfte wie immer Shih Hsin-p'ings Tochter an die Tür meines Büros und trat ein. Sie sah nicht gut aus.

»Wo ist mein Vater?«

Ihre Stimme zitterte vor Anspannung. Sollte sie von der Hinrichtung in der vergangenen Nacht gehört haben? War sie gekommen, um sich, indem sie all ihren Mut zusammennahm, der Tatsache zu vergewissern?

Ich war verwirrt.

»Er wurde zur weiteren Untersuchung der Militärpolizei in Tienching überstellt. Es wäre besser, Sie kämen bis auf weiteres nicht mehr hierher . . .«

Diese Lüge war mir im Augenblick eingefallen. Aber sie glaubte mir kein Wort. Zusehends wich ihr das Blut aus dem Gesicht.

»Sagen Sie mir bitte die Wahrheit! Wir, meine Mutter und ich, hatten heute nacht einen unheilvollen Traum. Einen seltsamen Traum, und beide träumten wir dasselbe: daß mit wehmütigem Ausdruck mein Vater an unseren Betten stünde. Was immer geschehen ist, es ist nicht zu ändern. Nur sagen Sie mir die Wahrheit! Wenn er tot ist, wollen wir ihm eine Feier ausrichten . . . Bitte, ich flehe Sie an!«

Sie hatte gesagt, was in ihren Kräften stand. Dann sah sie auf mein Gesicht. Es entstand ein langes Schweigen. Eine schrecklich leere Zeit verrann. Ich kämpfte mit mir, ob ich es ihr sagen sollte oder nicht. Mit einem Male, als begriffe sie, was das Schweigen ausdrückte, senkte sie den Kopf. Das Bündel mit dem Essen in der Hand, nahm sie die Trauer auf sich. Ohne noch ein Wort kehrte sie mir mit hängenden Schultern den Rücken und ging mit kraftlosen Schritten aus der Tür. Ich weiß nicht, warum, ob sie das Weinen unterdrückte oder den Zorn – durch ihre kleinen schmalen Schultern lief jetzt ein leises Zittern.

Kiyoharu Tanno
(geboren 1915)

Aus meinem Kriegstagebuch

Ende September, an einem noch immer heißen Nachmittag um zwei Uhr. Plötzlich kam der Befehl zum Aufbruch zu einer Strafexpedition. Abmarsch mit voller Ausrüstung. Es sei mit Widerstand zu rechnen.

Sofort begann in den Unterkünften eine rege Betriebsamkeit. Waffen, Geschirrzeug, Munition wurden überprüft, Verpflegung und Futter für die Pferde gefaßt; auch mußte eine Liste aller Ausrückenden angefertigt werden. Wann wir uns auf dem Sammelplatz einfinden sollten, wurde uns nicht gesagt. Ich hatte als Sanitäter mitzugehen. Es war für mich der erste Einsatz. Abends nach dem Essen, es war acht Uhr, nahmen wir kompanieweise Aufstellung. Darauf marschierten wir geschlossen aus Chingchou ab in Richtung auf den Paling-Berg, etwa acht japanische Meilen nach Nordosten zu. Von dem Berg aus, einer kleinen baumlosen Erhebung, pflegten die Chinesen nächtliche Angriffe auf das von unserem Bataillon kontrollierte Gebiet auszuführen. Tagsüber, als Kaufleute verkleidet, spähten sie in der Stadt am Fuß des Berges die Gelegenheit zum Angriff aus.

Etwa eine Stunde vor Morgengrauen hatten wir diese Stadt umzingelt. Wie es in ihr aussah, davon hatten wir keine Ahnung.

Als die Sonne aufging, kam der Angriffsbefehl; von der 6. Kompanie her erscholl das Hornsignal. Gleichzeitig eröffneten die Unseren von allen Seiten her das Feuer. Etwa zwanzig Minuten lang leistete der überraschte Gegner Widerstand. Dann liefen seine Soldaten verwirrt davon, und wir sahen, wie sie im Frühlicht über die Felder oder den Berg hinauf flohen. Die Strafexpedition war zu Ende. Unsere Kompanie rückte von Westen her ein, die 5., 6. und 7. Kompanie waren bereits vorher in die Stadt eingedrungen.

Ein Stabsmelder kam. Wir sollten Essen kochen und die weiteren Befehle abwarten. Da es für mich das erstemal war, wußte ich nicht, was zu tun war, und stand untätig herum. Daraufhin rief mich der Gefreite H., ein Altgedienter, und ich ging mit ihm. Er suchte Haus für Haus ab; was ihm in die Hände fiel, nahm er mit. Die von den anderen Kompanien machten es genauso. Sie »organisierten« Reis, Salz und andere Nahrungsmittel. »Na, Tanno, steh nicht so dumm herum, und komm mit!« Ich sollte das Zeug tragen helfen.

In einem Haus im Dunkeln hinter dem Herd schien jemand zu liegen. Ich rief den Gefreiten. Es war, wie sich herausstellte, ein chinesischer Soldat, der sich da versteckt hatte. Der Gefreite hielt sein Gewehr im Anschlag, ich mußte mein Seitengewehr ziehen. Ich zitterte am ganzen Körper, ich wollte nicht sterben. Aber der Soldat wehrte sich nicht. »Lai lai!« sagte der Gefreite auf chinesisch, und wir brachten ihn zur Kompanie. In einer halben Stunde machten wir so fünf Gefangene. Dann holten wir Regale, Türen und dergleichen aus den Häusern, und indem wir alles zu Brennholz zerkleinerten, kochten wir unser Essen.

Die heutige Strafexpedition war für mich voller Schrecken. Zum erstenmal in meinem Leben habe ich die mörderische Wirklichkeit des Krieges erlebt.

Im Festtagsgewand
lief es flüchtend davon –
ein Chinesenmädchen.

Gerüchte gingen um von einer Schlacht bei Ch'angte. Vom 10. Oktober an setzte auch in unserer Kompanie die Unruhe ein. Am 13. wurden die Listen mit den Namen derjenigen ausgehängt, die an den Kämpfen teilnehmen sollten. Ich war wieder als Sanitäter dabei. Am 15. verließen wir Chingchou, die Nacht darauf biwakierten wir in der Stadt Shashih. Am Vormittag des 16. wurden Waffen, Munition, Verbandszeug und Essensvorräte verteilt. Nachmittags gegen drei überquerte unsere Kompanie den Yangtzu-Fluß. Von da an marschierten wir zig Meilen immer nach Westen. Und das ohne Pause, bis zum 17. vormittags. Dann kampierten wir zwei Nächte an Ort und Stelle, und am Morgen des 19. begann die Schlacht. Wir waren durch eine riesige Ebene marschiert, nirgends eine Erhebung. An Reis litten wir keinen Mangel, denn die Ernte war bereits abgeschlossen.

Endlich, am achten Tag unseres Gewaltmarsches, erreichten wir eine Hügelkette. Bis dahin hatten wir herrliches Herbstwetter gehabt und keinen Tropfen Regen. An diesem Nachmittag regnete es sich allmählich ein. Es war ein ziemlich kalter Tag, und wir waren erschöpft. Wir trotteten schweigend dahin, in der Hoffnung, die kommende Nacht wenigstens einmal ordentlich ausruhen zu können. Inzwischen regnete es in Strömen. Ab etwa vier Uhr fielen vereinzelt Schüsse. Die Altgedienten meinten, na endlich käme es zu einem richtigen Treffen mit dem Gegner. Unsere Vorhut hatte bereits Feindberührung.

Unser Vormarsch kam ins Stocken. Ein heftiges Feuer hinüber und herüber setzte ein. Es war meine Feuertaufe, ich geriet in Panik. Als die gegnerischen Granaten bei uns einschlugen, sprang ich in ein Flußbett und warf mich hin. Die Altgedienten gruben in aller Ruhe Süßkartoffeln aus einem Feld. Sie meinten, ich sollte mir auch welche holen, heute abend gäbe es nichts anderes zu essen; aber ich konnte nicht, so zitterten mir die Beine.

Die Kämpfe dauerten bis in die Dunkelheit an. Der Gegner war geländemäßig im Vorteil, er hielt die Höhen, während wir in einer Senke zwischen den Bergen vorrückten. Hartnäckig griff er uns von allen Seiten an.

Zum erstenmal, seit ich Soldat war, hatte ich Angst um mein Leben. »Tanno, du Scheißkerl zitterst doch nicht etwa, oder?« brüllte mich der Gefreite H. an. Dabei heulten die Geschosse aus den Minenwerfern über unsere Köpfe hinweg und schlugen in der Nähe ein. Ich litt entsetzlich.

Wenn alle Kameraden fallen,
was bleibt für mich an Glück?
Bitterer, die Schlacht zu überleben.

Am 27. Mai 1944, früh, vier Uhr: Befehl zum Ausrücken. Die Schlacht von Changsha begann. Das Gros marschierte Richtung Yaochou, meine Kompanie rückte links davon in die Berge vor.

Tag für Tag Regen und wieder Regen. Im Mantel, den Tornister auf dem Rücken, eine Zeltplane über dem Kopf, aber von den Knien an naß wie die Ratten, und der Boden ein einziger Schlamm, so stapften wir dahin. Sämtliche Bäche waren angeschwollen, das Wasser lief in den Tornister, ins Kochgeschirr, in den Brotbeutel; nichts war mehr zu gebrauchen. Und dazu hatte ich noch die Medikamente und das Verbandszeug für die ganze Kompanie, die unter keinen Umständen naß werden durften. Auf den Feldern war schon der Reis gepflanzt und zeigte die ersten Triebe.

Unterwegs kam es gelegentlich zu kleineren Gefechten, aber unser Ziel war die Stadt Changsha. Dazu hatten wir die Wanyang-Berge zu überqueren. Rechts und links erhoben sich steile Hänge. Wir kämpften uns unten das Tal entlang. Der Pfad war nur eben so breit, daß ein Mann gehen konnte. Auch die Pferde mußten hindurch. Doch gab es keinen anderen Weg nach Changsha. Zudem hatte der Gegner Sperren gelegt. Unsere Vorhut hatte ständig mit feindlichem Mörserbeschuß zu rechnen.

Endlich hörte der Regen auf, manchmal war sogar ein Stück blauer Himmel zu sehen. Nun marschierte es sich leichter; weil man jedoch vorn nicht recht vorankam, machten wir eine Pause. Dann ging es über 950 Steinstufen zum Paß hinauf. Ein Gedenkstein erinnerte daran, daß die japanischen Truppen hier in der ersten Changsha-Schlacht eine schwere Niederlage erlitten hatten. Und hinter dem Paß ging der Vormarsch weiter. Jetzt lagen zu beiden Seiten des Weges die Toten.

Zu allen Strapazen bekam ich Malaria und schleppte mich drei

Tage lang mit hohem Fieber dahin. Zurückbleiben wollte ich auf keinen Fall. Dann wäre es aus gewesen. Ich mußte durchhalten.

> Durchzuhalten, denke ich plötzlich,
> ist der Beweis, daß du lebst.
> Ah, das Ticken der Uhr meines Kameraden!

Ich betete zu den Göttern meiner Heimat, daß das Fieber nachlassen möchte. Der Kompaniechef hatte ein Nachsehen mit mir. Ich nahm von der Medizin, und da es für mich als Rekrut überhaupt schwer war, mußte ich auch zu essen haben.

Während dieses Gewaltmarsches kam die Nachricht, daß Changsha gefallen sei.

25. Juni nachts. Der Gegner unternahm den Versuch, uns abzuschneiden. Da um diese Zeit der Mond noch nicht heraus war, man im Dunkeln auch die Hand nicht vor Augen sah, kam es immer wieder vor, daß unsere Soldaten und Pferde in die Reisfelder, in die Wassergräben oder in Wasserlöcher gerieten. Die Pferde, die in den Löchern zusammenbrachen, kamen elend um. Dennoch hatten wir die Feinde schließlich umgangen und griffen sie von hinten an. Sie waren so überrascht, daß sie verwirrt auseinanderliefen. Wir durchsuchten Haus für Haus und erstachen die Flüchtenden mit dem Bajonett. Vor Angst rannten sie auf die Straße, in die Reisfelder, kletterten auf die Dächer. Ohne daß ein Schuß gefallen wäre, war der Gegner geschlagen.

Als es vorbei war, wurde es Tag. Wir machten eine Pause, um die Lage zu sondieren. Da wir uns etwas zu essen kochen wollten, drangen wir in ein Haus ein, das inmitten von Mandarinen- und Pfirsichplantagen lag, aber plötzlich flog uns aus dem Haus heraus eine Handgranate entgegen. Sogleich kam es zum Handgemenge. Glücklicherweise hatten die Chinesen keine Waffen mehr, es war auch nur eine hölzerne Handgranate gewesen; so stachen wir einen nach dem anderen nieder. Mit ihren Schmerzensschreien war der Kampf zu Ende. Es waren ihrer etwa dreißig; von unseren Truppen umzingelt, hatten sie sich in dieses Haus geflüchtet.

Von denen, die in die grünen Reisfelder gelaufen waren, wurden viele gefangengenommen, die meisten jedoch erschossen oder im Kampf von Mann zu Mann niedergemacht. Auch ich, obwohl

Sanitäter, mußte, um mein Leben zu retten, mit dem Seitengewehr auf sie einstechen.

Dann gingen wir los, um unsere Verpflegung zu sichern. Jemand brachte etwas herbei, das wie Erdnuß- oder Rapsöl aussah, und unsere Soldaten brieten sich darin Tempura-Gemüse. Doch mochte es Schirm- oder Lampenöl gewesen sein, jedenfalls kein Speiseöl; denn nachdem die Männer tüchtig gegessen hatten, setzte bei den einen sehr bald, bei den Kräftigeren zwei, drei Stunden später ein heftiger Durchfall ein. Wir bekamen das gemeldet und bemühten uns, ihnen zu helfen; allerdings wurde gleich darauf der Abmarschbefehl gegeben.

Wir alle tragen unter unserer Uniform Lendenschurze aus weißem Chinazeug; für die Kranken waren diese Tücher jetzt dasselbe, was für die Kleinkinder die Windeln sind. Sie trugen sie Tag und Nacht und mußten sie wieder und wieder wechseln. Nach einigen Tagen besserte es sich bei manchen; bei vielen wurde es nur noch schlimmer. Sie bekamen aufgeriebene Oberschenkel, so daß sie nicht mehr laufen konnten, andere sogar die Ruhr. Ihr Stuhl war blutig. Wie die Ärzte feststellten, handelte es sich um eine Amöbenruhr.

Seit wir am 15. April aufbrachen, haben wir ohne Fahrzeuge von Chingchou und Shashih aus über Hankou die Provinzen Kiangsi und Hunan durchquert, haben fortwährend gekämpft, und jetzt ist es der 19. August. In diesen vier Monaten haben viele meiner Kameraden die Blüte ihres Lebens für unser Land geopfert und sich auf eine weite Reise begeben. Ich bin noch unverletzt, ich lebe noch. Ich sage mir: Du darfst nicht sterben. Ich habe mir in den Kopf gesetzt, einmal wenigstens noch in die Heimat zu fahren und Eltern und Geschwister wiederzusehen.

Aber von denen in unserer Kompanie, die 1943 mit ihr ausrückten, ist noch keiner zurückgefahren. Im Gegenteil, es kommen immer neue Rekruten herüber, und da so viele gefallen, vermißt oder verwundet sind, zählt unsere Kompanieliste zwar über fünfhundert Namen auf, doch sind tatsächlich nur hundertfünfzig oder zweihundert einsatzfähig.

Es bleibt uns nichts übrig, als zu marschieren, in der Hoffnung auf den Sieg. Längst sind wir nicht mehr wie normale Menschen. Wir sind wie die wilden Tiere und sehen auch so aus. Wir schlachten, was wir finden, um zu essen zu haben, und nachts schlafen wir im Freien.

Kihei Matsumura
(geboren 1921)

Nur achtundvierzig überlebten

Wenn ich heute von der Arbeit nach Hause komme, begrüßt mich mein Enkel mit Freudenrufen. Ja, seit jenem bösen Traum sind schon dreißig Jahre vergangen. Wenn ich einmal still dasitze, beginnt sich, was damals geschah, wie in einem Kaleidoskop vor meinen Augen zu drehen. Ach, könnten meine Freunde und mein älterer Bruder, die im Krieg gefallen sind, einen solchen Enkel haben...

Am 3. März 1944 – heute weiß ich, daß Japan da bereits auf die Niederlage zueilte – trat ich in Nachfolge meines Bruders als Aktiver in das 33. Regiment in Tokushima ein. Ich war einundzwanzig. Nach drei Monaten harter Grundausbildung kam ich schließlich zum Ersatzbataillon für die Südfront, und am 17. Juli verließ unser Transporter den Hafen Moji, um Kurs Süd zu nehmen. Ich hatte wenig Hoffnung, lebend zurückzukehren; andererseits, ein junger Mann, der nur arbeitet, um die arme Familie zu unterstützen, ist ohnedies elend dran.

Über die Philippinen kamen wir nach Singapur, wo wir ausgeschifft wurden. Dann fuhren wir mit einem Bahntransport nach Bangkok, von dort aus nach Birma.

Die Fremde macht einsam. Zum erstenmal in meinem Leben spürte ich eine unbändige Liebe zu Japan. Im November, kaum war ich als Ersatz zum 143. Regiment kommandiert, wurde ich plötzlich zur Dschungelspezialeinheit abgestellt. Das war, als ob einem das Todesurteil verkündet würde. Denn diese Spezialeinheit diente in Wahrheit als ein Köder, um so die anderen Truppen zu schützen. Zunächst erhielten wir vor Ort eine Guerilla-Ausbildung, hiernach begann die Höllenfahrt. Die Luftüberlegenheit hatten wir längst nicht mehr. Unser Kommandeur fiel in einem Gefecht, der Stoßtruppführer verlor ein Bein, machte aber, an einer Krücke humpelnd, jeden Überfall mit. Tags versteckten wir uns, angreifen konnten wir nur nachts. Da dieser Zustand andauerte, nahm die von Menschen selbst angerichtete Hölle immer wildere Züge an.

Die Einheit, zu der ich gehörte, umfaßte ungefähr vierzehnhundert Mann; die Hälfte von ihnen fiel im ersten Gefecht. Und der Ersatz, den wir für das nächste Gefecht von anderen Einheiten erhielten, reichte nicht aus. Wer am Leben blieb, mußte kämpfen bis zum letzten. Man kann sich nichts Brutaleres vorstellen. Wir litten, und der einzige Ausweg war der Tod.

Als sich die Kämpfe bei Moulmein ein um das andere Mal wiederholten, erhielten wir den Befehl, Nahrungsmittel zu requirieren. Wir griffen die Dörfer an und brachten die Einwohner um. In der Regenzeit marschierten wir monatelang im Wasser. Wir aßen Gras, kauten Holz und wurden weitergetrieben. Viele meiner Kameraden versanken in den Sümpfen. Andere starben an Unterernährung, an Malaria oder durch feindlichen Beschuß. Sie alle schrien zuletzt nach ihrer Mutter, oder sie riefen die Namen ihrer Frau und ihrer Kinder. Wer verwundet wurde und mit der Truppe nicht mithalten konnte, dem wurde gesagt, er solle möglichst gleich Selbstmord begehen; Beinverletzte, die nicht sterben wollten, ließ man erschießen.

In Japan ging der Krieg am 15. August 1945 zu Ende. Um diese Zeit kämpften wir bei Rangun. Zwar gab es Flugblätter und Rundfunkberichte, die Japans Niederlage meldeten, aber keiner glaubte es. Am 14. September wurden wir vom Feind umzingelt; da erst begriffen wir, daß der Krieg vorbei war. Zu diesem Zeitpunkt waren von den vierzehnhundert Mann gerade noch achtundvierzig übrig.

Wozu der Krieg? Weil ein Teil der japanischen Führung den Krieg wollte, wurden Unzählige in den Tod getrieben, litten Japaner und ebenso Bewohner anderer Länder. Als ich mit viel Glück am 10. Juli 1946 heimkehrte, hatte sich Japan in verbrannte Erde verwandelt, war eine Wüste geworden. Die Preise stiegen, wir lebten ärmer als vor dem Krieg; meine Malaria brach wieder aus, wegen der langen Unterernährung bekam ich auf beiden Augen den grauen Star. In diesem Sinne war der Krieg für mich noch über Jahre nicht zu Ende.

Shōichi Kawano
(geboren 1915)

Die Toten füllten den Fluss

Im August 1937, ich gehörte als Chef des Troß- und Nachrichtenwesens zum Stab des 43. Regiments Tokushima, gingen wir unter den Augen des Gegners westlich von Shanghai an Land. Zehn Tage später waren wir in schwere Kämpfe verwickelt, und es brauchte keine weiteren zehn Tage, so hatte allein unsere Einheit bereits die Hälfte der Männer verloren.

Ein Krieg ist kein Vergnügen und alles andere als angenehm. Die Mehrzahl der Toten, die zu Haufen in den Baumwollfeldern lagen und in den Flüssen trieben, waren welche von uns; was von ihnen herausragte, wimmelte von Maden, der Leichengeruch stach einem in die Nase. Das gesamte Schlachtfeld war bedeckt mit Gefallenen. In einem Fluß lagen die toten Japaner so dicht, regelrechte Berge von Leichen, daß vom Wasser kaum noch etwas zu sehen war. Es mochten mehr als tausend sein. Ein unerträglicher Anblick.

Man selber wollte nicht sterben, wollte um jeden Preis überleben. Wenigstens diesen einen Tag! Wieder und wieder habe ich darum gebetet. Dabei ist der Krieg nicht nur Kampf mit der Waffe. Das Essen ist knapp, Malaria, Ruhr und Cholera grassieren. Tagelang kamen wir nicht aus den Stiefeln, und wenn wir einmal Zeit hatten, sie auszuziehen, waren sie zerfetzt, und in den gräßlich stinkenden Socken saßen die Maden. Es kam vor, daß ich meine Stiefel und Socken gegen die eines soeben Gefallenen tauschte. Die Wäsche zu waschen, daran war nicht zu denken. Selbst zum Reiskochen benutzten wir das Wasser aus den Flüssen, auf dem Fettaugen schwammen von menschlichem Schweiß. Brunnenwasser konnten wir nicht verwenden, da es hieß, es sei aus taktischen Absichten vergiftet oder mit Bakterien versetzt. Einmal meinte einer meiner Kameraden: »Wozu eigentlich und für wen muß ich mich in diesem Krieg so schinden?« Seine Worte blieben mir lange im Gedächtnis haften.

Im Krieg hört der Mensch auf, ein Mensch zu sein. In seiner Verzweiflung werden ihm Plünderung, Brandschatzung und Mord zu Alltäglichkeiten. Ohne zu zögern, tötet er Frauen und Kinder, die ihn weinend und mit gefalteten Händen anflehen, sie zu schonen. Und er tut es kaltblütig und mit triumphierendem Gesicht. Er denkt mit keinem Gedanken an sein eigenes elendes und erbärmliches Leben und daran, daß er selber vielleicht schon Minuten später tot sein kann.

Ich kannte einen Gefreiten, der brüstete sich und sagte: »Ich bin jetzt stellvertretender Kompaniechef.« Tatsächlich führte er, nachdem seine über vierhundert Mann starke Kompanie nahezu völlig aufgerieben worden war, das übriggebliebene Dutzend von Leuten. Es war bei ihm lediglich die Freude darüber, daß er, da so viele gefallen waren, noch am Leben war. Im Grunde seines Herzens, so schien mir, war er in diesem Augenblick entsetzlich einsam.

Der Krieg ist zudem ein Kampf mit den Seuchen. Die schlimmste darunter ist eine Cholera-Epidemie. Man stirbt daran binnen weniger Stunden. Es beginnt mit hohem Fieber, der Kranke klagt über Trockenheit im Mund. Der erschöpfte und geschwächte Körper besitzt keine Widerstandskraft, und nach etwa zehn Minuten werden Arme und Beine taub. Wenn es dahin kommt, so wurde uns gesagt, handelt es sich mit Sicherheit um Cholera. Verlangte dann der Kamerad stöhnend nach Wasser, lief man los, um welches zu holen, legte wohl auch behutsam das Gewehr neben ihn. Hätte er Selbstmord begangen, was wäre dabei gewesen? Aber für gewöhnlich hatten die Kranken bereits dazu die Kraft nicht mehr. »Schlaf eine Weile, der Sanitäter wird gleich hier sein!« sagte man ihm und entfernte sich so rasch wie möglich. Spähte man eine halbe oder eine Stunde später zu ihm hinein, war er schon tot.

Nun machte man den Vorgesetzten Meldung davon. Regelmäßig gaben sie den Befehl, das Haus mit allem Drum und Dran niederzubrennen. Einige häuften an verschiedenen Stellen brennbares Zeug auf, wie sie es gerade fanden, und legten Feuer. »Soldat X – Banzai!« Manche schrien das mit einer Stimme, die eher nach einem Heulen klang. Anderen wieder liefen die Tränen, während sie reglos in strammer Haltung dastanden. Damit allerdings war es erledigt. Keiner von denen, die die Schrecknisse der Cholera mit eigenen Augen gesehen hatten, brachte den Mut auf, die Knochen des Toten in die Urne zu tun.

Die blutigen Kämpfe hielten Tag und Nacht an. Ich war einer der ersten, die in die Heimat zurückgeschickt wurden, und was ich hier niedergeschrieben habe, ist nur ein Bruchteil meiner Fronterlebnisse, aber in meinem Herzen bleibt für immer eine Wunde zurück. Und ebenso bittere Erlebnisse wie wir, nein, weit schlimmere noch, werden diejenigen Chinesen mit sich herumtragen, die damals unsere Gegner waren. Die Wahrheit, die man die heutige Generation lehren muß, lautet: Ein Krieg fügt beiden, Siegern und Besiegten, unermeßliche Schäden zu, und niemand hat einen Gewinn daraus.

Fumiyoshi Marubashi
(geboren 1909)

Die Lehre aus dem Grauen ziehen

Ich kam zuerst im Februar 1932 nach Shanghai. Es war nur wenige Wochen nach dem sogenannten »ersten Shanghai-Zwischenfall«, und die Stadt mit den noch rauchenden Trümmern machte, obwohl die Kämpfe beendet waren, den deutlichen Eindruck eines Kriegsschauplatzes. Hierauf wurde ich in die Mandschurei verlegt, wo ich bei der Strafexpedition in den Machan-Bergen dabei war, die über das Schicksal dieses Landes entschied.

An der Front herrschte ein ständiger Verpflegungsmangel. Wir steckten im Schlamm bis an die Brust, und für Pferd und Wagen war kein Durchkommen, so daß man aus Harbin, wo genügend lagerte, nichts heranbringen konnte. Zeitweilig ernährten wir uns zwei Monate lang von nichts als von Hirse. Aber es war nicht der Verpflegungsmangel allein. Ich erinnere mich gut daran, wie kalt es dort war. Ein mandschurischer Winter und Tag für Tag im Schlamm zu marschieren, das ist mehr als eine Strapaze: eine unvorstellbare Qual. Jeder dachte damals unweigerlich an daheim. Und dieser Gedanke machte wieder Mut, überhaupt weiterzuleben.

Später, 1939, brach ich mir in der Mongolei den Arm. Als ich unter Feindbeschuß meinen mit Soldaten beladenen Lkw durch eine Furt steuerte, war der Wagen auf einen Stein aufgefahren. Ich verbrachte ein halbes Jahr in Peking im orthopädischen Lazarett, aber der Arm heilte nicht, und so wurde ich schließlich in die Heimat zurückgeschickt. Dort, bei sorgfältiger häuslicher Pflege, kam ich wieder in Ordnung. 1943 erhielt ich von meiner Kommandantur einen Brief, ich solle meinen gegenwärtigen Gesundheitszustand melden. Ich erwiderte, ich sei geheilt, und umgehend wurde mir mitgeteilt, ich sei auf die Schiffswerft der Armee nach Ishimaki versetzt. Da die Schiffe knapp geworden waren, ließ die Armee dort Überholungsarbeiten ausführen. So erlebte ich die Niederlage, nach der ich entlassen wurde.

Der Soldat lebte in einer Welt, in der die üblichen Vorstellungen nicht galten. Unsere einzige Richtschnur war der Befehl. Die Anordnung, daß dem Befehl Folge zu leisten sei, fußte auf dem kaiserlichen Militärreskript; sich gegen einen Befehl aufzulehnen zog mithin den sofortigen Tod durch Erschießen nach sich.

Um ein Beispiel zu nennen: Es kam ein Offizier auf einen zu. »He, Sie da, was haben Sie getan?« Auf jeden Fall hatte man darauf zu erwidern: »Ich habe etwas falsch gemacht.« Man mußte nichts wirklich falsch gemacht haben, aber wenn man eine andere Antwort gab, wurde man unweigerlich geschlagen. Indessen, damit war die Sache noch nicht erledigt. Als nächstes hieß es: »Laufen Sie dreimal bellend um den Platz!«

Oder wenn der Stubenputz beendet war und der Offizier auch nur den kleinsten Staubkrümel in einem Winkel fand: »Das nennt ihr geputzt? Und warum liegt dann noch Dreck herum?« Diesmal ging es um die gemeinsame Verantwortung, und die Soldaten wurden aufeinandergehetzt, daß sie sich gegenseitig verprügelten. Das war noch schlimmer.

So war es beim Militär. Kein Platz für persönliche, vor allem nicht für menschliche Gefühle. Und diese grausame Art der Befehle wurde gegen den Feind noch weit härter angewandt. Wenn es darum ging, rotchinesische Partisanen auszuheben, mußten wir, weil sie kaum zu unterscheiden waren, einfach alle Chinesen gefangennehmen, die wir fanden. In solchen Fällen wurden uns die unmenschlichsten Befehle erteilt. Man mochte einen Widerwillen dagegen haben; dennoch befolgten wir sie, um nicht wegen Verweigerung selbst erschossen zu werden. Deshalb ist es so außerordentlich wichtig, alles daranzusetzen, daß es zu keinem Krieg mehr kommt. Ist ein Krieg erst einmal ausgebrochen, dann ist es bereits zu spät, und er nimmt seinen verhängnisvollen Verlauf bis zum Ende.

Wenn ich auf meine Kriegserlebnisse zurückblicke, so will ich mich durchaus nicht herausreden; was ich getan habe, war von Übel. Aber nie tat ich es aus freien Stücken. Alles wurde von Befehlen beherrscht, und im Weigerungsfalle drohte das Erschossenwerden. Andererseits ist nicht zu leugnen, daß die japanische Armee Verbrechen am chinesischen Volk begangen hat, die niemals vergessen werden können; und obgleich es Tatsache ist, daß alles unter Befehl geschah, werden wir nur zu einem wirklichen Frieden gelangen, wenn wir nicht trotzig behaupten, es habe keine Verbrechen gegeben, sondern vielmehr aus dieser Erfahrung die Lehre ziehen und sie in Zukunft wach erhalten.

Masakatsu Nomura
(geboren 1914)

Rückzug im Dschungel

Im August 1943 erhielt ich den roten Einberufungsbefehl und wurde einer Abwehreinheit im Süden zugeteilt. Ich kam geradewegs nach Birma. Wir landeten im eroberten Singapur, dann ging es über die Insel Pinang in die Arakan-Berge. Damals hatten schon die Schicksalsdämonen der Niederlage ihre Hand über uns, aber wir, nichtsahnend, grüßten im Vorrücken die in der Abendsonne glänzenden Pagoden.

Tiefer und tiefer drangen unsere Lkws in den Dschungel ein. An den Straßenrändern die Gebeine von Soldaten oder ihre verwesenden Leichname. Beim Essenfassen überfielen uns die Tiger und holten sich zwei von uns. Am Ziel angekommen, gruben wir uns in den Berg ein. Unterstände wurden gebaut. In einem winzigen Raum errichteten wir vom Sanitätstrupp unsere Station.

Bald darauf griff der Gegner an, rasch stieg die Zahl der Toten und Verwundeten. Kaum hatten wir uns aufs Ohr gelegt, kam der Einsatzbefehl. Wir liefen los durch das Dunkel, Granaten heulten über uns hinweg. Als wir uns dem Gipfel näherten, schlug neben uns ein schweres Mörsergeschoß ein. Splitter trafen meinen Rükken, doch wie durch ein Wunder blieb ich unverletzt, so daß wir bis zu dem bezeichneten Ort vordringen konnten. Eine Einheit war auf ein Minenfeld geraten; vom Leutnant angefangen hatte es mehrere Dutzend Tote und Verwundete gegeben.

Einer lag da, das blutverschmierte Schwert noch in der Hand; manche waren völlig auseinandergerissen, andere hatten beide Beine oder beide Arme oder einen Fuß verloren. Es war ein Bild des Grauens. Wir versuchten das Blut zu stillen, legten Verbände an und transportierten die noch Lebenden auf provisorischen Tragen zur Station. Unterwegs tropfte das Blut auf den Boden, einige starben an dem großen Blutverlust schon jetzt, die meisten, ohne daß wir hätten helfen können, später auf der Station.

Vier Monate darauf wurden wir nach Maungdaw verlegt. Die Regenzeit begann. Es strömte Tag um Tag vom Himmel. Ob wir schliefen oder wachten, alles ringsum war naß vom Regen. Einmal morgens sahen wir nahe bei unserer Unterkunft die Spuren eines großen Elefanten, gelegentlich war das Raunzen der Tiger zu hören. Das Gefühl, am Leben zu sein, ging verloren. Viele bekamen von den Moskitostichen Malaria, die Rekruten verfielen in seltsame Zustände, manche gingen wie schlafwandelnd umher. Ein andermal wieder, weil sie keine Zigaretten hatten, krochen Soldaten in ein Tabakfeld; da wurden sie vom Gegner entdeckt, mit Mörserfeuer beschossen und in Fetzen gerissen, die armen Kerle.

Schließlich bekam ich selber Malaria. Ich fror, daß mir fast der Atem wegblieb, danach ein heftiges Fieber, das bis auf vierzig Grad anstieg. Ich dachte, ich müßte sterben. Eine Woche lang schwebte ich zwischen Tod und Leben, doch abermals wie durch ein Wunder erholte ich mich.

Um diese Zeit begann der Gegner Flugblätter abzuwerfen. Unter der Überschrift »I surrender« hieß es darin: »Es kommt die Jahreszeit der gefährlichen Moskitos. Wenn Du von ihnen gestochen wirst, verlierst Du Deine sexuelle Potenz, wirst zu einem menschlichen Wrack. Komm herüber zu uns! Wir geben Dir etwas Warmes zu essen.« Sehnsüchtig dachte ich an die heiße Miso-Suppe daheim; nur indem ich die Zähne zusammenbiß, hielt ich es aus.

Danach wurden die Angriffe des Gegners heftiger, wir hatten große Verluste. Die wenigen Übriggebliebenen beschlossen, das Arakan-Gebirge auf dem Weg zu verlassen, auf dem wir einst gekommen waren. Im Regen, bis an die Knie im Schlamm, schwankten wir zwischen den Bergen dahin. Nur fort von hier! Wir sahen aus wie Bettler. Erbärmliche Gestalten waren wir. Und dennoch wurde uns noch immer nicht klar, daß wir besiegt waren.

Das begriffen wir erst, als wir nach Thailand kamen, als wir uns endlich umfallen ließen. Wir befanden uns im Gefangenenlager Nakhon Pathom! In wahren Schweineställen von Hütten begannen wir unser Leben als Kriegsgefangene.

Tagsüber behandelte ich die Verwundeten, zwischendurch wurde ich zu harter Arbeit herangezogen. Manche schufteten sich in der Wäscherei die Hände blutig, andere mußten die vollen Kotkübel in eine acht Kilometer entfernte Grube schleppen. Wir begannen morgens noch im Dunkeln und arbeiteten durch, bis es abends wieder dunkel wurde. Viele brachen davon zusammen, auch gab es Unfälle wie Erdrutsche, und wir hatten Tote dabei. Die den Thais schon lange verhaßten Offiziere und Unteroffiziere wurden nicht selten mit Messern erstochen oder mit Teakholzpantoffeln zu Tode geprügelt. Tag um Tag lebten wir in der Furcht, das gleiche Schicksal zu erleiden.

Weil sie es nicht mehr ertrugen, planten einige einen Ausbruch. Auch ich, den Kopf auf der hölzernen Stütze, unter einer dünnen Decke liegend, wollte nicht aufgeben. Kurz bevor wir uns zu einem Massenausbruch entschlossen, kam die Repatriierung. »Wir können nach Hause! Wir kommen lebend nach Japan zurück!« Unser Jubel läßt sich mit Worten nicht beschreiben. Die Zeit zwischen der Ankündigung und dem Augenblick, da wir wieder heimatlichen Boden betraten, wurde uns lang. »Jeder Tag wie tausend Herbste.« Aber es waren nur wenige, die diese Heimfahrt antraten. In den Jubel mischte sich Trauer.

Als ich daheim auf dem Bahnhof von Tokushima ausstieg, bestand die ausgebrannte Stadt aus einigen barackenartigen Hütten hier und da. Zu essen gab es so gut wie nichts. Für meine Armeecoupons bekam ich gerade etwas Süßkartoffelbrot.

Hajime Kusaka
(geboren 1921)

Mörder um der Ehre willen

Im Mai 1944 kam ich als Pionier auf die Philippinen, nach Luzon. Eine Woche nachdem wir in Manila eingetroffen waren, hieß es, die Amerikaner versuchten bei Aparri zu landen. Also fuhren wir los, um dort Stellungen zu bauen. Tatsächlich aber landeten sie im Südwesten von Luzon, bei Lingayen, eroberten von dort aus Manila und marschierten nordwärts. In dieser Richtung lag das Städtchen Baguio, wo General Tomobumi Yamashita, der »Tiger von Malaya«, sein Hauptquartier hatte. Da er für den Fall des Rückzugs eine Ausweichstraße brauchte, wurden wir dorthin verlegt, um eine solche zu bauen.

Die Arbeiten waren im April 1945 beendet, der General zog sich auf der neuen Straße zurück. Die Amerikaner jedoch drangen weiter nach Norden vor, und wir mußten Maßnahmen treffen, einen Bergpaß auf der Ausweichstraße zu verteidigen.

Wir als Pioniere hatten keine Waffen, sondern nur Sprengladungen. Diese bauten wir nahe dem Paß ein, um sie hochgehen zu lassen, sobald die Amerikaner die Stelle passierten. Dicht an der Straße, die als Zünder vorgesehene Handgranate in der Faust, lag ich flach und mit angehaltenem Atem am Boden wie ein Tier. Unser kleiner Trupp von etwa zehn Mann hatte die Aufgabe, nach der Zündung der Ladung zum Angriff überzugehen, um die Amerikaner wenigstens für kurze Zeit aufzuhalten.

Von der Anspannung des dauernden Ausschauhaltens schärften sich lediglich die tierischen Sinne, alles Menschliche, zumal das Denkvermögen, ging uns verloren; wir reagierten wie die Geisteskranken nur mehr impulsiv. Wenn du nicht getötet werden willst, mußt du töten.

Ich, der ich von Natur aus wenig mutig war und keinen Wurm umbringen konnte, verwandelte mich im Namen des Krieges und als Vertreter des großjapanischen Kaiserreichs in einen »Mörder um der Ehre willen«. Ich hatte den allen Menschen eigenen Wunsch, nicht zu sterben, hatte andererseits mein Pflichtgefühl als Soldat; von diesem Dilemma gepeinigt, wartete ich dennoch begierig auf den Zeitpunkt des Überfalls.

Plötzlich, mit dem Abschußknall von Panzerkanonen im Tal links von mir, meinte ich Kettengeräusche zu hören. Als ich mich umsah, war die Stellung, in der ich den Rest unseres Trupps zurückgelassen hatte, in Staub gehüllt. Sie war als erste überrollt worden. Während ich benommen auf das in der Abenddämmerung wie Päonienblüten aufblitzende Mündungsfeuer der Panzerkanonen starrte, bewunderte ich die Taktik der Amerikaner, uns von hinten anzugreifen.

Nachts dann, nachdem sich die Amerikaner zurückgezogen hatten, gingen wir hinunter und fanden unsere Leute grausam von den Panzern niedergewalzt; als wären es ihre Seelen, flackerten über ihnen zornige Flammen. Auch der Wald ringsum brannte, und der Bach, den wir in Erinnerung an daheim »Hirosegawa« getauft hatten, war rot von ihrem Blut. Einer, ein Freund noch aus der Mittelschulzeit, war von einem Volltreffer zerrissen worden, sein verbogenes Schwert ragte auf wie ein Grabmal. Wir hielten die toten Kameraden wie Wachspuppen in den Armen, und während uns Leuchtkugeln grell beschienen, weinten wir Männer.

Ein Stück weiter hinter uns war ein anderer Trupp zur Abwehr eingesetzt. Diese Leute hatten eine wahrhaft mörderische Aufgabe. Sie gruben unmittelbar am Straßenrand tiefe Einmannlöcher, sogenannte »Krakentöpfe«, und sobald die Panzer an ihnen vorüberfuhren, sprangen die Männer mit einer Sprengladung in den Armen aus ihren Löchern und krochen damit unter die Fahrzeuge, buchstäblich als »Menschen-Minen«. Nachdem die Amerikaner die von uns gelegten Ladungen bemerkt hatten und umgekehrt waren, rückten sie zu dieser Stelle vor. Die Männer in den »Krakentöpfen« nahmen Pflicht für Pflicht; keiner konnte damit rechnen, davonzukommen. Sie starben alle.

»Es ist uns eine Freude, in der Ewigen Großen Pflicht zu leben.« So den Opfertod fürs Vaterland auf sich zu nehmen, wie auch ich ihn insgeheim herbeigesehnt hatte – welch grausame Forderung! Nein, es ist ein Unsinn, den Tod patriotisch zu verklären. Er hat nichts anderes zum Inhalt als das Sterben. Allein schon durch die Art, in der diese Männer gestorben sind, hat sich diese Wahrheit meinem Gedächtnis eingeprägt.

Tamirō Abe
(geboren 1921)

Bis einen Monat nach dem Ende

Als die Niederlage schon dicht bevorstand, erschien der Kommandeur von Cebu (Philippinen) bei unserer Einheit. Bei seiner Rückkehr zum Hauptquartier sollten ihn zwei Mann als Deckung begleiten, und ich und noch einer wurden dazu ausgewählt. Bis zum Hauptquartier waren es drei Tagesmärsche. Bevor wir loszogen, erhielten wir jeder drei Becher mit heißem Wasser, in das man zerstoßene Maiskörner gerührt hatte, dazu, wie zum letzten Abschied, schenkte uns der Kompaniechef noch ein Stück von einer Ziegenkeule. Wir hatten wohl alle schon eine Ahnung, daß es, auch angesichts der für uns nahezu vernichtenden feindlichen Angriffe, bald zu Ende sein würde.

Drei Tagesmärsche lägen vor uns, so hieß es; da wir aber den Bombenangriffen ausweichen und immer wieder Umwege machen mußten, wurde schließlich eine ganze Woche daraus. Inzwischen war uns die Verpflegung ausgegangen. Wir tranken nichtabgekochtes Wasser, befeuchteten uns den Mund mit Tau von den Blättern, wir kauten Gras oder rohen Mais, und als wir ankamen, litten wir unter einem heftigen Durchfall. Im Hauptquartier jedoch gab es reichlich zu essen. Wasserbüffel und Schweine. Wir trauten unseren Augen nicht. Fleisch vom Wasserbüffel hatte ich noch nie gegessen. Das Resultat war ein abermaliger Durchfall.

Nur drei Tage hausten wir in einer Eingeborenenhütte, und schon hatten wir uns die Malaria geholt. Erst später erfuhren wir, daß die Gegend dort damit verseucht war. Das Fieber kletterte auf zweiundvierzig Grad; trotz mehrerer Wolldecken war mir eisig kalt. Ich war halb ohne Bewußtsein und redete irre. Meinem Kameraden, der mit mir gekommen war, erging es ebenso. Wir magerten ab bis auf die Knochen, konnten unsere Hüften mit den Händen umspannen. Aber wenn wir träumten, war es nur vom Essen.

In dieser Zeit steigerten die Amerikaner ihre Angriffe noch, schließlich mußte das Hauptquartier verlegt werden. Der Kommandeur legte uns nahe, mitzugehen. Ich war durchaus marschfähig, mein Kamerad hingegen konnte nicht laufen. Mit Tränen in den Augen sagte er: »Geh du nur allein.« Aber ich brachte es nicht fertig, ihn im Stich zu lassen. So blieben wir beide dort zurück.

Nachdem das Hauptquartier abgezogen war, hatten wir nichts mehr zu essen. Also sammelten wir auf, was die Eingeborenen wegwarfen, und kochten uns davon Suppen. Auf den Philippinen wachsen rings um die Hütten Mangobäume. Wir versuchten, die Vögel, die sich auf den Ästen niederließen, mit dem Gewehr herunterzuschießen, hatten aber keinen Erfolg. Sie waren mit unseren Kugeln nicht zu treffen. Wir saßen stundenlang auf Anstand, und jeder Schuß ging daneben, vielleicht weil wir zu schwach, unsere Augen unsicher waren. Unsere einzige Hoffnung war, daß uns bald jemand fände.

So verstrich ein guter Monat. Da eines Tages erschien einer von der Armee. Offenbar hielt er uns für Eingeborene, denn er hob das Gewehr, woraufhin wir das gleiche taten. Als er endlich feststellte, daß wir Japaner waren, fragte er, was wir hier täten. Wir machten ihm unsere Lage klar, sagten ihm, wir warteten auf die Unseren, damit sie uns herausholten. Und nun erfuhren wir von ihm, daß der Krieg zu Ende war. Daß Japan unmittelbar nach der Verlegung unseres Hauptquartiers kapituliert hatte. Wir hatten diesen ganzen Monat hindurch nichts davon gehört.

Es gebe, erklärte er uns, einen Befehl, wonach sich alle japanischen Soldaten in einem bestimmten Dorf zu sammeln hätten; doch müßten wir das Dorf innerhalb der nächsten drei Tage erreichen.

Aber wie, ohne etwas zu essen? Wir baten ihn, den wilden Hund, den er zuvor erlegt hatte, mit uns zu teilen, uns den Kopf und die Pfoten oder auch nur die Pfoten zu überlassen; er ging nicht darauf ein.

Nun, irgendwie schafften wir es bis in jenes Dorf. Der Sammelplatz war ein Kriegsgefangenenlager. Alle, die sich darin befanden, wurden daraufhin untersucht, ob sie an den unter der Militärverwaltung tatsächlich vorgekommenen Grausamkeiten teilgenommen hatten. Wer unter den Bewohnern von Cebu dabei Verwandte verloren hatte, meldete den Namen eines der Verantwortlichen. War es zum Beispiel der Name Abe, so mußten sich alle Abes aus dem Lager in einem Kreis aufstellen, und der Ankläger ging von einem zum anderen, und fand er den, den er meinte, wies er mit dem Finger auf ihn. Daraufhin wurde der Beschuldigte nach Manila gebracht. Ich konnte deswegen erst Ende Dezember 1946 nach Japan heimkehren.

Wenn ich zurückblicke, ist mir, als hätte ich seit meiner Einberufung wieder und wieder zwischen Tod und Leben geschwebt. Am 8. August 1943 fuhren wir von Sasebo ab. Das Gebiet um die Philippinen war damals Hauptkriegsschauplatz, und auch der Transporter, auf dem ich mich befand, wurde unterwegs nach Cebu von U-Booten angegriffen, und wir machten Entsetzliches durch. Tagsüber verbargen wir uns in irgendeinem Hafen, nachts setzten wir die Fahrt fort. Am 20. September erlebte Manila den ersten Luftangriff, die im Hafen liegenden Schiffe wurden zerstört. Daß unser Transporter, der ebenfalls dort geankert hatte, unmittelbar vor dem Angriff ausgelaufen war, rettete uns das Leben.

Danach kamen wir zwar heil nach Cebu, da wir aber Vorräte nur für ein halbes Jahr hatten und der Nachschub über See unmittelbar nach unserem Eintreffen unterbrochen wurde, ergab sich eine kritische Unterversorgung mit Lebensmitteln. Reis erhielten wir so gut wie nie. Beim Blitzkommando hingegen, einer Art Kamikaze-Truppe, bekäme man, hörte ich, regelmäßig Reisklöße zugeteilt. Reis oder Leben, das war die Frage; ich entschied mich, dem Blitzkommando beizutreten. Daß ich überlebte, war wohl reines Glück; denn die meisten, die mit mir dabei waren, sind nicht zurückgekommen.

Die Amerikaner griffen an, und das war fürchterlich. Von den fünfunddreißig Mann in meinem Trupp blieben gerade drei übrig. Wir gehörten nicht zur eigentlichen Kampfeinheit, sondern waren Funker und hatten an Radargeräten die Bewegungen des Gegners zu beobachten. Trotzdem wurden auch wir fast völlig vernichtet.

In all diesen kritischen Situationen ist es die Liebe zu den Angehörigen daheim, die den Menschen bis zuletzt ans Leben bindet. Der Volksmund übertreibt nicht, wenn er sagt: »Soldat, das ist ein anderer Name für denjenigen, der im Herzen das Bild seiner Mutter umarmt.« Ich jedenfalls habe keinen gekannt, der mit einem Hoch auf den Kaiser gestorben wäre.

Zurückblickend fällt mir auf, daß damals während des Krieges viele in der Armee Selbstmord begingen. Und das nicht nur auf unserer Seite, sondern auch unter den Amerikanern. Oder sie wurden irrsinnig. Mir scheint, ihnen verwirrte sich der Geist, weil die Waffen das menschliche Fassungsvermögen überstiegen. Diese Waffen bedienen zu müssen, stürzte sie in ein seelisches Chaos. Andererseits gab es Selbstmorde auch auf den Repatriierungsschiffen, und zwar in dem Augenblick, als die japanischen Inseln am Horizont auftauchten. Man hat das damit erklären wollen, daß diese Männer angesichts der Niederlage den freiwilligen Opfertod wählten oder die Verantwortung für den Zusammenbruch übernahmen; ich jedoch glaube, es war einfach ein Anfall von Wahnsinn.

Daß es auch in der amerikanischen Armee häufig zu Wahnsinnsausbrüchen kam, dafür war ich selbst Augenzeuge. Als wir in jenem Gefangenenlager ankamen, wurden wir zunächst in einem amerikanischen Feldlazarett untergebracht. In einem Nebengebäude befanden sich irrsinnig gewordene GIs. Man hatte sie in Käfige gesperrt, so daß man sie von Affen nicht zu unterscheiden vermochte.

Die Schrecknisse des Krieges treffen Sieger wie Besiegte. Der Krieg fügt dem Menschen nicht nur äußerlich grausame Wunden zu, er verwüstet auch seine Seele.

Teruko Nishioka
(geboren 1910)

Ein Schullager in der Mandschurei

Das Schullager von Nenkiang in der Provinz Pehan gehörte zu den fünf größten in der Mandschurei. Es lebten dort 3188 Schüler, um deren Wohlergehen sich acht Heimleiterinnen zu kümmern hatten. Ich, als eine von ihnen, war im April 1943 angekommen. Genommen wurden für solche Posten nur Witwen oder Alleinstehende zwischen fünfundzwanzig und fünfundvierzig, und ich war eben fünfundzwanzig geworden. Unerfahren, wie ich war, mußte ich sofort nach Ankunft selbständig arbeiten. Jede Schülerkompanie bestand aus zweihundert Kindern; ich war die Heimleiterin der Stammkompanie, zu der Kinder aus den einzelnen Kompanien ausgewählt wurden. In der Kompanie gab es Abteilungen für Näharbeit, für Ernährung, für Landwirtschaft usw.; das fürs tägliche Leben Nötige wurde in der Hauptsache von den zum selbständigen Denken erzogenen Kindern erledigt. Trotz allem war auf ihren Gesichtern ein gewisser naiver Ausdruck geblieben, und sie haben mir manchen Streich gespielt.

Es sollte in diesen Lagern der Nachwuchs für die Kolonistenbrigaden herangezogen werden; aber das Eingewöhnen fiel schwer. Der nordchinesische Winter war lang, Frühling und Sommer gingen im Nu vorüber. Wenn es Mai wurde, blühten, als hätten sie allzulang gewartet, gleichzeitig die Maiglöckchen mit den Iris, die wilden Päonien mit den Lilien, waren die Wiesen wie ein tausendblumiger Teppich. Als ich ankam, war es ebendiese Blütezeit; aber bald darauf wurde die Tōkyō-Kompanie weiter nach Süden verlegt.

»Sie ertragen es seelisch nicht. Sie haben bei diesem Leben hier zu wenig Bewegung«, meinten die Verantwortlichen im Stab.

Nicht lange nachdem die Blütezeit vorbei war, brach der Winter herein. An den kältesten Tagen fiel das Thermometer bis auf vierzig und fünfundvierzig Grad unter Null. Doch für diejenigen, die vor Heimweh aus dem Lager davonlaufen wollten, war diese Kälte kein Hinderungsgrund. Obwohl sie keine Aussicht hatten, bis nach Japan zu kommen, gab es solche unbesonnenen Ausreißer immer wieder. Starr vor Kälte fand man sie versteckt auf den Feldern, mußte ihnen die erfrorenen Füße amputieren, und was man sonst für schreckliche Geschichten hörte.

Einmal hatte sich, mit Ausnahme des Küchendienstes, die ganze Hiroshima-Kompanie ins Bett gelegt. Ich ging, um mich um sie zu kümmern. Ich ließ sie ihre Temperaturen messen, sie war bei allen völlig normal. Aha, dachte ich, ein Massenstreik! Sofort befahl ich: »Alles aufstehen!«

Kaum hatte ich sie aufgejagt, ihnen Sensen und Sicheln in die Hand gedrückt und sie zur Feldarbeit geschickt, waren sie wieder völlig gesund und munter, und mir fiel ein Stein vom Herzen.

Beides war ein Beweis dafür, daß sie eben noch Kinder waren: ihre mutwilligen Streiche und ihre Unbesonnenheit. Und ich konnte diesen Kindern zwar die mütterliche Liebe ersetzen, im rauhen Sturm des damaligen Alltags jedoch vermochte ich ihnen kaum beizustehen.

Vom Kriegsende erfuhren wir am 23. August. Schon zuvor hatte es Gerüchte gegeben, die Sowjets hätten uns den Krieg erklärt und Japan habe kapituliert. Doch wir stritten das rundweg ab.

»Ist es wahr, daß Japan den Krieg verliert?« fragten uns die Kinder besorgt, als wir denen, die zur Truppe eingezogen wurden, Verpflegung zurechtmachten.

»Wo gibt es denn das? Genau das Gegenteil trifft zu!« Dabei war mir, als müßte ich mir das selber einreden.

Bald nachdem wir dann die Nachricht vom Kriegsende erhalten hatten, kam der Befehl, Frauen und Kinder zuerst in den Süden zu bringen. Wir trafen alle Vorbereitungen zur Abfahrt nach Tsitsihar und warteten, aber der Zug, auf den wir so hofften, blieb aus. Die etwa hundert Frauen und Kinder unserer zum Militärdienst einberufenen Angestellten wußten ohne ihre Männer nicht ein noch aus. Auch die Schüler des Lagers wurden unruhig, manche weinten. »Lassen Sie uns nicht allein!«

»Wohin sollte ich gehen? Ich bleibe immer mit euch zusammen.« Dabei hatte ich selber keine Vorstellung davon, was wir tun sollten. Nach einiger Zeit wurden wir angewiesen, die Schüler der Stammkompanie zu ihren ursprünglichen Kompanien zurückzuschicken. »Die Heimleiterinnen bleiben bei den Kindern und Frauen der Angestellten und kümmern sich um sie.« Wir protestierten. »Dazu sind wir nicht da. Wir wollen auf Gedeih und Verderb mit den Schülern zusammenbleiben.«

Alle waren derselben Meinung. Andererseits, zu der unmenschlichen Entscheidung, jene Familien im Stich zu lassen, waren wir erst recht nicht fähig. So machten wir uns alle miteinander in der folgenden Nacht auf den Weg zur 6. Kompanie, viele unter den Frauen mit einem Säugling auf dem Rücken und beide Hände voll mit Gepäck. Doch nicht lange, und von den mit Gepäck Beladenen war nichts mehr zu sehen. Wir liefen die ganze Nacht hindurch. Müde und erschöpft erreichten wir die 6. Kompanie.

Die Schüler dort redeten uns inständig zu: »Lassen Sie uns mit Ihnen marschieren! Wir werden es schon schaffen, daß wir nach

Hause kommen!« Das spornte uns an; wenn wir jedoch an die zurückgebliebenen Frauen dachten, mochten wir uns nicht zum Aufbruch entschließen.

Als wir so in gedrückter Stimmung und ratlos dasaßen, kam unser Apotheker, verteilte an alle Heimleiterinnen und an die Angestelltenfamilien Zyankalikapseln und ging wieder davon.

Wir verfielen in einen seltsamen Zustand. Irgendeine Stimme sagte: »Dann laßt uns also miteinander sterben!«

Die anderen von den Kompanien waren eifrig damit beschäftigt, sich zur Flucht vorzubereiten, während unsere Gruppe von etwa dreißig Heimleiterinnen und Frauen aufrecht dasaß mit zusammengelegten Händen. Auch ich war schließlich so weit, daß ich mit ihnen sterben wollte, und starrte auf die Zyankalikapsel.

Genau in diesem Augenblick hörten wir hinter uns einen Reiter herangaloppieren und rufen: »Wo seid ihr?« Wir sprangen auf und liefen ihm entgegen. Er brachte die Anweisung, daß alle ins Lager zurückkehren sollten. Damit war unser gemeinsamer Selbstmord vorläufig ausgesetzt, und wir marschierten denselben Weg zurück, den wir in der Nacht zuvor gekommen waren. Die bereits aufgebrochenen Kompanien kehrten ebenfalls um. Seitdem trug ich die Zyankalikapsel, um für den Notfall bereit zu sein, eingenäht im Saum meines Kleides bei mir.

Schließlich gingen wir nicht bis zu unserem Lager, sondern wurden, unterwegs dorthin, in der alten Kaserne von Nenkiang untergebracht, in der schon andere Lagerschüler sowie Soldaten und Kolonisten warteten.

Als ich die Kaserne betrat, war da eine Frau, die murmelte in einem fort und wie geistesabwesend: »Mein Kind ... mein Kind ...« Auf meine Frage erzählte sie mir, sie habe sich, von chinesischen Aufrührern belästigt, auf der Flucht in einem Hirsefeld versteckt und dabei ihr Kind, weil es zu schreien anfing, mit eigenen Händen erwürgt.

»Daß man Leute wie sie dazu treibt, dergleichen zu tun, dafür gibt es keine Entschuldigung«, meinte neben mir ein unbekannter Soldat.

Nachdem die Soldaten als erste die Kaserne verlassen hatten, zogen die Schüler aus dem Lager ab.

»Wir gehen nach Hause. Wir müssen die Gleise in Ordnung bringen, damit Sie nachkommen können«, sagten sie zum Abschied, auf den Gesichtern eine dunkle Trauer.

»Bleibt gesund, und paßt auf euch auf!« Mehr zu sagen, war ich nicht fähig.

So hatten wir Heimleiterinnen schließlich doch nichts für diese jungen Leute tun können. Zusammen mit den männerlosen Familien setzten wir unseren Marsch fort. Darunter waren vier Waisenkinder, acht, sechs, fünf und drei Jahre alt; der Vater war eingezogen, die Mutter bei Kriegsende gestorben. Um sie kümmerten wir uns vor allem.

Von den Chinesen wurden wir verächtlich »Bettler« geschimpft. Ständig mußten wir befürchten, von sowjetischen Soldaten vergewaltigt zu werden. Wenn sie eine Frau erwischt hatten und wir sie schreien hörten, versteckten wir uns mit einem Gefühl der Demütigung. Einige Frauen, um andere zu retten, besaßen den Mut, sich selbst den Wüstlingen in die Hand zu geben. Ich tat zwar, was in meinen Kräften stand, uns allen einen Weg durch dieses Land des Todes zu bahnen, aber ohne das mutige Opfer solcher Frauen hätte ich gewiß nicht überlebt.

Auf dem Schiff hinüber nach Japan warf ich die Zyankalikapsel, die ich noch immer bei mir trug, ins Meer.

Tadaichi Kakitani
(geboren 1912)

In Sibirien gefangen

Ich wohnte in einem Dorf nahe bei Harbin. Am 7. Juli 1945 starb meine Frau, tags darauf folgte ihr unser kleiner Sohn. Nur eine Woche später wurde ich nach Tsitsihar zu den Pionieren eingezogen. Doch dauerte es dann gerade noch einen Monat, und der Krieg war zu Ende; ich geriet in Gefangenschaft und kam nach Sibirien, nach Petrowsk am Baikal-See. Dort war ich bis Juni 1947. Ich wurde zu Bauarbeiten, zum Kartoffelpflanzen und in einer Mehlfabrik eingesetzt, erhielt sogar Unterricht im Kommunismus.

Im Winter sanken die Temperaturen Tag für Tag auf minus dreißig Grad; zudem hatten wir nicht genug zu essen. Wir wurden von einem Militärarzt untersucht. Er zog einem die Hinterbacken auseinander, und wenn sie nicht sofort wieder in ihre alte Position zurückfielen, bekam man Bettruhe verordnet. Ich magerte bis auf dreißig Kilo ab, war schließlich buchstäblich nur noch Haut und Knochen. Lag ich zu lange auf einer Seite, bohrten sich die Knochen in die Haut, und vor Schmerzen konnte ich kein Auge zutun. Auf der Latrine fror einem der Kot am After an. Sobald wir in die Baracke kamen, kontrollierten wir gegenseitig unsere Nasen. War die Nasenspitze weiß, so hatte man sie, ohne es zu merken, erfrieren lassen; manchen, bei denen es besonders schlimm war, ist sie verfault und abgefallen. Um überhaupt am Leben zu bleiben, stahlen wir gelegentlich Reis und aßen ihn heimlich.

Doch auch in diesen zwei Jahren des Gefangenenlebens gab es Augenblicke, die es einem warm ums Herz werden ließen. Einmal sagte eine gebildete ältere Dame zu mir: »Wie mag es Ihrer Frau und Ihren Kindern ergehen? Ich wünsche sehr, Sie kommen lebend nach Japan zurück.« Da spürte ich bis in mein Inneres hinein: Ob Feind, ob Freund, es sind doch alles Menschen; über die Grenzen hinweg sind sie sich in ihren Gefühlen gleich. Und ohne daß ich es wollte, kamen mir die Tränen.

Oder noch eines: Die Sowjetunion ist ein kommunistisches Land. Für alle Arbeit haben sie dort ein System von Normen. Wer die Norm zu hundert Prozent erfüllt, erhält einen Bonus. Das galt auch für uns Kriegsgefangene. Ich hatte einen freundlichen Aufseher, der rechnete mir, wenn ich drei Tage hintereinander fünfundneunzig Prozent erreichte, zwei Tage mit neunzig und den dritten Tag mit hundert Prozent an. Durch sein Wohlwollen machte er mir die Freude, daß ich in den drei Tagen wenigstens einmal zu einem Bonus kam. Die Ideologie und das politische System mögen anders sein, doch für wohlwollende und mitfühlende Herzen gibt es keine Unterschiede zwischen den Völkern und keine Grenzen.

Shōzō Miyashita
(geboren 1925)

Zum Schluss war ich allein

Wir waren vom chinesischen Ufer des Yalu-Flusses aus in einer Dschunke aufs Gelbe Meer hinaus geflohen. Reihum hielten wir Wache. Gerade wollte ich die Segel in den Wind drehen, da knatterte es hinter uns, und Wassersäulen stiegen aus dem Meer. Als ich mich umwandte, war es bereits heran: ein zu Militärzwecken umgebautes Fischerboot, die Besatzung mit Maschinenpistolen ausgerüstet, die im Wind flatternde Fahne unverkennbar die koreanische.

Wir wurden auf eine kleine Insel nahe der Küste gebracht. Es regnete. Gegen die Kaimauer, auf der wir uns aufstellen mußten, schlugen die Wellen. Die Steine der Mauer hatten dunkle Flecken wie von Blut; sie waren übersät mit spinnwebartigen Scharten von Gewehreinschüssen. Ein Anblick, der sich mir für immer ins Hirn eingegraben hat. Was war hier geschehen? Hatte man bereits vorher japanische Flüchtlinge, die über das Gelbe Meer zu entkommen versuchten, abgefangen und hier erschossen? Und wie viele? Der Himmel, das Meer, der Wind – es schien, als klagten sie um die Toten.

Fünfzig, sechzig koreanische Milizionäre standen um uns herum. Einer trat vor und fragte in fließendem Japanisch: »Woher kommt ihr?«

»Aus der Mandschurei.«

»Und wohin wollt ihr?«

»Nach Japan.«

»Seid ihr sicher, daß keiner von euch fehlt?«

»Ja.«

Die Antworten gab, stellvertretend für uns alle, ein etwa vierzigjähriger Japaner. Ich betete inständig darum, daß die Verhandlung Erfolg haben möchte.

Fürs erste wurden wir in einen Lagerschuppen gesperrt. Nach einer Weile begann man uns einzeln herauszuholen. Man stellte wieder dieselben Fragen. Weil es mir ratsam erschien, ehrlich zu sein, beantwortete ich sie genauso wie zuvor jener Vierzigjährige. Am Ende des Verhörs hatte ich den Eindruck: Du bist gerettet!

Das Leben auf der Insel verlief anders, als wir befürchtet hatten. Wir wurden zu keiner Arbeit gezwungen, die Kinder, die zu unserer Gruppe gehörten, tollten mit koreanischen Kindern herum. Wir wurden sogar recht gut behandelt. Der Grund hierfür war der, daß der Anführer der Milizionäre einer unserer Frauen den Hof machte. Natürlich kann ich nicht sagen, was für ein Verhältnis zwischen ihnen bestand; aber soviel wir mitbekamen, lebten sie miteinander wie ein Paar. Auf diese Weise kamen wir den Inselleuten näher, und sie ihrerseits brachten uns eine gewisse freundliche Achtung entgegen. Dabei erfuhren wir, daß tatsächlich auf die Insel verschleppte Japaner an jener Kaimauer hingerichtet worden waren.

»Daß sie euch haben leben lassen, liegt daran, daß unter euch so viele Frauen und Kinder sind und ihr Männer keine Soldaten gewesen seid.«

Dennoch, ich wollte nach Japan zurück! Und etwa einen Monat nachdem man uns auf die Insel gebracht hatte, gelang mir die Flucht. Allein setzte ich fort, was ich 1945 – es muß im November gewesen sein – gemeinsam mit anderen begonnen hatte.

Damals hörte ich in Mukden, wo ich das Kriegsende erlebt hatte, es käme ein Zug durch, der nach Korea führe. Da hielten mich keine zehn Pferde mehr. Ich trommelte ein Dutzend Freunde zusammen, und wir sprangen auf diesen Zug. Wir dachten: »Wenn wir erst mal in Korea sind, wird es schon irgendwie weitergehen.«

Wie wir an den Stationen sahen, fuhr der Zug wirklich in Richtung Korea. Doch dann, in Antung, der letzten Station auf chinesischem Boden, blieb er stehen und rührte sich nicht mehr von der Stelle. Vor unseren Augen der Yalu-Fluß. Wenn wir ihn hinter uns hätten, wären wir in Korea. Uns allen mag der Fluß wie die Sperre zwischen Tod und Leben vorgekommen sein.

»Was denn? Fährt er gar nicht nach Korea?«

Tatsache war, er fuhr nicht weiter. In Antung war Schluß. Korea, das mit Kriegsende von der Herrschaft der japanischen Kolonialmacht befreit worden war, bestand jetzt darauf, von beiden, von Japan wie auch von China, unabhängig zu sein. Sogar diese Eisenbahnstrecke hatte man im Oktober von Antung an stillgelegt, was wir, im Wirrwarr der Flucht, nicht mitbekommen hatten.

»Jetzt oder nie!« Wir dachten nicht daran, aufzugeben, und sprangen aus dem Zug. Hierauf, unsere Gruppe hatte sich inzwischen um drei weitere Männer sowie knapp zwanzig Frauen und Kinder verstärkt, requirierten wir eine Dschunke und segelten den Yalu-Fluß stromabwärts aufs Meer hinaus. Ein Fluchtversuch, der gescheitert war. Der auf jener Insel geendet hatte.

Jetzt stand ich abermals am Yalu-Ufer, allerdings auf der koreanischen Seite, und starrte auf die nach China hinüberführende Brükke, entschlossen, eine zweite Flucht zu wagen. Auf beiden Ufern patrouillierten Soldaten, hier Koreaner, drüben Chinesen. Während ich noch überlegte, kam ein Pferdewagen an mir vorbei. Wie instinktiv rief ich: »Nehmen Sie mich doch mit hinüber!« Und schon begann ich hinterherzulaufen.

»Na, dann steig auf!« sagte der Kutscher nur.

Er hatte Säcke mit Hirse geladen; zwischen denen versteckte ich mich. Klappernd fuhr der Wagen auf die Brücke. Mit keinem Gedanken hatte ich an dem Kutscher gezweifelt. »Und wenn schon«, dachte ich, »ich gebe mich in die Hand des Himmels. Jedenfalls besser in China sein als hier!« Doch als wir über die Brücke hinüber und noch ein Stück gefahren waren, ließ er mich absteigen. Meine Nerven waren so angespannt, daß ich mich nicht erinnere, ob ich mich bei ihm überhaupt bedankt habe oder nicht.

Also war ich wieder in Antung. Ich ging zum Sammellager für Japaner; doch dort schickte man mich weg, weil ich mich nicht als Japaner ausweisen konnte. Um wenigstens ein Dach über dem Kopf zu haben, versprach ich einem Bauern, unentgeltlich für ihn zu arbeiten. Ich verkaufte Gemüse, fuhr Jauche, tat dies und das. Nach ungefähr vier Monaten, ich war auf dem Feld, näherte sich ein Lkw und hielt vor mir.

»Los! Auf den Wagen mit dir!«

Dort saßen schon einige junge Japaner. Ich begriff. »Aha, die Rotchinesen machen sich ans Einsammeln!« Immerhin, hier waren Landsleute von mir, und ohne viel Widerstreben kletterte ich auf die Ladefläche des Wagens. Wir fuhren nach Wulungshan; tatsächlich gibt es an diesem Ort eine Reihe von Bergen, die – wie der Name besagt – den Eindruck machen, als lägen da fünf Drachen mit erhobenen Köpfen. An einem dieser Berge hatte man ein Lazarett eingerichtet, in dem viele japanische Ärzte und Schwestern arbeiteten. Ich wurde dazu eingeteilt, die Verwundeten zu transportieren. Auch dort dachte ich nur an Flucht, und eines Abends machten wir uns zu viert davon, angeführt von einem, der die Gegend genau kannte. Unterwegs verlor ich einen nach dem anderen aus dem Gesicht, zum Schluß war ich allein.

In den folgenden Wochen wurde ich wieder und wieder gefaßt, und jedesmal brach ich doch wieder aus. Zu guter Letzt kehrte ich nach Mukden zurück, wo alles seinen Anfang genommen hatte, und wurde von den Rotchinesen als Maschinist auf die Lokomotive geschickt. Daß ich nicht als Soldat, sondern als Maschinist angesehen wurde, sollte für mich ein Glück im Unglück bedeuten. Mich rettete die Tatsache, daß ich vorher bei der Mandschurischen Eisenbahn beschäftigt gewesen war und in Mukden und Harbin eine Maschinistenausbildung bekommen hatte.

Unsere Aufgabe bestand darin, Soldaten, Flüchtlinge und Güter zu transportieren. Wir befuhren die Strecke Sinkiang–Mukden. Auf jedem Wagen fuhren zwei sowjetische Rotarmisten als Wache mit. Die Flüchtlinge, in bloße Fetzen gekleidet, boten einen erbärmlichen Eindruck; auch den Frauen unter ihnen hatte man die Köpfe geschoren. Die Züge waren ausschließlich aus offenen Güterwagen zusammengesetzt.

Später wechselte ich auf die Stecke Mukden–Chinhsien–Shanhaikuan. Was ich da an Höllenszenen miterlebte, versetzte selbst mir, der ich bereits ziemlich abgebrüht war, den heftigsten Schock. Hungernd, durchgefroren hockten die Flüchtlinge in den offenen Waggons; in Lumpen gehüllte Frauen, ihre Kinder im Arm, starr und steif dazwischen – sie waren längst tot, und die anderen ringsum blickten mit ausdruckslosen Gesichtern auf sie. Auch für mich waren sie nicht mehr als nur eben »unbewegliche Dinge«. Wir zerrten die Leichen herunter und warfen sie in ein Massengrab. Eine Arbeit, die sich vorzustellen die Phantasie nicht ausreicht. Wir erledigten sie ohne jede Rührung, rein mechanisch.

Aber es kam noch schlimmer. Weil das Gleichgewicht zwischen den Rotchinesen und den Regierungstruppen zusammenbrach, konnten zwischen Chinhsien und Shanhaikuan keine Züge mehr verkehren. Die Flüchtlinge waren gezwungen, zu Fuß weiterzumarschieren. Ich bin danach mehrmals zwischen Mukden und Chinhsien hin- und hergefahren, bis ich eines Tages in einem unbeobachteten Augenblick heruntersprang und mich unter die in Chinhsien angekommenen Flüchtlinge mischte. Diese neuerliche Flucht an sich war nicht schwierig gewesen, doch mußten bis Shanhaikuan etwa ein Dutzend Berge und Flüsse überwunden werden. Dazu nichts zu essen, nichts anzuziehen, nachts kein Unterkommen. Die Menge stolperte mehr, als sie ging, und der einzelne in ihr war schrecklich allein. Eine Frau, ein völlig erschöpftes Kind auf dem Rücken, knotete im Gehen die Bänder auf, und das Kind fiel zu Boden; doch ohne sich umzudrehen, stapfte sie weiter. Es schien ihr gar nicht recht bewußt zu werden, daß sie das Kind dem Tod aussetzte. Und keiner von denen, die hinter ihr gingen, hob es auf. Jeder sagte sich wohl: Was soll ich es retten, wenn die Mutter selbst es weggeworfen hat? Diese Mutter mit ihrem Kind war dazu verurteilt, in der Menge der Flüchtlinge ihren einsamen Kampf auszukämpfen. Und so Hunderttausende und Hunderttausende, und sie alle waren allein. Nein, wir haben nicht das Recht, dieser Mutter Vorhaltungen zu machen, ich nicht und nicht ihr, die ihr das lest.

Als wir endlich in Shanhaikuan ankamen, war etwa jeder fünfte der Flüchtlinge irgendwo zurückgeblieben. Ich meldete mich in einem Lager, da ich jedoch nicht beweisen konnte, daß ich ein Japaner war, mußte ich manches Schiff abfahren sehen. Ein halbes Jahr lang lebte ich wie ein Strolch. Dann traf ich zufällig einen Bekannten, der für meine Legitimation sorgte, so daß ich endlich einen Schlußstrich unter alles ziehen konnte.

Yukiko Kamei
(geboren 1910)

Mein Kind ruht in der Fremde

Mein Mann, der bei einer Transportfirma in Korea beschäftigt war, wurde Ende Juni 1945 zur Armee eingezogen. Einen Monat später, Ende Juli, erhielten wir Japaner den Befehl zur Evakuierung. Ich nahm an Gepäck, was ich tragen konnte, und verließ unser Haus; doch das war nur der Anfang eines langen Flüchtlingslebens. Einen Tag zuvor noch hatte ich unseren ältesten Sohn ins Internat der Staatlichen Mittelschule im entfernten Najin geschickt. Besorgt um sein Leben, brach ich mit den vier Kindern auf; sie waren damals elf, neun, drei und ein Jahr alt. Ich wollte das Gepäck so klein wie möglich halten: die Totentäfelchen unserer Ahnen, Winterzeug für jedes Kind, Wolldecken, Babyzeug usw. Dennoch war es eine solche Menge, daß ich mich kaum geradehalten konnte.

Schon in der ersten Nacht wurden wir bombardiert; einige aus der Kolonne wurden irrsinnig. Wir marschierten Tag für Tag etwa fünf japanische Meilen; die Alten und Kranken, die nicht mehr laufen konnten, wurden erbarmungslos zurückgelassen. Unser Elfjähriger, wegen des schweren Gepäcks, ging mit eingeknickten Knien, sein Rücken war nicht zu sehen. Die Neunjährige trug das Baby huckepack, die Bindeschnüre hingen ihr bis an die kleinen Beine herab. Es tat weh, sie so schleppen zu sehen, war aber nicht zu ändern. Ich hatte zu allem anderen Gepäck noch den Dreijährigen an der Hand. Und wir mußten unbedingt mit der Kolonne Schritt halten.

Die an der Spitze marschierten, legten jede Stunde fünfzehn

Minuten Pause ein. Bis wir die Kolonie erreichten, ging es schon wieder weiter, so daß wir den ganzen Tag ohne Rast auf den Beinen waren. Wo unterwegs ein Fluß war, wuschen wir ein wenig Reis, sammelten Brennholz und kochten ihn, um ihn dann mit Miso-Paste und Salz zu essen. Und immer hatten wir dabei die Russen zu fürchten, oder wir wurden von koreanischen Sicherheitstruppen ausgeplündert. Die Kinder murrten mit keinem Wort, bekamen aber eins nach dem anderen blutigen Stuhl und wurden zusehends schwächer.

Mitte September erreichten wir die Hafenstadt Hamhöng. Die Kinder litten an Unterernährung und Amöbenruhr. Wenn ich bedachte, wie sie es bis hierher ausgehalten hatten, kamen mir ungewollt die Tränen. Hamhöng wimmelte damals von Flüchtlingen. Täglich starben über hundert von ihnen. Die Toten wurden auf Karren geladen, mit Strohmatten zugedeckt und in die Berge gefahren, wo man sie begrub. Ich hatte kein Geld und wußte nicht, wie wir den nächsten Tag überstehen sollten; in meinem Elend glaubte ich, ich und meine vier Kinder müßten am Ende wohl alle Hungers sterben.

Da plötzlich, er hatte uns gesucht und nun gefunden, stieß unser Ältester zu uns. Die Freude war unbeschreiblich, wir sechs umarmten einander und weinten. Auf den Zwölfjährigen war Verlaß wie auf einen erwachsenen Mann. In mir stiegen Mut und Hoffnung auf: Mit seiner Hilfe würden wir, was auch immer geschähe, heil nach Hause kommen.

Bald darauf brach der strenge nordkoreanische Winter herein. Die Luftschutzkappen, Mäntel und Wolldecken hatte ich Stück für Stück gegen Verpflegung eingetauscht, hatte alles darangesetzt, daß die Kinder etwas Ordentliches zu essen bekämen. Besonders schlimm war es für das Baby. Meine Brust, die zuvor so reichlich hergegeben hatte, war seit Fluchtbeginn versiegt. In den zwei Monaten seither hatte ich es mit ein wenig Schleim, mit Maissuppe oder nur mit Wasser aus der Flasche ernährt. Das Kind mußte vergessen haben, was essen heißt. Es hatte nicht den geringsten Appetit. Es spuckte alles wieder aus. Es weinte mit einem Stimmchen wie eine Mücke, war völlig in sich zusammengefallen, und dennoch konnte ich es nicht zum Arzt bringen. Ich konnte ihm nur, damit es die anderen Leute nicht störte, das Köpfchen streicheln, und das tat ich mit ganzer Hingabe. Dennoch, nur eine Woche bevor es seinen ersten Geburtstag gehabt hätte, lag es kalt in meinen Armen. Nur noch Haut und Knochen, wie eine Mumie anzusehen.

»Du armes Kind, was hast du gehungert! Vergib deiner hilflosen Mutter, daß sie dich so hat sterben lassen!« sagte ich, und die Tränen liefen mir unaufhaltsam übers Gesicht.

Ich habe dann mein totes Kind auf den Rücken genommen und bin mit unserem Ältesten und einem anderen Flüchtling auf einen Berg vor der Stadt gestiegen. Dort hoben wir eine Grube aus und legten das Kind zur Ruhe, eingehüllt in den Umhang, unter dem ich es heraufgetragen hatte: mein Kind, das nun also allein in fremder Erde schlafen mußte. Am liebsten hätte ich es wieder ausgegraben, um mit ihm nach Hause zu gehen. Auch unser Ältester konnte sich von dem Grab nicht trennen. Noch Stunden saßen wir stumm davor.

Toki Suzuki
(geboren 1915)

Als die Russen kamen

Niemals werde ich vergessen, was am 9. August 1945 geschah. Ich arbeitete damals im Postamt von Nairo auf Sachalin, und plötzlich, an jenem Tag, drangen die Russen bei uns ein. Ein japanischer Armeeoffizier, der tags zuvor an die Front abrückte, hatte im Weggehen noch gesagt: »Möglicherweise werden in Kürze Sowjets hier sein.« Nun waren seine Worte so schnell Wirklichkeit geworden.

Abends kurz nach neun hatte ich eine Verbindung mit dem Postamt in dem weiter nördlich gelegenen Shiritori. Wie üblich ging es dabei um militärische Dinge. Unsere Aufgabe als Telefonvermittlerinnen war es, die Verbindungen intakt zu halten. In diesem Augenblick hörte ich hinter mir Schritte. Etwa zehn Rotarmisten drangen mit vorgehaltenen Gewehren in die Zentrale ein. Vermutlich hatten sie ihre aufgepflanzten Bajonette auf meinen Rücken gerichtet, und ich war allein, hatte mich noch nicht einmal mehr umdrehen können, so plötzlich war das gekommen. Nein, hätte ich mich umgedreht, hätten sie das wahrscheinlich für Widerstand gehalten und mich erschossen. In Wahrheit war ich derart erschrokken, daß ich einfach vergaß, mich umzudrehen oder etwa zu schreien; aber unbewußt drückte ich kräftig auf die Taste des Funkgeräts, das vor mir stand. In Schocksituationen, heißt es, versage einem die Stimme; ich in meinem Falle tat unwillkürlich und wie instinktiv diese einfache Bewegung, die mir durch die tägliche Erfahrung in Fleisch und Blut übergegangen war.

Wieviel Zeit so verging, weiß ich nicht. Dann hörte ich ein »Karascho, karascho!« Und einer gab mir durch Gesten zu verstehen, ich solle eine Verbindung herstellen. Also stöpselte ich und stöpselte, wie mir befohlen wurde. Wer dann mit wem über was redete, das habe ich nicht mitbekommen. In mir war unterdessen nichts als die Furcht, sie könnten mich doch noch umbringen, und das Verlangen, auf jeden Fall am Leben zu bleiben. Auf diese Weise verbrachte ich drei volle Tage ohne Schlaf und immer festgenagelt auf meinem Stuhl; lediglich der Gang zur Toilette war mir erlaubt. Wie ein Roboter arbeitete ich als Vermittlerin für die Rote Armee.

Das Resultat war, daß sie mich verschonten. Danach brachten sie mich für ein halbes Jahr in das Postamt Shiritori, wo ich unter Hausarrest lebte. Dort fühlte ich mich zwar nicht gerade mehr wie ein Roboter; doch bedeutete ein solcher Arrest eine ununterbrochene Einengung und Beschränkung.

Mein Mann, der in Chinnai Tierarzt war, befand sich während des letzten Kriegsjahres als stellvertretender Leiter auf der Luftbeobachtungsstation Kotan im Dorf Ushiro. Sie arbeiteten dort in Vierundzwanzig-Stunden-Schichten, und wenn sich Flugzeuge näherten, hatten sie der Armee mitzuteilen, ob es sich um Bomber oder Kampfflugzeuge handelte und welchen Kurs die Maschinen flogen. Wie er mir später erzählte, nahm ihre Zahl gegen Kriegsende täglich um einige Maschinen zu; ebenso wuchs die Menge der Alten, Frauen und Kinder, die, um den Luftangriffen zu entkommen, aus der Gegend um Tōro und Esutoru flohen. Unter ihnen sollen welche gewesen sein, die ihre kleinen Kinder über die Klippen warfen oder ihr Neugeborenes in einer Mandarinenkiste aussetzten.

Natürlich wird man sich bei meinem Bericht an die neun Telefonistinnen in Maoka auf Sachalin erinnern, die mit Zyankali Selbstmord begingen. Vermutlich waren sie in die gleiche Situation geraten wie ich. Ihr Schicksal ist gewiß tragisch zu nennen, nur frage ich mich, warum sie nicht noch ausgehalten haben. Ich habe es drei lange Tage durchgestanden und bin am Leben geblieben.

Nach dem halben Jahr Hausarrest im Postamt Shiritori kehrte ich zu meinen Eltern zurück. Bei ihnen hatte sich bereits ein russischer Arzt mit seiner Frau einquartiert. Glücklicherweise war er ein gutmütiger, freundlicher Mensch und fügte sich in unser Familienleben ein. Nach jener ersten Erfahrung war ich außerordentlich vorsichtig, doch wider Erwarten kamen wir gut miteinander zurecht. Als ich nach Japan repatriiert wurde, schenkte mir das Arztehepaar einen Rubelschein. Ich bewahre ihn noch heute bei mir auf.

Im Mai 1947 durfte ich nach Hakodate auf Hokkaidō ausreisen, mein Mann im Juli 1948. Zwar hatte auch ich Stunden der Furcht durchlebt, nicht wissend, ob ich am nächsten Tag nicht vielleicht schon tot daläge; im ganzen jedoch muß ich dem Schicksal dankbar sein.

Some Ōnishi
(geboren 1890)

Sechzehn begingen Selbstmord in den Flammen

Unser Weiler Ōsaka, der zum Dorf Shimizu gehörte, lag zwanzig Kilometer Luftlinie von der Stadt Maoka auf Sachalin entfernt. Es war eine ruhige Gegend am Fuß der Berge. Und ruhig und kaum anders als sonst war auch der frühe Morgen des 20. August 1945, an dem sich der Krieg bis zu uns hin bedrohlich bemerkbar machte.

Plötzlich hallte von den Bergen ringsum das Echo von Kanonendonner. Manche der Dorfbewohner stürzten Hals über Kopf aus ihren Häusern, so erzitterte die Erde. Was mag das sein? dachte ich beunruhigt. Da wurde uns mitgeteilt: »Sowjetische Kriegsschiffe beschießen Maoka, vermutlich, um in Kürze Truppen zu landen.«

Später an diesem Tag zogen die ersten Flüchtlinge durchs Dorf, und es wurden immer mehr. Sie alle waren die zwanzig Kilometer von Maoka her zu Fuß gelaufen und wirkten sichtbar erschöpft. Einige darunter in ihren Nachtkitteln, wie sie waren, nur den Gürtel darumgeschlungen. Ohne einen Blick zur Seite zu werfen, schleppten sie sich vorüber, stumm, als ginge es zu einer Totenfeier. Wie ich später erfuhr, waren es fünfzehn- bis achtzehntausend Flüchtlinge, die damals über die Berge hinüber in Richtung Toyohara zogen.

Wir Nachbarn kochten Reis und gossen Tee auf, um den Vorüberziehenden am Straßenrand etwas zur Aufmunterung zu reichen. Aber viel sagten sie nicht. Nur das eine oder andere Wort darüber, wie entsetzlich die Beschießung Maokas gewesen sei, und noch immer den Schrecken im Gesicht, entfernten sie sich.

Es verging eine ganze Zeit, doch war kein Ende des Zuges abzusehen. Dann wankte unter den Flüchtlingen eine junge Frau heran, offenbar eine Nachzüglerin, auf unsicheren Füßen und wachsbleich im Gesicht. Ich lief zu ihr und erfuhr, daß sie, hochschwanger, im Morgengrauen aus Maoka davongelaufen sei und bis auf die ersten Höhen hinter der Stadt auch habe Schritt halten können. Doch da hätten plötzlich die Wehen eingesetzt. Mit Hilfe einer alten Frau habe sie, selber halb bewußtlos, an einem Bach unterwegs das Kind zur Welt gebracht. Da sonst nichts weiter zur Hand gewesen sei, habe sie das Neugeborene in ihr eigenes Hemd gewickelt und Huflattichblätter darüber gedeckt. Wirklich trug sie das Kind so bei sich. Ich holte rasch einiges aus dem Haus, damit sie davon Windeln machen konnte, drängte sie, sie solle wegen ihres Zustands eine Pause einlegen. Aber sie schüttelte den Kopf und wankte weiter mit den anderen. So sehr steckte ihr die Angst vor den Russen in den Gliedern.

Der Abend brach schnell herein. So wie der Flüchtlingsstrom nicht abriß, hielt auch der Kanonendonner an, ja er wirkte jetzt noch unheimlicher. Und hatten wir selber die Sache bisher leichtgenommen, beschlich uns nun allmählich ein unbehagliches Gefühl. Wir gingen ins Haus zurück und begannen die Rucksäcke zu packen, einige Nahrungsmittel, ein paar Kleider, gerade so viel, daß wir das Gefühl hatten, wir könnten es auf dem Rücken tragen.

Da erschien Oyokawa, einer vom Gemeinderat, bei uns und sagte: »Wie die Dinge liegen, kommen wir mit den Alten und den Kindern zu Fuß nie bis Toyohara. Besser, wir gehen hinten ans Grünflußmoor und verstecken uns dort ...«

Mein Mann und ich stimmten ihm zu. Ohnehin waren wir allein; denn unseren einzigen Sohn hatten sie zum Militär geholt, und mein Mann betrieb im Dorf einen Baumaterialienhandel. Also warteten wir, bis es völlig dunkel war, und marschierten dann zusammen mit der zehnköpfigen Familie Oyokawa die vier Kilometer bis zum Grünflußmoor.

Das hört sich an, als hätten wir im Freien kampieren wollen. Tatsächlich stand dort am Grünflußmoor das Haus der Familie Sawada, und die waren Verwandte der Oyokawas. Als wir hinkamen, war auch noch die siebenköpfige Familie Ohara dazugestoßen. Insgesamt fündundzwanzig Personen aus vier Generationen, bildeten wir auf dem geräumigen Estrich des Hauses einen Kreis, legten uns nieder und warteten so den Morgen ab. In meinem kleinen Kopf drehte sich alles: »Wie soll es denn weitergehen?«

Irgendwann schlug die Uhr Mitternacht. An mein schläfriges Ohr drang ein leises Gemurmel. Oyokawa und Sawada unterhielten sich über die Aussichtslosigkeit einer Flucht. »Ich habe«, meinte Sawada, »unseren Shigeo losgeschickt, um Benzin zu holen.«

»Wieso das?«

»Wir werden damit Feuer legen, wenn das Gift ...«

Ich erschrak. Die beiden Männer sprachen von Selbstmord. Während ich jedoch angestrengt lauschte, dachte ich: »Wir sind alt, wir wissen nicht, ob wir morgen noch am Leben sind, und ehe wir grausam ermordet werden, ist es vielleicht wirklich besser, wir sterben hier und gemeinsam mit den anderen ...«

»Aber das Gift«, murmelte Oyokawa, »wird für Ōnishis und Oharas nicht ausreichen. Was tun?«

Ich war, wie gesagt, schon entschlossen gewesen, mit ihnen zu sterben; doch wenn für uns das Gift nicht reichte, wären wir ihnen nur hinderlich. Sie sollten ihrem Ende ruhig und ohne Sorge um uns entgegengehen. Als ich aufstand, um meinen Mann und die Familie Ohara zu wecken, lagen die kleinen Kinder neben mir in einem unschuldigen tiefen Schlaf. Wir riefen allen ein gedämpftes »Sayōnara!« zu, und mit leisen Schritten verließen wir das Haus.

Wir wußten nicht, wohin. Wir liefen ohne Plan und Ziel. Es waren die altbekannten Wege, und doch erschienen sie uns jetzt wie die Wege in einer anderen Welt. Vor meinen Augen tauchten Erinnerungen auf an die fünfundfünfzig hier verbrachten Jahre und verschwanden wieder. War das, weil ich trotz allem meinte, am Ende dieses Marsches stünde der Tod?

Im Dunkeln sahen wir Shigeo Sawada an uns vorübergehen. Offenbar brachte er das Benzin, von dem die Rede gewesen war.

Es muß gegen zwei Uhr morgens gewesen sein. Da sahen wir im noch nachtdunklen Osten einen roten Feuerschein aufleuchten und wußten: Jetzt brannte dort das Haus der Sawadas. Wir beteten inständig, daß die sechzehn, die in diesen Flammen starben, im nächsten Leben glücklicher wären ...

Als wir die Straße nach Toyohara erreichten, wurde es hell. Wir schlossen uns den anderen Flüchtlingen an, wir waren jetzt selber wie sie. Danach liefen wir zehn Tage lang kreuz und quer, immer in der Furcht vor den Russen, die freilich noch keiner wirklich gesehen hatte. Genau am zehnten Tag erfuhren wir, daß die sowjetische Armee eine Verfügung erlassen hatte, nach der sich, da keine Gefahr mehr bestehe, alle zurück in ihre Häuser begeben sollten. Und da niemand gern auf der Flucht durch die Berge irrt, wir zudem allmählich begriffen, daß der Krieg längst verloren und Sachalin von den Rotarmisten besetzt war, eilten wir rascher nach Hause, als wir zuvor geflohen waren.

Der Hof der Sawadas war völlig niedergebrannt. In den Trümmern fanden wir fünfzehn Leichname, weitgehend so, wie wir sie in jener Nacht verlassen hatten. Als sechzehnten und letzten fanden wir den alten Sawada. Zweihundert Meter vom Haus entfernt hatte er sich in einem Birkenwald erhängt. Vermutlich hatte er das Feuer gelegt und sich dann erst noch davon überzeugt, daß alle tot waren. Mit uns an den Trümmern standen die einzigen Überlebenden der Familie Oyokawa, die beiden ältesten Töchter, die damals nicht im Dorf gewesen waren.

Im Mai 1947 wurden mein Mann und ich nach Japan repatriiert. Hier verbringe ich, inzwischen fünfundachtzig Jahre alt, meinen Lebensabend. Doch an die Opfer von damals denke ich nie, ohne für sie zu beten.

Kenichi Hoshi
(geboren 1911)

Eine lange Fischfangsaison

Seit ich 1928 die Mittelschule verließ, fuhr ich regelmäßig jedes Jahr auf die Kurilen. Ich trat damit in die Fußstapfen meines Vaters, der dort Fischereirechte gepachtet hatte. Im Mai, wenn die Fangsaison begann, verließ ich unsere Basis in Hakodate auf Hokkaidō, und mit ihrem Ende im November kehrte ich wie der Zugvogel hierher zurück.

So auch im Jahre 1945. Als es Mai wurde, brach ich von Hakodate aus nach der Insel Etorofu auf, entschlossen, während der nächsten sechs Monate zu beweisen, über welche Fähigkeiten ich verfügte. Ich bezog unsere am Strand von Porosu stehende Baracke und führte die Aufsicht über unsere damals achtzig Fischer, die mit Spezialnetzen dem beschwerlichen Lachsfang nachgingen. Porosu, an der Ostküste der Insel gelegen, war ein kleiner Ort von nur wenigen Häusern; da er aber eine Poststation hatte, war er während des Krieges zur Schwerpunktzone erklärt worden.

Tag für Tag im Kampf mit dem Meer, vergingen uns die Monate wie im Fluge. Wir dachten nur daran, wieviel Lachs wir in die Netze bekamen. Daß sich die Kriegslage verschlechterte, interessierte die Fische nicht.

Plötzlich, am 15. August, erfuhren wir: Japan hat den Krieg verloren. Da es hieß, es seien gegnerische Besatzungstruppen zu erwarten, geriet das Fischereigebiet von Porosu in eine Aufregung, als hätte einer in einem Wespennest herumgestochert. Wir wußten, daß die vordem siegreichen japanischen Truppen in China und anderswo zahllose Greueltaten begangen hatten, und in dem Vorurteil befangen, daß es sich bei den Truppen der Siegermächte um »Barbaren« handele, verstrickten wir uns in eine immer größere Verwirrung. Die meisten wollten sofort von der Insel flüchten. Ich verließ mich auf die Ratschläge des Präfekturamts und auf ein Telegramm von unserer Firma: »Schicken euch ein Schiff entgegen. Bitte alle Aufregung vermeiden.« Und es gelang mir, die Hitzköpfe von ihren Plänen abzubringen. Tatsächlich war es das beste so. Während ich ihnen noch heftig zuredete, erhielten wir bereits die Meldung, daß ein Schiff, das die Insel verlassen hatte, von U-Booten angegriffen worden war.

Eine Zeitlang war die sowjetische Besatzung in Rubetsu stationiert. Erst Anfang September tauchten die Rotarmisten auch bei uns auf und begannen in Porosu zu biwakieren. Damit waren wir und die Russen nun sozusagen gleichermaßen »Gäste« in dem kleinen Ort. Die Fischer zitterten vor Furcht, selbst ich war unfähig, mich anders zu verhalten. Es war mir unmöglich, die seelische Ruhe zu wahren. Indessen, die russischen Soldaten, von denen wir geglaubt hatten, sie würden sich wer weiß wie wild aufführen, versuchten mit einem Lächeln auf uns zuzukommen. Ja, es machte vielmehr den Eindruck, als ob umgekehrt sie Furcht vor den Japanern hätten.

Schließlich ließ der sowjetische Offizier mich als den für den Fischereibetrieb Verantwortlichen zu sich rufen. Ich war so gut wie überzeugt davon, daß nun also doch der seit langem erwartete schreckliche Augenblick gekommen sei. Bebend trat ich bei ihm ein. Da sagte er zu meiner Überraschung: »Na, nun beruhigen Sie sich erst einmal!« und fuhr fort: »Ich wünsche, daß Sie Ihre Leute genügend im Zaume halten, damit es nicht zu Tätlichkeiten gegen Sowjetsoldaten kommt.« Wie denn, das klang ja nach einer Bitte! Das war so gegen alle Erwartung, daß ich für einige Sekunden mit offenem Mund dastand und nichts zu antworten wußte. Sollte ich seine Worte etwa falsch verstanden haben? Mehrmals wiederholte ich sie mir in meinem Kopf. Nun, wenn es so war: Das konnte ich versprechen.

Freilich, mochte die sowjetische Seite auch noch so höflich und nachgiebig sein, der Unterschied in den Standpunkten war damit leider kaum zu beseitigen. Sie waren die Besatzungsmacht, wir die besiegten und unter Besatzungsrecht stehenden Japaner. Von jenem Tag an begann für uns ein weitgehend von ihnen kontrolliertes Leben. Zu alledem verschärfte sich die Lebensmittelknappheit. Bis dahin hatten die täglich eintreffenden Schiffe unserer Firma Verpflegung herangebracht, unter den jetzigen Umständen waren wir davon abgeschnitten. Wir bauten selber etwas Gemüse an, auch bekamen wir nach Verhandlungen einiges an Reis und anderen Nahrungsmitteln von den Russen zugeteilt. Praktisch waren wir Internierte, die mühsam von Tag zu Tag ihr Leben fristeten. Auf der anderen Seite verlor sich die den anderen gegenüber eingenommene vorsichtige Haltung allmählich, und nicht selten konnte man beobachten, wie Rotarmisten und Japaner freimütig miteinander lachten, als wären sie alte Freunde.

Ein Jahr später, im Herbst 1946, wurden plötzlich rund hundert Japaner ausgesucht und von Etorofu auf die benachbarte Insel Kunashiri geschickt. Diese Aktion lief unter der Parole: »Diejenigen aus Etorofu abschieben, die zu einer Zusammenarbeit mit der Armee nicht bereit sind.« Obwohl ich keine Ahnung hatte, wie ich dazu kam, war ich einer von diesen hundert. Aber jeder Versuch, sich reinzuwaschen, war zwecklos. Ich nahm nur das Allernötigste an Gepäck mit, und so wurden wir nach Kinakai auf Kunashiri gebracht. Absicht der Russen war es, dort eine Holzindustrie aufzubauen. Es gab von früher her ein japanisches Sägewerk; die vorhandenen Maschinen brauchten nur ein wenig überholt zu werden, und der Betrieb konnte beginnen; daher wohl waren die Russen auf Kinakai als den geeignetsten Ort verfallen. Außerdem entstand dort eine Ausbesserungswerft für Fischkutter. Uns hatte man herübergeschickt, um beides zu übernehmen.

Ich wurde wiederum zum Verantwortlichen ernannt. Es hieß, offenbar sei der Grund dafür gewesen, daß ich wenigstens ein paar Brocken Russisch spräche; doch mochte man von Anfang an diese Absicht gehabt haben. Der größte Teil derer, die man so zu »Verweigerern« gestempelt hatte, bestand tatsächlich aus hartnäckigen Burschen. Also hatten die Russen gemeint: Um sie überhaupt plangemäß zur Arbeit zu bewegen, ist es das beste, wir schicken diesen Kenichi Hoshi gleich mit. Und sie hatten mich völlig grundlos mit demselben Etikett »ausgezeichnet«.

Aber nun mußte ich die mir übertragene Aufgabe erfüllen, so gut es ging. Das war nicht leicht. Auf Etorofu hatten sich diese »Verweigerer« lediglich dem sowjetischen Kontrollsystem entzogen; künftig jedoch würden sie mehr und mehr das Gefühl bekommen, für lange Zeit interniert zu sein, und ihr Widerstand mußte sich nur noch verstärken.

Wir arbeiteten rund um die Uhr in drei Schichten. Aus den nichtigsten Anlässen kam es Tag für Tag zu Auseinandersetzungen unter den Japanern, und Pausen, in denen sich die Streithähne hätten beruhigen können, gab es nicht. Der angestaute Zorn auf die Russen, den sie nach außen nicht zeigen durften, machte sich Luft aufs Geratewohl.

Der Winter 1946 brach früh herein. Wir sollten es bald spüren. Bei der unzureichenden Ernährung ging einem die Kälte durch bis auf die Knochen. Wir wurden körperlich immer schwächer. Wir hatten versucht, uns einen Vorrat an getrockneten Wildpflanzen, von Beifuß und Ainu-Lauch anzulegen; dessenungeachtet starben in diesem einen Winter einige aus unserer Gruppe. Der schon durch die Unterernährung anfällig gewordene Körper hatte zusätzlich im ständigen Wechsel Schichtarbeit abzuleisten, und das ertrug er nicht. Ich überlebte zwar, doch auch das nur mit einem Bein schon im Sarg.

Ein Jahr später wurde uns die Rückkehr nach Japan gestattet. In unsere Freude mischte sich die Trauer um jene neun Männer, die auf Kunashiri gestorben waren. Ihre Asche vor mir tragend, betrat ich den heimatlichen Boden. Ich habe sie danach den einzelnen Angehörigen unversehrt übergeben.

Matsuko Fukumoto
(geboren 1907)

Nach dreiunddreissig Jahren wieder in der Heimat

Am 18. Mai 1945 wurde uns in unserem Haus in China der Einberufungsbefehl für meinen Mann zugestellt. Um die anderen nicht unnötig zu beunruhigen, auch um zu verhindern, daß die umherstreunenden Banditen davon erführen, wie die Männer bei uns immer weniger wurden, und uns daraufhin eventuell angriffen, verabschiedeten wir und weitere drei Familien die Einberufenen stumm und ohne jedes Aufsehen vor dem Tor. Von der Front erhielt ich eine Postkarte, doch war keine Absenderanschrift angegeben, nur eine Nummer. Es waren unruhige Tage; bald wurde irgendwo Wäsche von der Leine gestohlen, bald eine Kuh aus der Kolonistenzentrale, oder man hörte, die Banditen wären sogar unmittelbar bei der Brigade aufgetaucht.

Ich bestellte unsere Naß- und Trockenfelder, war endlich auch mit dem Unkrautziehen fertig und meinte, aufatmen zu können, als am 15. August die Nachricht vom Kriegsende kam. Die Mitglieder der Kolonistenbrigade warteten, zum gemeinsamen Selbstmord entschlossen, in den Gemüsespeichern; die Kinder, die davon nichts wußten, spielten arglos davor – ein Anblick, der mir unwillkürlich die Tränen in die Augen trieb.

Da kam plötzlich ein Anruf vom Bezirk, wir sollten uns sofort in die Stadt begeben. Auf der Stelle machten wir uns zur Abreise fertig. Aber mit den vier Kindern, die ich dabeihatte, ging das nicht so glatt, und als wir die Stadt erreichten, war es bereits vollkommen dunkel. Man sagte uns, am nächsten Morgen würden wir mit Flußdampfern nach Harbin gebracht und könnten von dort aus nach Japan zurückkehren. Ich konnte diese Nacht vor Freude kaum schlafen.

Anderntags, sobald wir gefrühstückt hatten, begannen wir in der Nähe des Landestegs zu warten. Nach einiger Zeit trafen die Schiffe ein; zunächst wurde das vorderste zum Besteigen freigegeben. Alle waren sie wild darauf, möglichst schnell hinaufzukommen. Im Handumdrehen und ehe wir an der Reihe waren, waren die drei Schiffe voll. In diesem Augenblick näherte sich am Himmel von ferne ein Flugzeug, und gleich darauf war es über den Schiffen und warf seine Bomben ab. Auf den Schiffen brach sofort Feuer aus; die Passagiere sprangen in den Fluß. Es war nicht mit anzusehen. Dann unternahm das Flugzeug einen Angriff auf das Ufer. Die Kinder schrien und weinten, überall Menschen, die verwirrt davonrannten – es war wie in der Hölle, ich hatte das Gefühl, ich wäre schon nicht mehr am Leben.

Nachdem sich alles wieder etwas beruhigt hatte, hielten wir einen Zählappell ab und beschlossen, über die Bergstraße nach Fangcheng zu gehen. Unterwegs, weil es dunkel wurde, übernachteten wir, wurden aber um Mitternacht plötzlich geweckt: Auf dem Fluß näherte sich ein feindliches Schiff. Also weiter und immer weiter die dunkle Straße entlang in die Berge hinein. Sowie es Morgen wurde, stellten wir fest, daß drei von uns die Flucht nicht mehr geschafft hatten. Jeder hatte nur für sich selber gesorgt.

Von da an zogen wir viele Tage lang durch die Berge. Wenn wir auf den Feldern Sojabohnen oder Mais entdeckten, aßen wir davon. Nachts machten wir ein Feuer und schliefen im Gras. Selbst bei Regen marschierten wir durchnäßt weiter, die Füße taten uns weh, die Kinder weinten. Es war schrecklich.

Einmal stießen wir auf einen großen Fluß und wußten nicht, wie wir hinüberkommen sollten. In unserer Verlegenheit trafen wir Leute von der Armee. Die spannten für uns eine eiserne Kette über den Fluß, an der wir uns festhielten und so durch das Wasser wateten. An der tiefsten Stelle reichte es mir bis an die Brust; die Strömung war zudem so heftig, daß man meinte, es risse einem die Beine weg. Ich legte mir meinen Kimonogürtel um den Hals und trug die Kinder eines nach dem anderen hinüber, ging viermal hin und her durch das Wasser. Dabei passierte es, daß mir eines der Kinder regelrecht aus den Armen gespült wurde und ich, obwohl ich es vor mir sah, es nicht mehr packen konnte. Noch heute denke ich mit Schrecken daran. Nachdem wir dann endlich doch aus dem Fluß heraus waren, zitterte ich noch lange am ganzen Leib. Zu guter Letzt erreichten wir Fangcheng, aber so erschöpft, daß ich eine Zeitlang nicht imstande war, mich überhaupt zu bewegen.

Einige Tage später wurden wir nachts von Banditen überfallen. Sie schossen auf uns durch die Regenläden. Wir warfen uns alle flach auf den Boden, ich preßte meine Kinder an mich. Unser stellvertretender Brigadeführer lief hinaus, um Hilfe zu holen; dabei wurde er erschossen.

Tagsüber kamen viele russische Soldaten. Wenn sie bei uns etwas Wertvolles entdeckten, nahmen sie es uns ab. Und sahen sie eine Frau, jagten sie sie von einem Ende zum anderen. Sobald sie sie hatten, wurde sie vergewaltigt. Die Frauen hatten sich deshalb alle das Haar abgeschnitten und versuchten sich dadurch zu schützen, daß sie Männerkleidung trugen.

Da ich kein Geld besaß, konnte ich nichts zu essen kaufen. In jenen Tagen war es, daß die beiden kleineren meiner Kinder nacheinander an Unterernährung starben. Und die übriggebliebenen beiden Söhne, die gerade im Wachstumsalter waren, konnte ich nur mit Hirse nicht satt bekommen. Zudem ging ein Fieber um, die Kranken litten an Durchfall, und viele Erwachsene und Kinder starben daran. Als wir in Fangcheng ankamen, waren wir über hundert gewesen; im März nach dem ersten Winter war unsere Zahl auf achtunddreißig zusammengeschrumpft.

Am 28. März hieß es, wir könnten über Harbin nach Japan zurück. Morgens um sechs brachen wir von Fangcheng auf. Im März ist es auf dem Festland noch kalt, und da wir nicht genug anzuziehen hatten, machte uns das sehr zu schaffen. Außerdem waren wir von der überstandenen Krankheit geschwächt, so daß wir von Anfang an hinter den anderen zurückblieben. Zuerst warteten sie noch einmal auf uns, später dann aber nicht mehr. Weiter und weiter entfernten sie sich, schließlich waren sie aus unseren Augen verschwunden. Der jüngere meiner Söhne konnte nicht mehr laufen. Er bat mich, ich solle ihn auf den Rücken nehmen. Doch das war zuviel für mich; ich hielt es nicht lange aus, und auch mir begannen die Beine zu zittern. Ich sagte ihm, wir wollten ganz langsam gehen, aber er blieb einfach stehen.

In diesem Augenblick sahen wir, wie eine Menge Männer mit Spaten und Sensen in der Hand auf uns zukamen. Die Kinder hatten, solange wir in Fangcheng gewesen waren, immer Angst vor den Russen gehabt und viel geweint. Deshalb dachte ich, wenn ich jetzt davonlaufe, wird der Kleine schon hinterherkommen; außerdem hatte mich der Ältere an der Hand gepackt und zog mich mit sich fort. Doch der Kleine kam nicht, und als ich mich umdrehte, hatten ihn die Männer doch tatsächlich auf den Arm genommen, und das Kind sah weder zu mir herüber noch weinte es. Dafür schrie der Ältere um so lauter und zerrte an mir, daß wir weiterlaufen sollten. Auch ich selber fürchtete mich vor den Männern. Wir flohen in ein ehemaliges Aufnahmelager, kratzten etwas Gras zusammen und schliefen dort die nächste Nacht. Freilich, aus Sorge um meinen zurückgelassenen zweiten Sohn tat ich kaum ein Auge zu.

Ich wartete, bis die Sonne herauf war, um sofort ins Dorf zu gehen. Als ich die Leute danach fragte, hieß es, der Junge sei nach Fangcheng mitgegangen. Ich wußte nicht ein noch aus, war unfähig zu jedem Schritt; meinen vor Kälte und Hunger wimmernden Älteren im Arm setzte ich mich am Rand des Dorfes nieder. Da kam ein Japaner vorbei und meinte: »Ist Ihnen nicht kalt hier?« So brachte er uns in ein Haus, wo wir übernachten durften.

Anderntags sagte der Hausherr zu mir, er habe Bekannte, die suchten jemanden zur Krankenpflege. Da ich sonst nicht wußte, wohin, blieb ich mir gar nichts anderes übrig, als das anzunehmen. Es wurde auch sofort festgemacht. Zu pflegen war eine alte Frau; sie litt an offenen Beinen, aus Löchern an den Knien und Fußknöcheln floß der Eiter. Ich mußte sie beim Gehen stützen, für sie das Essen zubereiten, nähen und sie sauberhalten.

In dieser Stellung hielt ich aus, bis im dritten Jahr die alte Frau starb. Danach hoffte ich, ich könnte wenigstens in der Nähe meines jüngeren Sohnes leben, ich nahm den älteren mit, und wir liefen zu Fuß nach Fangcheng; da ich jedoch damals kein Wort Chinesisch konnte, auch keinen Einwohnerausweis besaß, wurde ich wieder zurückgejagt. Schließlich bat mich einer aus jenem Dorf, ich solle ihm bei der Feldarbeit helfen, und wohl oder übel sagte ich zu. Ich säte, rupfte Unkraut, mähte und tat einfach alles. Wenn ich nur das geringste falsch machte, schlugen sie mich mit der Peitsche.

Von jenem Herbst an begann sich der Zustand meines älteren Sohnes, der seit längerem alles Essen erbrach, zu verschlimmern. Ich ließ ihn von einem japanischen Arzt, der aus Fangcheng herüberkam, untersuchen, doch war die Krankheitsursache nicht festzustellen. Er war nicht gerade bettlägerig, nur schien ihm manchmal schwindlig zu werden, er brach zusammen, wo er gerade war, und fiel dann für einige Zeit in Bewußtlosigkeit. Gelegentlich fiel er draußen um, und fremde Leute brachten ihn mit dann nach Hause.

Eines Tage fuhr ich Dung auf die Felder, war aber dazwischen mittags kurz zu Hause, da lag er, als ich abends wiederkam, stumm auf dem Bauch und rührte sich nicht. Erschrocken wollte ich ihn aufrichten, doch atmete er bereits nicht mehr. Mittags hatte ich noch mit ihm gesprochen, und jetzt war er schon kalt. Ich war vor Trauer untröstlich, sagte mir, wenn jemand bei ihm gewesen wäre, hätte er so nicht sterben müssen. Ja, am liebsten wäre ich mit ihm gestorben, aber ich dachte an unseren zweiten Sohn und war dazu nicht imstande.

Im folgenden Jahr fand die Registrierung der Ausländer statt, wieder ein Jahr später durften wir uns nach Japan repatriieren lassen; da ich jedoch um jeden Preis erst wissen wollte, was aus unserem zweiten geworden war, entschloß ich mich, auf einen entsprechenden Antrag zu verzichten und weiter in China zu bleiben.

Inzwischen hatte die kommunistische Partei sogenannte Produktionskolonnen eingerichtet. Die Parole lautete: Gemeinsam arbeiten, gemeinsam essen. Ich konnte mein Dasein als Hilfskraft aufgeben und einigermaßen anständig leben. Im Frühjahr wurde gesät, Unkraut gezupft, der Weizen geschrotet. Danach erhielten wir zehn freie Tage. Die benutzte ich, um nach Fangcheng zu gehen. Ich fragte jeden im Dorf, doch sie sagten, es wäre hier niemand, der ein Kind aufgelesen habe.

Von meinem Dorf bis Fangcheng war es ein ganzer Tagesmarsch. Nachts blieb ich in einem Gasthof; weil aber vor lauter Leuten zum Schlafen kein Platz war, verbrachte ich die Nacht im Sitzen.

Die Produktionskolonne hatte auch im folgenden Winter eine Arbeitspause; da ich jedoch in meinen Kleidern die Kälte nicht ertragen hätte, mußte ich auf einen weiteren Gang verzichten. Erst im Frühjahr machte ich mich erneut auf. Vielleicht war es das falsche Dorf gewesen? So besuchte ich das Dorf dahinter, aber dort hörte mich niemand an. Und der Rückweg war so weit! Ich kann das bis heute nicht vergessen.

Im nächsten Jahr lief ich wieder los. Diesmal suchte ich den Ortsbeauftragten auf und bat ihn, er möge mir eine Familie nennen, in der Japaner lebten. Das tat er sofort, und als ich hinging, war die Frau dieses Hauses eine Japanerin. Ja, wie sich herausstellte, war sie mit dem jüngeren Bruder jenes Mannes verheiratet, der meinen zweiten Sohn zu sich genommen hatte! Sie schrieb mir Name und Adresse auf, und als ich in die Stadt kam, fand ich sofort den Weg. Es war ein prächtiges Haus. Die Zieheltern meines Jungen waren gute Leute, ich konnte beruhigt sein. Der Junge selber war groß geworden. Damals war er sieben gewesen; jetzt, nach neun Jahren, sahen wir uns wieder. Ich betrachtete seine kräftige Gestalt. Dann drückte ich ihn an mich, brachte aber kein Wort heraus.

Ich dankte den Zieheltern für ihre Mühen und durfte an diesem Abend bei ihnen übernachten. Am Morgen, da ich meine Arbeit hatte, drückte ich meinem Sohn die Hand und ging, während die anderen noch schliefen.

Danach habe ich ihn jedes Jahr mindestens einmal besucht. Die Zieheltern empfingen mich stets aufs beste, ohne je eine abweisende Miene zu machen. Ja, sie meinten sogar, wenn der Junge es wolle, möge ich ihn nur mitnehmen. Aber wenn ich dann verglich, wie sie ohne jede Entbehrung lebten und ich nicht einmal ein eigenes Haus hatte, war ich zu keiner Antwort fähig. Zudem begann der Junge mir aus irgendeinem Grunde auszuweichen, ließ sich kaum sehen. Da bat ich die Zieheltern, ihn wenigstens dann und wann ins Zimmer zu rufen. Denn nichts bereitete mir mehr Freude, als ihn zu betrachten.

Bald darauf blieb mir ein Dorn im Fußknöchel stecken, doch ich achtete nicht besonders darauf und arbeitete weiter. Der Fuß schwoll an und wurde blau, und das Gehen fiel mir schwer. So habe ich meinen Sohn zwei Jahre lang gar nicht besuchen können. Da plötzlich erhielt ich einen Brief von ihm: Seine Frau habe ein Kind bekommen, ich möchte doch zu ihnen kommen, um es zu sehen. Das war der erste Brief. Auch von der Hochzeit hatte er mich nichts wissen lassen. Und ich hatte doch tatsächlich nicht an so etwas gedacht. Gleich am nächsten Tag machte ich mich auf, und an diesem Abend schlief ich neben meinem Enkel.

Eine Weile verging, dann kam wieder ein Brief von ihm. Freunde von ihm hätten nach seinem Vater gesucht und ihn gefunden; ich sollte ihm doch schreiben. Im ersten Augenblick konnte ich das einfach nicht glauben. Wirklich kam danach ein Briefwechsel mit Japan in Gang. Andererseits wurde es mit meinem Fuß nur immer schlimmer, und ich konnte meine Arbeit nicht mehr verrichten. Eine Zeitlang lebte ich bei meinem Sohn. Seit er aber eine von den Zieheltern getrennte Familie gegründet hatte, war seine Existenz einigermaßen schwierig geworden, und falls ich nicht wieder auf die Beine käme, würde ich, die ich ihn in seiner Jugendzeit nicht aufgezogen hatte, eine allzu große Belastung für ihn sein. Daher bat ich meinen Mann in Japan, die Formalitäten für die Rückkehr einzuleiten.

Am 18. Dezember 1974, nach zweiunddreißig Jahren und acht Monaten, betrat ich zum erstenmal wieder japanischen Boden.

Tadao Fukumoto
(geboren 1904)

Ich hatte sie für tot erklären lassen

(Tadao Fukumoto ist der Ehemann der vorigen.)

Am 18. Mai 1945 – ich arbeitete bei einer Kolonistenbrigade in China – erhielt ich den Einberufungsbefehl, der mein ganzes Leben so sehr verändern sollte. Mit blutendem Herzen ließ ich meine Frau und die vier kleinen Kinder in dem fremden Land zurück. Ich konnte nur hoffen, sie möchten heil und gesund nach Japan gelangen. Zwei Monate nachdem ich zum 265. Infanteriebataillon gekommen war, waren wir eines Tages dabei, Panzerlöscher auszuheben, als plötzlich der Kriegseintritt der Sowjetunion gemeldet wurde. Auch unser Bataillon sollte eingesetzt werden, aber der Abmarsch verzögerte sich, und am Abend des folgenden Tages wurde alles abgeblasen. Der Krieg war zu Ende, wir hatten ihn verloren. Die Rote Armee rückte ein, man nahm uns sämtliche Waffen ab und brachte uns nach Rußland.

Es gibt keine Worte, um zu schildern, wie elend wir danach lebten. Wir waren körperlich so geschwächt, daß einer allein einen Eimer Wasser nicht anheben konnte, wir mußten ihn zu zweit tragen. Manchmal bestand eine Mahlzeit für sieben Mann aus einem einzigen Kohlkopf und Wasser dazu, oder aus einem Kochgeschirrdeckel voll dünnem Zuckerrübensaft. Die Kameraden brachen einer nach dem anderen zusammen und kamen ins Lazarett. Und wer ins Lazarett kam, mußte darauf gefaßt sein, zu sterben. Einer aus meiner alten Kolonistenbrigade wurde krank; als er ins Lazarett ging, verabschiedeten wir uns mit einem festen Händedruck und Tränen in den Augen. Auch er kehrte nicht zurück. In der Sowjetunion kennt man bei der Arbeit keine Schonung, und bei mehr als zwanzig Grad unter Null wird für einen geschwächten Körper jede Arbeit zu einer unmenschlichen Qual, ob man Kohle aus den Güterwagen schaufeln oder Eisendraht transportieren muß. Tag für Tag sagte man sich: Wer weiß, wann du zusammenbrechen wirst ...

Nach etwa eineinhalb Jahren hörten wir, daß die Kranken und Älteren vorab in die Heimat entlassen werden sollten, und wir strengten uns an, selbst die schwerste Arbeit noch durchzustehen.

Auch ich war erleichtert, als ich endlich auf der »Enshū-maru« war, dem Schiff, das uns nach Japan brachte; doch richtig beruhigen konnte ich mich erst, als die heimatlichen Inseln sichtbar wurden. Bei der Ausschiffung in Maizuru war mir wie im Traum zumute.

Das erste nach der Rückkehr war, daß ich nach dem Verbleib von Frau und Kindern forschte. Wenn die Rückkehrer irgendwo ein Treffen hatten, nahm ich jedesmal daran teil; wir tauschten genaue Informationen aus, ich fragte, wie die anderen herausgekommen waren, aber ich erfuhr nicht das geringste. Mehr als fünfzehn Jahre gingen so ins Land, ohne daß ich wußte, ob sie tot waren oder noch lebten. Da ich mir anders nicht helfen konnte, ließ ich mich von jemandem im Präfekturamt in Kyōto beraten. Das Resultat war, daß man sie für tot erklärte. Als Todestag wurde der 15. August 1945 angenommen. Dennoch blieb ganz in der Tiefe meines Herzens ein Rest Hoffnung zurück.

Um meine Einsamkeit zu vergessen, begann ich Mah-Jongg zu spielen, bei Rad- und Pferderennen zu wetten. Es gab Zeiten, da rührte ich keine Arbeit an und glaubte, ich könnte mein Geld als Wetteinnehmer verdienen. Später wieder verlor ich das Interesse an den Wetten und verbrachte meine Tage damit, daß ich in entlegene Berge ging, an Flüssen entlang und über Einöden wanderte, wo kaum ein Mensch anzutreffen war. Oft genug war ich des Lebens überhaupt überdrüssig.

Plötzlich, im März 1969, erhielt ich eine eilige Benachrichtigung von der Präfektur. »Was mag los sein?« dachte ich und fuhr nach Kyōto. Da eröffneten sie mir doch tatsächlich, es liege eine Nachricht vor von meinem zweitältesten Sohn, aus der hervorgehe, daß er und meine Frau am Leben seien und sich in China aufhielten. Zunächst wollte das einfach nicht in meinen Kopf hinein; später, nachdem wir einige Briefe gewechselt hatten, war ich überzeugt, daß es sich um keinen Irrtum handelte.

So kehrte meine Frau am 18. Dezember 1974 nach Japan zurück. Sie war krank, und obwohl sie mit ganzem Herzen an unserem Sohn und den Enkeln in China hing, wollte sie ihre Mutter in Japan wenigstens noch einmal sehen und dann sterben. Seit unserer Trennung waren fast dreißig Jahre vergangen. Als sie auf dem Flughafen Ōsaka die Gangway herunterkam, wirkte sie außerordentlich schmal und in sich zusammengefallen. Mir wurde heiß in der Brust, wenn ich an all das dachte, was sie durchgemacht haben mußte, und ich war entschlossen, sie so schnell wie möglich wieder gesund zu bekommen.

Ich brachte sie dann in ein Krankenhaus, wo sie gründlich behandelt wurde; auch achtete man darauf, daß sie genügend aß. Auf diese Weise wurde sie völlig wiederhergestellt. Eine Zeitlang noch redete sie häufig im Schlaf, alles auf chinesisch; es mochten die quälenden Erinnerungen daran sein, wie unsere drei anderen Kinder drüben gestorben waren. Aber allmählich scheint sie darüber hinwegzukommen; neuerdings schläft sie tief und mit einem kräftigen Schnarchen. Gar zu gern möchten wir mit unserem in China zurückgebliebenen Sohn und den Enkeln zusammen hier in Japan leben, doch das macht allerlei Umstände und ist nicht so leicht zu verwirklichen. Unsere größte Freude ist der Briefwechsel mit unserem Sohn.

3. Kapitel
Die Schlacht um Okinawa

Der unsinkbare Flugzeugträger

Sieben Jahre nach Kriegsschluß, als sich die Schlachtfelder Okinawas in einen amerikanischen Stützpunkt verwandelt hatten

Okinawa ohne das Shurei-Tor,
Okinawa ohne den Sōgenji-Tempel,
Okinawa ohne die Maulbeerbäume,
Okinawa ohne die Phönixbäume, die blühenden,
Okinawa ohne die Yambaru-Boote im Hafen von Naha –
das muß ein anderes Okinawa sein,
anders als das Okinawa, das ich im Herzen
bewahrte all die dreißig Tōkyō-Jahre lang.
Und dennoch, kommt einer aus Okinawa zu mir,
so frage ich ihn nach dem Shurei-Tor,
frage ihn nach dem Sōgenji-Tempel,
frage ihn nach den Maulbeer- und Phönixbäumen.
Es hat sich doch, frage ich, aufgerichtet
aus der blutigen Tragödie des Krieges,
wenn auch geschundenen Leibes,
um weiterzuleben, unser Okinawa –?
Ja, als der unsinkbare Flugzeugträger.
Achthunderttausend erbärmliche Seelen
in einem Winkel auf dem Deck zusammengetrieben,
unfähig, auf Stahl und Beton
ihren Reis zu pflanzen,
schreien: Sie bringen uns alle um!

Baku Yamanoguchi

Zwischen den japanischen Hauptinseln und Taiwan im Südwesten erstrecken sich die Ryūkyū-Inseln. In verschiedenen Gruppen verteilen sich achtundneunzig Inseln auf insgesamt achthundert Kilometer Länge, manche der kleineren ganz von Korallenriffen umgeben. Die Einwohner, etwas über eine Million und überwiegend Fischer und Bauern, sind von südländischem Temperament. Es wird viel gesungen und getanzt. Dennoch tobte hier eine der mörderischsten Schlachten des Pazifischen Krieges.

Die von Guam und Saipan aus operierenden amerikanischen Verbände hatten Mitte März 1945 Iwōjima, eine der auf halbem Wege nach Japan liegenden Vulkaninseln, erobert und landeten, von einem britischen Seegeschwader unterstützt, am 1. April auf der Ryūkyū-Hauptinsel Okinawa. Sie stießen auf heftigen japanischen Widerstand. Die Soldaten des Kaisers hatten den Befehl, diese Sperre vor dem Mutterland bis zum letzten Mann zu halten. Es wurde ohne Rücksicht auf die Inselbewohner gekämpft. Die Amerikaner mußten nach und nach bis zu 450 000 Mann einsetzen. Das kam zahlenmäßig einer dreifachen Überlegenheit gleich, und trotzdem konnten sie die Schlacht erst nach zweiundachtzig Tagen siegreich beenden. Der Südteil der Insel mit der Hauptstadt Naha glich einer Mondlandschaft. Auf amerikanischer Seite zählte man siebentausend Tote, auf japanischer nahezu hunderttausend, und die Verluste unter der Zivilbevölkerung sollen noch größer gewesen sein. Die kaiserliche Flotte hatte mit der »Yamato« ihr letztes Schlachtschiff verloren; es war, mit Treibstoff nur für die Hinfahrt versorgt, nicht einmal mehr bis Okinawa gelangt. Andererseits war es japanischen »Kamikaze«-Fliegern gelungen, sechsundzwanzig Einheiten der US-Navy zu versenken.

Mit Kriegsende wurde der größte Teil der Ryūkyū-Inseln unter amerikanische Verwaltung gestellt und Okinawa zu einem der stärksten Stützpunkte in Fernost ausgebaut. Im Mai 1972, ohne daß die US-Basis aufgehoben worden wäre, erfolgte die Rückgabe an Japan.

Daß die Inseln heute wieder eine unter den siebenundvierzig

Präfekturen Japans bilden, stößt bei Teilen der von den Japanern ethnisch und kulturell verschiedenen Bevölkerung auf Ablehnung. In Erinnerung an die einstige Eigenstaatlichkeit unter einem allerdings China wie Japan tributpflichtigen Königtum, das 1879 bei der Annexion durch Japan beseitigt wurde, hätten viele einen Sonderstatus für angemessener gehalten; in einer solchen Regelung, meinen sie, wäre schließlich auch die Anerkennung jenes ungeheuren Blutopfers von 1945 zum Ausdruck gekommen.

Makato Ameku
(geboren 1903)

»Lasst uns zusammen sterben!«

Es war am 1. April 1945, daß die amerikanischen Truppen auf Okinawa landeten. Da aber schon seit Tagen Gerüchte umliefen, jeden Augenblick könnten größere Einheiten auf der Insel abgesetzt werden, hatte eine schwer zu beschreibende Unruhe, eine düstere Stimmung unsere Ortschaft Yomitan erfaßt, und so befand ich mich an jenem Tag in einem Unterstand nahe der Landestelle.

Während die Landung in Gang kam, flohen, wie von den Amerikanern gehetzt, die Bewohner in immer größerer Zahl in unseren Unterstand. Bald waren es so viele, daß bis zum Eingang hin nicht das kleinste Fleckchen mehr frei war. In der Nacht zum 2. April, es mag gegen zwei gewesen sein, und die Amerikaner hatten ihre Landung abgeschlossen, meinte der für uns im Unterstand Verantwortliche: »Besser Selbstmord begehen als vom Feind umgebracht werden; laßt uns zusammen sterben!« Eine Vorstellung, die sich der Herzen zu bemächtigen begann. Einer im Unterstand, er war von der Front zurückgekommen, besaß eine Handgranate; aber zu einem gemeinsamen Selbstmord aller reichte die nicht aus. Es waren zu viele Leute. »Ja, ich will auch sterben.« »Und ich auch.« Schließlich blieben in dem an die fünfzehn Quadratmeter großen Raum fünfundzwanzig zurück.

Auch ich hatte mich, zusammen mit fünf anderen aus unserer Familie, allmählich zu diesem Entschluß durchgerungen. Bald nachdem ich geheiratet hatte, war mein Mann auf die Philippinen gegangen und wurde seitdem vermißt, so daß die Familie jetzt aus der Mutter meines Mannes, seinen Geschwistern und mir bestand. Die einzige Hoffnung, die ich danach noch hatte, war mein zwanzigjähriger Sohn; und auch ihn hatten sie zur Feldartillerie eingezogen. Am 28. Februar 1945 war er abgefahren, und seitdem hatte ich nichts mehr von ihm gehört. Es hieß, aber Genaues wußte man nicht, seine Einheit sei von den anhaltenden heftigen Bombenangriffen der Amerikaner völlig vernichtet worden. Wenn er gefallen war, hieße dies, daß mir die letzte Energie, der Wille weiterzuleben, genommen würde. Also wählte ich den Tod.

Wir fünfundzwanzig richteten unsere Sachen, und indem wir das Gushō, das traditionelle Totengewand, anlegten, bereiteten wir uns vor auf den letzten Augenblick. Ich umarmte meine alte Schwiegermutter und wartete. Dennoch waren meine Gedanken vor allem bei meinem Sohn. Mit tränenerstickter Stimme sagte eine der jüngeren Schwägerinnen zu mir: »Schwester, hab Dank dafür, daß du dich, obwohl unser Bruder, dein Mann, nicht mehr da ist, so um die Mutter und um die übrige Familie gekümmert hast ... Leb wohl!« Ich werde diese Worte nie vergessen. Ich erinnere mich, wie mir dabei ganz trocken wurde im Mund. Ich schüttelte den Kopf, wollte wenigstens noch ein Wort sagen zuvor; doch da schrie einer neben mir: »Wenn es ans Sterben geht, gibt es nichts zu reden!« Mir war, als wäre ich schon nicht mehr am Leben. Ich nahm meine Schwiegermutter in den einen Arm, in den anderen den Mantel meines Sohnes zur Erinnerung an ihn, und preßte beide fest an mich. Wieder wurde ich angeschrien: »Wer sterben will, deckt sich mit keinem Mantel zu! Je weniger man anhat, desto stärker betritt einen die Wucht der Explosion.« Wohl oder übel ließ ich den Mantel fallen.

»Also los!« gab der Verantwortliche das Signal, den Zünder abzureißen. Ein unheimliches Schweigen breitete sich aus. Dann, mit einem heftigen Knall, explodierte die Handgranate. Ich hatte, ich weiß nicht, wie und warum, den Mantel meines Sohnes über mich geworfen. Als ich zu mir kam, bemerkte ich als erstes, daß ich noch atmete. Von einem schweren Schock zu Boden geworfen, vermochte ich mich nicht zu erheben. Mir dröhnten die Ohren, daß ich glaubte, es hätte mir das Trommelfell zerrissen. Eine Wolke von Rauch und Staub erfüllte den Unterstand, der Pulvergeruch stach mir in die Nase.

Nach einer Weile wurde mein Bewußtsein klarer, ich konnte auch wieder richtig hören. Jemand schrie heulend: »Ich bin nicht tot!«

Andere stöhnten vor Schmerzen. Ich roch, daß sich etwas eigenartig Fremdes in den Pulvergeruch mischte. Aus dem Dunst um mich drang ein seltsames Geräusch an meine Ohren. Als ich näher hinsah, kam es von dem Blut, daß aus dem zerfetzten Herzen eines schon halb Toten schoß. Nein, ich mag mich an diesen Anblick nicht erinnern.

Gegen Morgengrauen, beim Licht des abnehmenden Monds, kroch ich durch einen engen Spalt aus dem Unterstand ins Freie. Als ich dann im Tageslicht mein zuvor schwarzes Totengewand besah, war es über und über rot vom Blut meiner Schwiegermutter. Von den fünfundzwanzig hatten nur acht überlebt.

Sōtoku Dana
(geboren 1909)

Der Untergang der »Tsushima-maru«

Im Juli 1944, nachdem die japanischen Truppen auf Saipan völlig aufgerieben waren, wurde bei einer eilig einberufenen Kabinettsitzung beschlossen, daß die Alten, Frauen und Kinder von den Ryūkyū-Inseln zu evakuieren wären. Ich unterrichtete damals die fünfte Klasse an der Höheren Tempi-Volksschule in Naha. Es war die Zeit einer stark militaristischen Erziehung, und von der dritten Klasse an aufwärts lag der Hauptakzent auf gruppenweisen Übungen. Mit dem Ziel der Körperertüchtigung und der Stärkung des Kampfwillens wurden die Übungen draußen in der prallen Sonne durchgeführt. Anfangs brachen viele der Kinder dabei zusammen; später, mit zunehmender Gewöhnung, nahm deren Zahl ab.

Ich war an der Schule verantwortlich für den Bericht über die Kriegslage. Jeden Tag mußte ich den Zustand an der Front im Süden in allen Einzelheiten auf einer Landkarte eintragen und vor den versammelten Schülern erläutern. Durch diese Tätigkeit hatte ich mich notgedrungen genauer als andere mit den Kriegsgeschehnissen zu befassen. Als ich vom Fall Saipans erfuhr, sah ich voraus, daß auch Okinawa Schlimmes bevorstand. Denn bei Einsatz von B-29-Maschinen reichte deren Treibstoff aus, um Okinawa zu einem Bombenangriff anzufliegen und wieder nach Saipan zurückzukehren. Außerdem bildete Okinawa eine Sperre zwischen den südpazifischen Inseln und dem japanischen Mutterland, war also ein strategisch wichtiger Punkt, den die Amerikaner, so schloß ich, gewiß angreifen würden. Kämen die B 29 in großen Formationen, wären am Ende nicht nur Naha und die alte Königsstadt Shuri, sondern ganz Okinawa zerstört. Da man unter dem Militarismus dergleichen nie hätte aussprechen dürfen, vermied ich dieses Thema in größeren Kreisen überhaupt, nur meinen engsten Freunden deutete ich an, Naha sei bereits verloren. Wenn aber Naha nicht mehr stünde, müßte auch das Erziehungswesen zusammenbrechen. Deshalb und um eine tüchtige nächste Generation heranzuziehen, war es nötig, die Kinder nach außerhalb an sichere Plätze zu evakuieren. Das waren die Gründe dafür, daß ich die Leitung der Schulevakuierung auf mich nahm.

Am 18. September versammelten sich rund fünfhundert Schüler von fünf Volks- und Höheren Volksschulen der Stadt am Hafen von Naha, dazu dreißig Lehrer als Begleitung. Ich hatte das Kommando. Das für die Evakuierung nötige Gepäck sowie das Schulzeug der Kinder brachten, getrennt nach Schulen, die Angehörigen zum Hafen. Zur Verfügung standen drei Schiffe der Neuntausender-Klasse, Truppentransporter, die zuvor Infanterieeinheiten aus der Mandschurei nach Okinawa gebracht hatten.

Das Schiff, das wir bestiegen, war die »Tsushima-maru«. Es hatte vorn und hinten Laderäume. Vorn wurden die Schüler aus Naha untergebracht, hinten Schüler aus der Umgebung sowie andere Evakuierte. In der Abenddämmerung, als eben die Sonne über den Silhouetten der Kerama-Inseln unterging, liefen wir aus. Der Konvoi marschierte in Dreiecksformation, an den beiden Flanken je ein Zerstörer, die »Tsushima-maru« links von der Spitze.

Die Lage zur Zeit des Auslaufens war nicht eben günstig. Die U-Boote pflegten gerade in der Abenddämmerung und bei Tagesanbruch am aktivsten zu sein. Offenbar aus diesem Grund ging der Konvoi zwischen der Insel Sesoko und Motobu über Nacht geschlossen vor Anker, um vor dem Morgengrauen weiter Kurs auf Miyazaki auf Kyūshū zu nehmen.

Die von ihren Lehrern begleiteten Kinder, die ganze Kriegszeit hindurch zu dem Glauben erzogen, daß Japan sich nie geschlagen geben werde, tobten wild umher, als handele es sich um einen Schulausflug. Auch wir selber, zumal angesichts der beiden Zerstörer, waren der festen Überzeugung: Sollten sich feindliche U-Boote nähern, würden sie auf der Stelle kehrtmachen, denn die Zerstörer galten damals als das Beste an der japanischen Flotte.

Da warnte mich jedoch der junge Armeeleutnant, der den militärischen Befehl über das Schiff hatte. Wir sollten, meinte er, die Kinder ruhig halten; ihr Herumtoben vergrößere nur die Gefahr. Da die gegnerischen U-Boote ständig auf Lauer lägen, dürften sie nicht an Deck kommen. Sie sollten auch keine Papierschnitzel oder ähnliches ins Meer werfen. Daraus lasse sich leicht auf den Kurs der Schiffe schließen.

Schon weil ich die Verantwortung trug, mußte ich das allen sagen. Ich erläuterte es meinen Kollegen, dann warnte ich die Kinder. An die fünfhundert Kinder! Da auch auf dem Schiff Verdunklungszwang herrschte, waren nur eben die Gesichter derjenigen zu sehen, die unmittelbar unter den Glühbirnen standen. Dazu war es drükkend heiß in dem Raum, und ich hatte kein Mikrophon. Sich da durchzusetzen war schwierig. Und nachdem dieser Zustand zwei Tage lang angedauert hatte, war ich heiser. Inzwischen setzte der Konvoi die Fahrt fort, und zwar so, daß die langsameren Schiffe mithalten konnten.

Am Morgen des 22. wurde ich erneut zu dem Leutnant gerufen. Gegnerische U-Boote hatten den Konvoi eingekreist. Das bedeute höchste Gefahr, und die Kinder hätten sich jetzt unbedingt ruhig zu verhalten. Doch sie waren nach wie vor in Ausflugsstimmung.

Gegen Abend desselben Tages war ich wiederum bei dem Leutnant. In der kommenden Nacht dürften sich die Lehrer unter keinen Umständen schlafen legen. Wir würden uns dann etwa in der Mitte zwischen der Insel Amami-Ōshima und Kagoshima befinden, auf der Höhe der Shichitō-Inseln, wo es wegen der vielen Riffe und des heftigen Wellengangs noch gefährlicher sei.

Gleichzeitig wurde Befehl gegeben, die eingestapelten Bambusflöße an Deck auszulegen. Man hatte sie beim Transport der Truppen aus der Mandschurei gebraucht. Sie bestanden aus dicken Bambusstangen und konnten fünf bis sechs Personen tragen.

Als ich diesen Befehl hörte, dachte ich: Jetzt wird es ernst. Bis dahin hatte ich mich damit beruhigt, daß ja die beiden Zerstörer da wären ...

Weiter wurde angeordnet, daß sämtliche Kinder an Deck kommen sollten. Wir sagten ihnen, wenn wir diese Nacht hinter uns hätten, würden wir uns morgen bereits in der Nähe von Kagoshima befinden; da möchten wir, daß sie einmal nicht schliefen, sondern tüchtig Ausschau hielten. Die Kinder waren zwischen acht und zwölf. Viele der älteren empfanden beim Anblick der Flöße auf dem Deck durchaus die Nähe der Gefahr. Sie hatten auch vorher bei den Übungen an den Strickleitern, die aus den Laderäumen heraufführten, ernsthaft mitgemacht. Aber die Schüler aus den unteren Klassen, erschöpft und zum Teil seekrank, hatten offenbar keinen Sinn dafür.

Bald konnte man sich auf Deck kaum noch bewegen, so dicht lagen oder saßen die Kinder. Trotzdem fehlten einige. Ich kletterte wieder in den Laderaum hinunter. Sie schliefen fest. Ihre Gesichter konnte ich nicht erkennen, doch schienen die älteren alle oben zu sein, während die jüngeren, weil sie dort keinen Platz mehr fanden, umgekehrt waren.

Nun suchte ich nach meinen Lehrerkollegen. Einer hatte seine siebenköpfige Familie dabei; da aber eines seiner Kinder an einer plötzlichen Lungenentzündung erkrankt war, befanden sie sich alle auf der Krankenstation und waren also in Sicherheit, wie ich dachte. Als nächstes fiel mir meine eigene Familie ein, meine Mutter und meine Frau mit unserer Sechsjährigen, die ebenfalls an Bord waren. Ich holte sie aus dem jetzt gefährdeten Laderaum und brachte sie an Deck. Mit viel Mühe fand ich für sie vorn am Bug einen freien halben Quadratmeter. Dort sollten sie diese Nacht sitzen bleiben, schärfte ich ihnen ein. Ich selber lehnte mich in der Nähe der Einstiegsluke zu unserem Laderaum an die Bordwand. Ich hatte die Kinder und Lehrer heraufgebracht. Es mochten zwar noch immer welche unten sein, doch ich hatte mir die Kehle wund geschrien, und sie hatten nicht gehört. Ich hatte getan, was ich konnte.

Am Bug des Schiffes befand sich ein Geschütz, damit man, wenn sich der Gegner nähern sollte, zurückschießen könnte. Einige der Kanoniere kamen zu mir herüber und sagten: »Dieses Schiff hat Glück.« Wie sie erzählten, sei es unterwegs von der Mandschurei nach Okinawa von einem Torpedo getroffen worden, der jedoch nicht explodierte.

Wir unterhielten uns bis gegen zehn Uhr nachts. Die Kinder auf Deck schliefen fest, keine Stimme, nur tiefe Stille ringsum. Auch ich begann irgendwann im Sitzen einzunicken.

Auf einmal tat es einen entsetzlichen Schlag. Offenbar mir gegenüber an der anderen Bordwand. Der Laderaum, in dem wir uns noch bis vor kurzem aufgehalten hatten, war getroffen.

Tatsächlich begriff ich in diesem Augenblick noch überhaupt

nichts. Ich spürte nur aus der gewaltigen Detonation, das müsse »getroffen« bedeuten. Dann schwanden mir die Sinne, bis ich davon wieder zu mir kam, daß das Niederprasseln irgendwelcher Trümmer aufhörte. Und ich sah: Etwa einen halben Meter vor mir hatte es alles weggerissen, die Deckplanken mitsamt den Kindern, die darauf geschlafen hatten. Und unten in der Seitenwand des Laderaums war ein großes Loch, durch das die Flut mit dem Tosen eines Wasserfalls hereinschoß. Was nun? Da schrie mich einer der Kanoniere an: »Stehen Sie nicht herum! Los, hinauf aufs Oberdeck!« Und ich ihm nach. Dort lagen drei Kinder, die es hochgewirbelt und wieder heruntergeschlagen hatte. »Nichts mehr zu machen«, meinte der Kanonier, »die sind tot.« Mit einem Male war ich hellwach.

Bis dahin hatte ich nur daran gedacht, der Gefahr zu entfliehen, hatte, mein eigenes Kind im Arm, ins Meer springen wollen. Jetzt plötzlich wußte ich wieder, daß ich Lehrer war. Ich ließ das Kind bei meiner Frau und stieg in den Laderaum hinunter, eilte wie besessen die verbogene Treppe hinab. An zerfetzten Eisenstücken verletzte ich mir die Beine. Die Strickleitern, die an den Luken gehangen hatten, waren weg, ich wußte nicht, wohin. Ich hörte nur noch aus den gurgelnden Wassermassen die Hilfeschreie von Schülern und Lehrern, und dabei sah ich nicht, wie ich sie gegen die Gewalt dieses Wassers hätte retten können.

Plötzlich begann das Schiff vom Heck her Schlagseite zu bekommen, mit einem grausigen Krachen zertrümmerte das eingedrungene Wasser das hintere Deck. Es war zu spät. Ich eilte hinauf und nahm meiner Frau das Kind ab. Vom Bug aus sprangen die Kanoniere ins Meer. Ich meinte, wir sollten ihnen nachspringen; aber jetzt war das Heck schon im Wasser, und der Bug ragte hoch heraus, so daß sie den Sprung in die Tiefe fürchtete. In diesen Sekunden des Zauderns versanken wir.

Von Wirbeln erfaßt, schlug ich um mich, wehrte mich, soweit es die Luft in meinen Lungen zuließ, versuchte hinaufzukommen. In dem Augenblick, als ich dachte, jetzt ist es aus, stieß mein Kopf über die Wasserfläche hinaus. Daß ich mein Kind in den Armen hielt, hatte mir das Leben gerettet. Nein, ich hatte es, als mich die Wirbel packten, aus den Armen verloren; doch wie ich so um mich schlug, verhakte sich der kleine Finger meiner rechten Hand in der Schnur der Schwimmweste, die meine Tochter trug: eine Erwachsenenschwimmweste, die mich, zusammen mit dem Auftrieb meiner eigenen, rascher an die Oberfläche brachte. Ohne das wäre ich wohl ertrunken.

Meine Tochter hatte, wie ich jetzt merkte, reichlich Wasser geschluckt, aber sie lebte. Das Schiff war untergegangen. Ruhig überlegte ich, wie wir uns retten könnten. Ich nahm das Kind auf den Rücken und hielt mich an einem treibenden Holzstamm fest. Da sah ich nicht weit von uns ein kieloben schwimmendes Boot, auf dem rittlings einige Leute saßen. Wie ich später von einem Lehrer erfuhr, waren fünfzig, sechzig Kinder in dem Boot gewesen, als es beim Untergang unseres Transporters umschlug und sie unter sich einschloß; er selber hatte sich herausarbeiten können.

Auf dem gekenterten Boot war vorn noch Platz für einen Mann, und ich hoffte, ich könnte mich da halten; doch dort stieg die Bootswand steil an, und wie oft ich es auch versuchte, wurde ich von jeder folgenden Welle wieder heruntergespült. Unterdessen war es Tag geworden.

Da trieb eines jener Bambusflöße vorbei. Es war unbesetzt. Ich ließ meine Tochter bei einem jungen Mann auf dem Boot zurück, um es heranzuholen. Hierauf bestiegen wir es zu dritt.

Überall sahen wir welche schwimmen, die sich an irgend etwas festhielten. So laut ich konnte und so beherzt wie möglich rief ich ihnen zu: »Nur nicht loslassen! Morgen kommen bestimmt Schiffe, die holen euch heraus!« Sie riefen meinen Namen herüber, ungefähr zehn Kinder kamen nähergeschwommen und versuchten, auf unser Floß zu klettern. Doch davon versank es. »Das haben wir nicht gewollt«, sagten sie und blieben, wo sie waren.

Danach wurden wir abgetrieben. Einige Zeit später entdeckten wir jemanden, der sich, nur den Kopf über dem Wasser, an einer Holzbohle anklammerte. Es war, wie sich herausstellte, meine Frau. Wir halfen ihr zu uns auf das Floß.

Einmal tauchte eine Insel auf (die Insel Akuseki in der Süd-Satsuma-Gruppe); aber vor ihr teilte sich die Strömung, und wir, im Gegensatz zu allen anderen, trieben links an der Insel vorbei, so daß wir einander aus den Augen verloren. Ebenfalls noch am Morgen des 23., es muß gegen neun gewesen sein, kreiste ein Flugzeug über uns. Der Pilot winkte mit einem Tuch, wir winkten zurück und glaubten, nun sei alles gut. Doch als es Abend wurde, war niemand gekommen, uns zu retten.

Sieben Tage lang trieben wir im Meer. Wir hatten nichts zu

trinken und nichts zu essen. Außer mir, meiner Frau und unserer Tochter waren auf dem Floß noch jener junge Mann sowie ein Soldat und ein Alter, den wir unterwegs aufgefischt hatten.

In der zweiten Nacht sagte der junge Mann plötzlich »Lebt wohl!« und sprang ins Meer. Später begriffen wir: Er mußte an Halluzinationen gelitten haben. Vermutlich war ihm auf dem Wasser sein Elternhaus erschienen – eine Folge von Hunger und Erschöpfung. Wirklich saßen wir ja auf dem Floß meist bis zum Bauch im Wasser und mußten uns, um nicht heruntergespült zu werden, an den Bambusstangen festhalten; von Hinlegen konnte schon gar nicht die Rede sein. Tagsüber briet uns die heiße Sonne, nachts klapperten wir vor Kälte mit den Zähnen.

In der dritten Nacht verlangte unsere Tochter, wir sollten nach Hause gehen. Sie sei durstig, aber wir hatten ja kein Wasser. Wegen der Kälte hielt meine Frau sie in den Armen. Irgendwann in dieser Nacht meinte sie, das Kind rühre sich nicht mehr. Ich nahm es ihr ab. Da klammerte es sich noch einmal mit aller Kraft an meinen Hals – und war tot. Den kleinen erkalteten Körper ins Meer zu werfen, brachte ich nicht übers Herz. Wir würden ohnehin alle sterben; also band ich ihn an das Floß.

Am vierten Tag sprang der Alte ins Meer. Ich packte ihn und holte ihn zurück aufs Floß. Nach einer Weile sprang er wieder, und wieder zog ich ihn heraus. Das ging so fünf-, sechsmal, dann konnte ich nicht mehr und ließ ihn, wo er war. Plötzlich schrie er: »Mich hat eine Habu-Schlange erwischt!« Schnell half ich ihm herauf; da sahen wir: Ein großer Haifisch hatte ihm die linke Hinterbacke weggebissen. Das Blut lief in Strömen, es war nicht aufzuhalten, und kurze Zeit später war er tot. Wir beteten für seine Seele und übergaben ihn dem Meer.

Sooft es Abend wurde, glaubten wir, auch unsere Stunde sei nun gekommen; doch wenn am nächsten Morgen die Sonne aufging, waren wir noch immer am Leben. Na, vielleicht hielten wir diesen einen Tag noch durch ... Die Wellen schlugen gegen unsere erschöpften Körper. Die See war zu rauh, als daß uns ein Fischerboot überhaupt hätte sichten können. Die anderen, die die Strömung rechts an jener Insel vorbeigetrieben hatte, waren innerhalb der ersten Tage gerettet worden. Es gab Wellen von bis zu acht Metern Höhe; glücklicherweise blieb das Floß auch dann immer obenauf.

In der siebenten Nacht begann ich durchzudrehen. Mir schien, wir wären am Katabaru-Strand, wo unsere Schule ein Übungslager aufgeschlagen hätte. Aus Furcht, ich könnte das nur träumen, kniff ich mich, klopfte mir auf den Kopf – und spürte den Schmerz. »Also ist es kein Traum«, dachte ich. Schon war ich im Begriff, hinüber in das Camp zu gehen, um mir einen Schluck Wasser zu holen, als meine Frau mich zurückriß; denn um ein Haar wäre ich ins Meer gestürzt. Ein andermal war mir, als würde unser Floß vor der alten Stadthalle in Naha festmachen. »Alles aussteigen, wir sind da!« rief ich. Doch auch das erwies sich schließlich als eine bloße Halluzination. Mein Verstand, trotz aller Erschöpfung, arbeitete weiter und spiegelte mir dergleichen vor. Später erzählte ein im letzten Augenblick gerettetes älteres Ehepaar, das mit einem Dutzend Kindern auf einem Fluß gewesen war, wie diese eines nach dem anderen ins Meer gesprungen waren mit den Worten: »Auf Wiedersehen, ich gehe nach Hause!« Auch sie hatten solche Halluzinationen gehabt.

Bei mir verlor sich dieser Zustand wieder, nachdem die Küste der Insel Amami-Ōshima in Sicht kam. Am Morgen des achten Tages, gegen zehn Uhr, näherten wir uns dem Strand, einer kleinen Bucht, die rechts und links von steilen Felswänden umgeben war, und hinten erhob sich ein hoher Berg.

Als erster sprang der Soldat vom Floß. Etwa zehn Meter weiter rann Wasser aus der Felswand; um davon zu trinken, mußte er über die riesigen Steinbrocken klettern, die den Strand bildeten. Da wieder und wieder die Wellen gegen sie schlugen, fürchtete ich, das Floß würde, wenn erst die Flut käme, beim Anbranden zertrümmert werden. Also tat Eile not.

Ich band unser totes Kind los und versuchte, mit ihm auf die Steine hinaufzukommen. Ich wußte durchaus, was ich wollte, aber mein Körper machte nicht mit. Wohl oder übel ließ ich das tote Kind fallen, um wenigstens selbst aus dem Wasser herauszukommen. Später sah ich, wie der kleine Leichnam auf den Wellen trieb und von ihnen Mal um Mal gegen die Felsen geschleudert wurde. Ich besaß nicht mehr die Energie, das Kind zu bergen.

Meine Frau war auf dem Floß zurückgeblieben, das von der einsetzenden Flut allmählich höhergetragen wurde. Ich rief ihr zu, sie solle, sobald ich ihr das Zeichen dazu gäbe, den Versuch machen, sich an einem der Steinbrocken festzuklammern. Dann wartete ich auf den richtigen Augenblick. Eine Welle kam heran, mit ihr das Floß, und als sie zu weichen begann, schrie ich: »Jetzt faß zu!«

Nachdem sich das drei-, viermal wiederholt hatte, schaffte es meine Frau und kroch auf einen Stein. Das war um Mittag, die Sonne stach, die Steine waren heiß. Meine Frau war unfähig, sich noch zu bewegen.

Ich ging und löschte meinen Durst an dem Wasser aus der Felswand. Ich trank, glaube ich, an die zwei Liter. Dann wollte ich meiner Frau davon bringen; doch vermochte ich nicht eine Handvoll die kaum zehn Meter zu transportieren, so sehr zitterte ich. Als der Soldat das sah, holte er sein »Tausend-Stiche-Band« hervor (wie es die Soldaten als Amulett trugen: von tausend Frauen je einen Stich mit rotem Garn), und das tränkten wir mit Wasser, so daß meine Frau etwas in den Mund bekam.

Das größere Problem war: Wir mußten heraus aus dem Felsenloch. Die Wände ringsum, mit einer Steigung von schätzungsweise achtzig Grad, waren riesig hoch. Der Soldat meinte, da hätten wir es nun bis hierher geschafft, und doch wäre am Ende alles umsonst gewesen. Ich war dafür, daß wir es versuchten.

Zu zweit begannen wir, den Felsen hinaufzuklettern. Nach sechs Stunden waren wir oben. Ein Wunder, daß wir nicht abstürzten. Da die Sonne bereits untergegangen war, legten wir uns erschöpft ins Schilfgras und schliefen. Am nächsten Morgen stießen wir nach einigem Suchen auf Reisfelder, schließlich auf ein Dorf. Ein junger Mann kam uns entgegengelaufen. Er fragte, ob wir zu den Lehrern gehörten. Dreißig Feuerwehrmänner stünden bereit. Tatsächlich hatten sie nämlich schon in den Tagen zuvor zwei Kinder und dann noch einmal drei Frauen mit einem Fischerboot aus dem Meer geholt.

Ich berichtete den Feuerwehrleuten von meiner Frau. Genau beschreiben konnte ich die Stelle nicht, aber nachdem sie die ungefähre Richtung wußten, ruderten sie mit einem Kanu los. Eine Stunde später war auch meine Frau gerettet.

Etwa drei Stunden ruhten wir uns aus, wurden mit Tee und Zuckerwasser bewirtet und dann in den Marinehafen Koniya gebracht. Es hieß, die Marine sammle dort alle Überlebenden, um so den Untergang des Evakuierungsschiffes geheimzuhalten. In der Erholungszeit, die man uns gönnte, lieh ich mir Papier und Bleistift und verfaßte einen ausführlichen Bericht über die Umstände des Untergangs. Diesen Bericht, damit ihn der Direktor unserer Schule in die Hand bekäme, gab ich einem U-Boot-Kommandanten mit.

In einem Brief dazu hatte ich mich bereit erklärt, zur mündlichen

Berichterstattung sofort nach Naha zu kommen; der Direktor jedoch ließ mich wissen, ich solle auf jeden Fall nach Miyazaki gehen und mich dort um die Kinder eines zweiten Evakuierungsschiffes kümmern. Ich blieb zwei Jahre in Miyazaki, dann kehrte ich nach Naha zurück. Ich war Lehrer, aber nachdem ich mit angesehen hatte, wie so viele Kinder starben, war es mit meiner Rolle als Erzieher aus. Ich nahm mir vor, eine Arbeit anzunehmen, die mit dem Meer zu tun hätte. So könnte ich für die Seelen der Kinder, für die Seelen meiner Mutter und meiner Tochter bitten. Ein Jahr später wurde ich Angestellter in einem Fischereibetrieb.

Toyoko Azama
(geboren 1932)

»Wer sich ergeben will, wird erschossen!«

Meine Heimat ist die Insel Tokashiki, die größte der Kerama-Gruppe. Die Männer hier gehen auf Bonito-Fang, die Frauen bestellen die Felder. Mein Vater, der 1943 starb, war ein tüchtiger Fischer. Die drei Bonito-Kutter, die es damals auf der Insel gab, gehörten alle ihm. Und da er ein warmes Herz hatte, war er überall beliebt. Meine Mutter und wir Kinder brauchten uns in finanzieller Hinsicht keine Sorgen zu machen. Dennoch waren wir so erzogen worden, daß wir jederzeit mithalfen, auch in anderen Familien, wo die Männer und Söhne inzwischen eingezogen waren.

Dann kam die große Veränderung in unserem Alltag. Am 10. September 1944 wurden japanische Truppen auf unserer Insel stationiert. Unser recht großes Haus – es stand in der Mitte des Dorfes, der Schule direkt gegenüber – wurde Stabsquartier des Hauptmanns Tanaka. Wir mußten uns mit den Hinterzimmern begnügen.

Genau einen Monat später hatten wir den ersten Luftangriff. Die auslaufenden Schiffe wurden getroffen, die unseren völlig zerstört. Zuvor hatte sich ein Aufklärer am Himmel gezeigt, und einer unserer Offiziere, weil er ihn für eine japanische Maschine hielt, war auf die Steinmauer geklettert und hatte mit dem Sonnenbanner gewinkt. Auf unserem Haus stand, schwarz auf weiß, auf einem großen Schild: »Stabsquartier Kompanie Tanaka«. Daher hielt es der Gegner wohl für einen strategisch wichtigen Punkt.

Hiernach, weil es sonst zu gefährlich war, erledigten wir die Feldarbeit nur noch morgens ganz früh oder spät am Abend. Tagsüber gab es Luftschutzübungen, wurden Kies und Steine zum Bau von Militärbunkern herbeigeschleppt und Sträucher angepflanzt. Unterricht in der Schule war nur noch an ein oder zwei Stunden am Tag. In einem anderen Dorf mußten Bunker für die dort stationierten »Selbstmord-Boote« errichtet werden. Die eigentlichen Arbeiten machten die Männer, darunter viele Koreaner; aber auch die Frauen und uns Kinder aus dem Dorf holte man zum Helfen.

Am 23. März 1945, vormittags um zehn, erlebte die Insel einen Großangriff. Wir waren in einem Bunker. Wir hörten pausenloses Maschinengewehrfeuer. Die Brandbomben setzten ein Haus nach dem anderen in Flammen. Wir kamen zwei Nächte nicht heraus. Die Schule und unser eigenes Haus brannten ebenfalls nieder. Am Abend des 24. kam der Befehl, alle sollten am Westberg Zuflucht suchen. Zwar glaubten wir, wir wären in unserem Bunker sicher, aber es hieß, möglicherweise werde der Gegner bei unserem Dorf landen. Also begaben wir uns auf den Weg. Die Männer nahmen Sicheln, Hacken und Äxte mit, für den Fall, daß wir wieder Unterstände bauen müßten; die Frauen und Kinder trugen in Bündeln und Körben Verpflegung usw. auf dem Kopf.

Der Westberg liegt ein ganzes Stück ab. Und da die Straße zu gefährlich war, gingen wir durch wegloses Gelände, dann in einem Bach bergaufwärts, so daß wir völlig durchnäßt waren. Schließlich brach noch ein schwerer Wolkenbruch über uns herein, wie ein böses Vorzeichen für das, was kommen sollte. Babys auf den Rücken, die Alten stützend, hielten sich die Familien zusammen; doch das steigende Wasser im Bach riß einem die Füße weg, und viele begannen abzutreiben. Meine Mutter trug den jüngeren Bruder, ich hatte die jüngere Schwester an der Hand; mit anderen Verwandten schleppten wir uns aufwärts, indem wir uns gegenseitig Mut machten.

Irgendwann kam der Morgen. Völlig erschöpft setzten wir uns zur Rast in eine Schlucht. Dann ging es unter Ächzen weiter bis zum Gipfel. Zuerst – ich hatte ein komisches Gefühl dabei – berieten die einzelnen Familien untereinander. Hierauf hieß es, alle sollten sich versammeln, und plötzlich hielt der Ortsvorsteher eine Rede: »Wenn wir ihnen lebend in die Hände fallen, stechen uns die

Fremden die Augen aus, schneiden uns die Nasen ab und bringen uns um. Sie haben unsere Insel eingekreist; wir können nicht mehr fliehen. Da dies so ist, wollen wir gemeinsam sterben, wollen gemeinsam unser Leben opfern, indem wir für den Sieg unseres Kaiserreichs beten.«

Zunächst gab es eine große Aufregung, doch im Augenblick darauf wurde alles still. Ich erinnere mich, wie die Erwachsenen die Reisweinflaschen hervorholten und einander herzlich zutranken. Insgesamt mögen wir etwa vierhundert gewesen sein. Es waren auch welche aus dem Nachbardorf Aharen darunter, und Männer von der Heimwehr hatten sich ihren Familien angeschlossen. Soldaten waren keine dabei.

Der Polizist A. zeigte meinem Onkel den Gebrauch der Handgranate: »Du reißt den Zünder ab, wirfst sie aber nicht fort, sondern behältst sie in der Hand, bis sie explodiert.« Viele kannten sich damit nicht aus.

Als die Handgranaten verteilt waren, riefen wir ein letztes, dreifaches »Lang lebe Seine Majestät, der Kaiser!« Dann riß einer nach dem anderen den Zünder ab, krachend explodierten die Granaten. Menschen, die tot zu Boden sanken, Sterbende und solche, die nicht sterben konnten ... das Wimmern, Weinen, Schreien ...

Unsere Familie und die anderen Verwandten saßen in einem Kreis, der Onkel zündete die Handgranate. Nach einigen Sekunden ein entsetzlicher Knall. Ich hatte die Augen zugemacht. Als ich sie eine Weile darauf ängstlich wieder öffnete, war die Hand, in der der Onkel die Granate gehabt hatte, blutrot wie eine Blume. Haut und Fleisch waren abgefetzt, ich sah nur noch den Knochen. Diese eine Hand nach oben gestreckt, fiel er rückwärts um.

Dem Zweijährigen, den die Tante in den Armen hielt, hatte es den Kopf abgerissen; ihr selber fehlten an der Hand, mit der sie den Kopf des Kindes gestützt hatte, drei Finger. Die Schwägerin und ihre jüngere Schwester mit Mann und zwei Kindern waren sofort tot gewesen, ohne noch einen Laut von sich zu geben. Wir hatten zwar neben der Tante gesessen, waren aber unverletzt. Der schwerverletzte Onkel sagte zu meiner Mutter: »Mit mir ist es aus. Dabei wollte ich, daß du es leichter hättest.«

Manche Handgranaten waren nicht losgegangen. Die so Überlebenden, und wer sonst nicht tot war, verließen den Berg. Auch wir stiegen durch dasselbe Tal, durch das wir gekommen waren, wieder hinab, als uns von unten herab Leute aus Aharen entgegenkamen: »Da unten warten die Feinde auf uns, um uns niederzumetzeln. Besser, wir sterben auch.« Also kehrten wir zurück auf den Berg.

Es lagen so viele Tote da, daß man eine andere Stelle daneben suchen mußte. Und von neuem begann das Sterben. Handgranaten hatte man keine mehr. Man erschlug die eigene Familie mit der Hacke oder der Axt. Ich zitterte am ganzen Leib. Eine junge Mutter setzte ihre vier kleinen Kinder in einer Reihe hin und tötete eines nach dem anderen mit einem Beil. Die Kinder warteten stumm, keines wehrte sich. Als die Frau sah, daß unser Onkel noch lebte, erschlug sie auch ihn. Eine Alte aus Aharen stieß ihrer Schwiegertochter eine zweischneidige Hacke in den Leib, daß das blutende Gedärm herausquoll.

Meine jüngere Schwester, weil sie auf keinen Fall sterben wollte, versuchte sich loszureißen; aber ich hielt sie fest und warf sie auf den Bauch und mich über sie, wobei wir beide uns hin und her bewegten. »Die lebt ja noch!« hörte ich eine Stimme und bekam einen Schlag auf den Kopf, daß es mir vor den Augen flimmerte und ich das Bewußtsein verlor. Es war der junge K. gewesen, offenbar ging er mit einer großen Baumwurzel umher.

Als ich wieder zu mir kam, war ich wie benommen. Rings um mich schrie es: »Töte mich doch!« Oder auch: »Bitte, laß mich leben!« Meine Mutter hatte wie ich Schläge mit einer Baumwurzel abbekommen. Aus einer klaffenden Wunde an ihrem Kopf lief das Blut. Einer der Schläge hatte meinen jüngeren Bruder getroffen; sein Gesicht war dick aufgeschwollen, Schaum stand ihm vor dem Mund, er lag in Ohnmacht. Hingegen war meine Schwester unverletzt.

Ich sah, daß sich Leute erhängt hatten. Daneben wimmerten Verwundete, die nicht sterben konnten. Ein amerikanischer Aufklärer erschien brummend am Himmel und kreiste über uns.

Ich sah auch mit eigenen Augen, wie Doktor I., der einzige Arzt im Dorf, seine ganze Familie auslöschte. Als die Handgranate nicht losging, fragte er: »Haben wir sonst keine Waffe?« Da reichte ihm sein zwölfjähriger Sohn ein Klappmesser. »Wollen wir also bei Mutter beginnen«, sagte der Arzt und öffnete seiner Frau die Halsschlagader. Sprudelnd schoß ihr Blut heraus, sie sank um. Nachdem er auf dieselbe Weise seine Kinder getötet hatte, klemmte er das Klappmesser in eine Baumgabel, zog sich an den Ästen hoch und schwang sich vorwärts gegen die Klinge, die ihm den Hals durchbohrte.

Die Wunde meiner Mutter blutete stark; sie band sich ein Tuch um den Kopf und preßte die Hand darauf, doch sobald sie sie losließ, lief wieder das Blut. Dann versuchte sie, meinen jüngeren Bruder zu sich zu bringen, indem sie ihm Erde vor die Nase hielt. Als das nichts half, schickte sie mich Wasser holen. Mit blutverklebtem Kopf stieg ich über die Toten hinweg, fand einen Krug und füllte ihn an einem nahen Bach. Auch das Bachwasser war rot von Blut. Wir gossen es über ihn. Nach einiger Zeit begann er tiefer zu atmen, doch kam noch viel Schaum aus seinem Mund. Ich grub an einem Baum die Wurzeln auf, nahm die feuchte Erde und legte sie meinem Bruder aufs Gesicht.

Inzwischen war es ringsum still geworden. Auf den Tod Verwundete bewegten sich mit wild verwirrten Haaren wie Gespenster. Die Abenddämmerung brach herein. Da wir hier nichts weiter tun konnten, stiegen wir mit einigen Leuten aus Aharen am Bach entlang bergab. Doch der Bach teilte sich in zwei Läufe, und wir nahmen die falsche Richtung. Schließlich waren wir unmittelbar über dem Strand. Die Amerikaner waren bereits gelandet, die Schiffsgeschütze feuerten noch. Gewehrkugeln schlugen bis in den Bach. Das Meer war voller Kriegsschiffe. Wir machten kehrt und versteckten uns im Wald hinter einem Felsen, meine Mutter, meine Schwester, mein Bruder und ich, dazu drei Frauen aus Aharen; ein Mann, der uns hätte helfen können, war nicht dabei. Ich hatte seit Anfang der Flucht meinen Ranzen mit den Schulheften auf dem Rücken; er hat mir später gute Dienste geleistet.

Sobald es völlig dunkel war, tasteten wir uns weiter bergab. Einmal wollte ich mich an einem Baum festhalten, da sah ich, daß es kein Baum, sondern ein Erhängter war. Mein Herz raste vor Schreck.

Den nächsten Tag über versteckten wir uns wieder hinter Felsen. Da hörten wir am gegenüberliegenden Hang Motorengeräusche. Es waren, wie wir durch die Bäume hindurch sehen konnten, etwa zehn weiß gekleidete Amerikaner mit ihren Krankenautos; sie holten diejenigen vom Berg, die den Massenselbstmord schwerverletzt überlebt hatten. Seltsam, daß sie das taten. Vor und hinter den Weißgekleideten gingen noch einige Soldaten in voller Ausrüstung. Sie alle wirkten sehr groß.

In der Nacht versuchten wir den Abstieg abermals, und wieder fanden wir nicht heraus. An einer Stelle staute sich der Bach, um dahinter als Wasserfall hinabzustürzen. Also zurück in unser Versteck. Plötzlich näherten sich Schritte. Wir erschraken. Doch dann war es ein Späher von unserer Heimwehr. Er suchte nach Überlebenden und erklärte uns, wie wir zu gehen hätten, um zu den anderen zu stoßen. »Was auch immer geschieht, seht zu, daß ihr am Leben bleibt!« ermunterte er uns mit freundlichen Worten.

Sowie wir uns einigermaßen gefaßt hatten – auch meinem jüngeren Bruder ging es inzwischen besser –, schlugen wir den bezeichneten Weg ein; er führte fort von dem Bach. Dabei mußten wir an einer amerikanischen Stellung vorbei, aber sie war nicht besetzt. Sie bestand aus zahllosen Einmannlöchern. Offenbar waren die Truppen bei der Landung bis hierher vorgedrungen. Später hörten wir, die Amerikaner zögen sich aus Furcht vor japanischen Gegenangriffen nachts immer auf ihre Schiffe zurück. In den Schützenlöchern fanden wir, von den Soldaten liegengelassen, allerlei Kekse, Käse und Konserven. Meine Mutter sagte: »Das Zeug ist vergiftet!« Eine Frau aus Aharen jedoch meinte, wir sollten es ruhig nehmen, und da wir seit Tagen kaum etwas in den Bauch bekommen hatten, aßen wir von den Keksen. Dazu tranken wir Wasser aus einem Bach, obwohl es, weil es vom Berg herunterkam, mit Blut vermischt war.

Das alles geschah am hellen Tag. Doch war ja weit und breit niemand zu sehen, und also glaubten wir uns sicher. Plötzlich hörten wir ein Auto und Stimmen, die englisch sprachen. Schnell krochen wir in ein Bambusdickicht. Wir hielten den Atem an. Fünf Minuten später näherten sich vom Berg her zwei bewaffnete amerikanische Soldaten. Sie entdeckten die Konservenbüchse, aus der wir Wasser getrunken hatten, dann die nassen Spuren unserer nackten Füße. Sorgfältig suchten sie ringsrum alles ab. Wir im Dickicht zitterten vor Furcht. Schließlich gaben sie es auf und gingen wieder davon.

Nach Einbruch der Dunkelheit nahmen wir den Marsch erneut auf. Unterwegs durchquerten wir ein Tal, als auf einmal hinter schwarzen Felsen hervor eine Taschenlampe aufblitzte. Wir stellten uns hinter die Bäume. Da rief eine Stimme: »Wer da? Seid ihr Leute von der Insel?« Erleichtert traten wir hervor. Es war Hauptmann Suzuki von der Nachrichtenkompanie, wir kannten ihn gut, ein freundlicher Mensch. »Freut mich, daß ihr euch gerettet habt«, sagte er, »heute nacht bleibt ihr hier und ruht euch aus.« Dann schlugen seine Männer ein Zelt auf, und in dem schliefen wir, während der Hauptmann, den Kopf auf das Schwert gestützt, neben uns saß. Andere hielten draußen Wache.

Sobald es im Osten hell wurde, brachten uns die Soldaten zum Sammelplatz. Es waren schon ungefähr vierzig Leute da. Sie alle waren froh, uns am Leben zu sehen. Kaum einer war unverletzt. Manche waren in das Feuer der Schiffsgeschütze oder der Mörser geraten. Es herrschte eine entsetzliche Hitze, die Verletzten stöhnten, allen lief der Schweiß, aus den Wunden kam ein ekliger Geruch. Ich mußte mir das Taschentuch vor die Nase halten.

Gegen Abend trennten wir uns, jeder zog zu seinem eigenen Unterstand ab. Wir erreichten nach einem zweistündigen Marsch den Unterstand von Verwandten, die auf dem Westberg Selbstmord begangen hatten. Er lag hinter ihrem Haus, das mit Tatami-Matten ausgestattet und überhaupt recht komfortabel war. Hier lebten wir bis in den Juni hinein.

Da meine Mutter noch immer mit ihrer Kopfwunde zu tun hatte, aus der ein gräßlich stinkender Eiter herauskam, mußte ich mich Tag für Tag allein aufmachen, um für die Familie etwas Eßbares heranzuschaffen. Ich fand Mohrrüben und Knoblauch, holte aus zerschossenen Reisscheunen die Reste, auch Süßkartoffeln waren wichtig für die Ernährung. Ich gab acht, daß ich nicht gesehen wurde, und doch, als ich einmal mit einem Wasserkrug zurückkam, feuerten vom Fluß her die Amerikaner auf mich; ich lief gebückt weiter, aber um ein Haar hätte es mich erwischt. Schließlich wurden alle Nahrungsmittel so knapp, daß selbst die japanischen Soldaten um Essen betteln kamen. Inzwischen wurden die Verletzten wöchentlich einmal von einem Sanitätstrupp behandelt; so heilte allmählich auch die Kopfwunde meiner Mutter.

Eines Mittags erschien der Gefreite Takahashi bei uns. Er war ein guter Bekannter, und da mein eigener Vater tot war, liebte ich ihn wie einen Vater. Manchmal hatte er für mich Gedichte gemacht oder hatte mir bei schwierigen Rechenaufgaben geholfen. Jetzt brachte er uns einen Sack Trockenbrot. »Das wird wohl das letzte sein, teilt es euch ein!« Und dann sagte er noch: »Ich gehe heute auf Spähtrupp. Haltet ihr nur aus, Japan wird auf jeden Fall siegen. Ihr dürft nicht sterben.«

Vier Stunden später wurde er, als er auskundschaften wollte, was aus den japanischen Militärbaracken geworden war, unerwartet von Amerikanern angegriffen und erschossen. Sein Körper war von sechs Kugeln durchlöchert. Kameraden von ihm trugen ihn an unserem Haus vorbei. Ich stand dabei, und mir liefen die Tränen übers Gesicht.

Ein anderer Bekannter war der Lehrer O. In der ersten Zeit, nachdem er von Okinawa herüber auf unsere Insel versetzt worden war, hatte er bei uns gewohnt. Er wurde zur Heimwehr einberufen, als seine Frau im neunten Monat schwanger war. Eines Tages, das Kind, das fünfte, war inzwischen da, kam er zurück, um sich um seine Familie zu kümmern, die seither im Unterstand lebte. Sie hatten keine Verwandten auf der Insel, und er konnte sich nicht entschließen, wieder zu seiner Einheit zu gehen. Einige Tage später kamen japanische Soldaten und fragten ihn: »Was ist dir wichtiger, der Kaiser oder deine Frau?« Mit Gewalt schleppten sie ihn fort. Seine Familie erhielt keine Erlaubnis, ihn zu sehen. Erst lange danach erfuhr sie, daß man ihn hingerichtet hatte.

Da es immer gefährlicher für uns wurde, wechselten wir in einen dritten Unterschlupf, der einem Freund meines Vaters gehörte. Dort lag etwas Reis, Rohzucker und getrockneter Bonito-Fisch, so daß wir für eine Weile zu essen hatten. Hiernach tauschten wir einige Kimonos gegen Reis ein. Schließlich lebten wir von einem Brei, den wir uns aus Sago zubereiteten.

Da wir kein Salz hatten, holte ich Wasser aus dem Meer. Dabei passierte es, daß mich, als ich meine beiden Zweiliterflaschen hineintauchte, eines der vielen amerikanischen Schiffe bemerkte und auf mich zugesteuert kam. Erschrocken nahm ich die halb gefüllten Flaschen und versteckte mich hinter einem Felsen am Strand. Ich hatte noch Glück; mancher ist beim Wasserholen erschossen worden.

Anfang August forderten die Amerikaner die Zivilbevölkerung auf, aus ihren Verstecken herauszukommen; der Krieg sci beendet. Die Dorfbewohner stiegen in Gruppen hinab und wurden gefangengenommen. Als auch wir überlegten, ob wir losgehen sollten, kamen japanische Soldaten und erklärten: »Wer sich ergeben will, wird als Spion erschossen!« So blieben, aus Angst vor den eigenen Truppen, acht Familien zurück. Ständig patrouillierten Soldaten vor unseren Häusern, um uns zu überwachen.

Eines Abends hörten wir zwei Schüsse, dann ein Knacken im

Wald, wie wenn jemand flüchtete. Später erfuhren wir, drei alte Männer aus dem Dorf, die sich bereits den Amerikanern ergeben hatten, waren zurückgekommen, um einiges Gepäck zu holen. »Unten in den Dörfern«, hatten sie gesagt, »haben sich alle gefangennehmen lassen. Kommt ihr doch auch! Die Amerikaner tun einem nichts, und hier habt ihr nichts zu essen.« Von den drei Männern war nur einer zurück zu den Amerikanern gelangt; die beiden anderen wurden von japanischen Soldaten erschossen.

Erst lange nach Kriegsschluß, es war schon Oktober, verließen auch wir den Berg. Die letzten japanischen Soldaten gingen mit uns. Das Hauptquartier habe bekanntgegeben, wir hätten den Krieg verloren.

Unten erwarteten uns die Amerikaner und besprühten uns von Kopf bis Fuß mit DDT. Das fand auf dem Platz statt, auf dem einst unser Haus gestanden hatte. Danach wurden Kleider an uns verteilt.

Da wir weder Töpfe noch Pfannen hatten, nahmen wir große leere Konservendosen, schnitten den oberen Teil ab und banden aus Draht Henkel daran. Die Kinder gingen in Gruppen zu viert oder fünft zu den amerikanischen Soldaten und putzten für sie Schuhe, wofür sie Nahrungsmittel erhielten. Schließlich wurden große Zelte errichtet, eines als provisorische Schule, das andere als Zentrale zur Verteilung der Rationen, und wir durften zu unseren Grundstücken zurückkehren.

Diejenigen, die vor uns vom Berg heruntergekommen waren, hatten sich bereits notdürftige Baracken hingestellt. Wir jedoch besaßen nichts außer dem, was wir auf dem Leib trugen. So bekamen wir von den Amerikanern ein Zelt und begannen darin zu hausen.

Noch zu dem Schicksal des Lehrers O.: Als wir erfuhren, wo man ihn verscharrt haben sollte, gingen wir, meine Mutter, seine Frau und ich, und gruben den Toten aus. Doch wir fanden den Kopf nicht. Nach einigem Suchen entdeckten wir ihn ein Stück davon entfernt. Dem Wind und Wetter ausgesetzt, war es nur noch der blanke Totenschädel. Um den Halsknochen hing eine dicke Drahtschlinge. So hatte ihn die japanische Armee hingerichtet.

Fumiko Nakane
(geboren 1928)

Auch sie waren unsere Feinde

Als wir hörten, daß die Amerikaner landeten, glaubten wir, sie würden vom Ostchinesischen Meer her kommen, und flüchteten auf die pazifische Seite; doch eben hier erfolgte dann tatsächlich die Landung. Statt vor ihm zu fliehen, waren wir dem Feind entgegengelaufen.

Ich war mit meiner Mutter als Zivilistin in den Bunker gekommen, doch dann wurde ich als Helferin zu den Feldschwestern eingezogen und von meiner Mutter getrennt. Ich war damals sechzehn, die jüngste unter den achtzehn Schwestern in unserer Gruppe. Mit meinen knapp hundertfünfzig Zentimetern Größe steckte ich in einer plumpen Uniform mit derben Schuhen, hatte einen mächtigen Stahlhelm auf dem Kopf, auf diesem noch Laub zur Tarnung, und so schleppte ich Tretminen an die Front. Die Minen waren schwer, immerzu gab es Fliegerangriffe; ich stolperte, fiel wieder und wieder hin, und die anderen Schwestern halfen mir auf. Ich litt, ich hatte Heimweh, weinend rief ich nach meiner Mutter. Aber da wurde ich angeschrien: »Was soll denn das?!« Manchmal wollten sie mich damit anspornen, daß sie sagten: »Wenn du stirbst, kommst du in den Yasukuni-Schrein.« Das war damals das Höchste, was sich ein Patriot ersehnen konnte.

Ich sah die Menschen grausam sterben; nie habe ich gesehen, daß sie ins Leben zurückgekehrt wären. Unterwegs, als wir in das Feldlazarett Kanegusuku gingen, behandelten wir Verwundete von der Heimwehr; auch wenn man dachte, es wären nur kleine Verletzungen, wimmelten sie doch zwei, drei Stunden später schon von Maden. Ein Schwerverwundeter wünschte sich unmittelbar vor seinem Tod: »Jetzt möchte ich Tomaten essen.« Unter dem feindlichen Feuer lief ich nachts auf die einige Meilen entfernten Felder, und als ich dort Tomaten pflücken wollte, hatte ich plötzlich das Gefühl, ich hätte etwas Seltsames berührt. Vorsichtig sah ich mich im Dunkeln um. Vor mir lagen mehrere schon verweste Tote. Die Tomaten, die über ihnen hingen, waren so prächtig, wie man es auf diesem wüsten Schlachtfeld nie erwartet hätte.

Meine ältere Schwester flüchtete mit ihren beiden kleinen Kindern und ihrer Schwiegermutter. Als sie sich, um abzuwarten, daß das Feuer aus den Schiffsgeschützen aufhörte, unter einen Baum setzte und ihrem Jüngsten die Brust gab, wurde sie getroffen. Wie ihre Schwiegermutter später erzählte, habe das Kind plötzlich geschrien und sie, die Schwiegermutter, sich nach ihnen umgewandt; da sei das Kind über und über mit Blut beschmiert und der Kopf meiner Schwester wie weggeblasen gewesen. Man habe nur ihren Rumpf begraben können. Manchmal wurden in den riesigen Kratern, die die Geschoßeinschläge hinterließen, Hunderte von Toten übereinanderliegend beigesetzt, und wenn wieder eine Granate darauf niederging, schleuderte sie die zerfetzten Leichen weit in der Gegend umher. Im Juni gab es nirgends mehr ein Fleckchen, um die Toten unter die Erde zu bringen.

Als wir im Feldlazarett Kanegusuku ankamen, ließ man uns nicht hinein, weil wir keine richtigen Krankenschwestern seien, so daß wir uns in einen Zivilistenbunker in der Nähe begaben. Dort durften wir selbst den eigenen Soldaten nicht trauen, weshalb wir uns, um uns zu schützen, in einem Kreis schlafen legten. Um den 15. Juni, so hieß es, sollten aus dem japanischen Mutterland Truppen zur Verstärkung eintreffen. Wir kochten für ihren Empfang Reis mit roten Bohnen, doch sie kamen nicht. Inzwischen war es in Kanegusuku so gefährlich geworden, daß wir wegmußten. Wir wollten uns nach Mabuni absetzen. Unterwegs sahen wir, wie Kranke und Schwache, die nicht mehr laufen konnten, Spritzen erhielten. Wir dachten, das sei, um sie wieder auf die Beine zu bringen. Doch einer wimmerte und bat: »Laßt mich auf natürliche Weise sterben!« Da erst begriffen wir, daß es Gift war. Ich hoffte nur, ich würde nie verwundet werden.

Schließlich war es auch in Mabuni gefährlich, und wir mußten uns in das Dorf Maezato zurückziehen. Dabei sagte der Kompaniechef Yasutake zu mir: »Du bist die Jüngste, sieh zu, daß du am Leben bleibst!« Und er vertraute mir zwei Kisten an, die wichtige Dokumente und je eine Flasche Kerosin enthielten. Dann gingen er und die anderen an die Front. Zurück blieben zwei verwundete Soldaten und vier von uns Schwestern. Zuletzt, nachdem meine drei Mitschwestern zu ihren Angehörigen abgerückt waren, war ich ganz allein. Der Feind stand inzwischen unmittelbar vor uns. Also schüttete ich das Kerosin über die Dokumente und verbrannte sie. Hierauf suchte ich meine Mutter und floh mit ihr in einen Unterstand in Maezato.

Dort wurden wir von einem amerikanischen Spähtrupp entdeckt. Sie pfiffen und gaben uns Zeichen mit der Hand. Aus verletztem Stolz wollte ich die Pistole ziehen, doch meine Mutter hielt mich zurück und sagte: »Du bist nicht allein, es sind auch alte Leute hier.« Dann wurden wir als Gefangene abgeführt.

Man hatte gesagt, die Amerikaner mit ihren blauen Augen seien nachtblind. Deshalb versuchten wir einen nächtlichen Ausbruch. Aber sofort waren wir umzingelt. Die Männer, die mit uns hatten flüchten wollen, wurden fast alle erschossen.

Dem Regen ausgesetzt, verbrachten wir drei Tage hinter Stacheldraht. Das Essen, das man uns gab, rührten wir nicht an; wir fürchteten, es wäre vergiftet. Auf Lkws brachte man uns hinunter nach Itoman, wo wir auf ein Schiff verladen wurden. Wir dachten, das ist das Ende, und schnitten die Schnüre von unseren Mompe-Hosen ab, um uns damit an Händen und Füßen aneinanderzubinden, damit wir, meine Mutter und ich, nicht getrennt würden. Doch setzte man uns an der Chatan-Küste an Land. Dort gab es große Gruben; die sahen wir voller Angst und meinten: Hier wird man uns begraben. Aber wieder wurden wir zusammengekettet und zu je fünfzig auf Lkws getrieben; an einem US-Stützpunkt vorbei fuhr man uns in das Gefangenenlager Kamara in Mittel-Okinawa. Selbst dort noch hatten wir lange mit der Unsicherheit zu kämpfen, was sie uns wohl antun würden.

Während der Schlacht um Okinawa gab es nicht nur mit dem Gegner, sondern auch unter den eigenen Leuten häßliche Zusammenstöße. Im Kampf um schützende Unterstände jagten unsere Soldaten die Zivilisten hinaus, und diese, nun ohne jede Zuflucht, gerieten in das Feuer des Gegners und starben vor ihren Augen. Es kam auch vor, daß Zivilisten, die den Unterstand nicht räumen wollten, mit dem Schwert niedergeschlagen wurden. Einmal während der zwanzig Tage im Lager ging ich nach Maezato Gemüse holen. Da erlebte ich, wie man eine von der Insel Makoto herüberverschlagene Sechzehnjährige an einen Baum fesselte und zu Tode prügelte. Man hielt sie für eine Spionin. Wenn sie das Bewußtsein verlor, bekam sie Wasser übergegossen. Doch schließlich atmete sie nicht mehr. Sie soll ein amerikanisches Flugblatt bei sich gehabt haben: »Wie auch immer, Japan verliert den Krieg. Ergebt euch!«

Ich als einzige unter den achtzehn Schwestern in unserer Einheit überlebte. Eine Jugend haben wir nicht gehabt. Die Regierung sagt, die im Krieg Gefallenen seien in den Yasukuni-Schrein gekommen, aber uns Überlebenden gegenüber hat man kein Wort des Dankes für das, was wir durchgestanden haben.

Matsushi Shimabukuro
(geboren 1912)

In den Trümmern der alten Königsstadt

Ich wohnte in einem Dorf bei Nago. Ringsum hatten wir die Berge, ganz hinten im Tal einen Wasserfall, nach Westen zu den Ausblick auf die Nago-Bucht. Ich bebaute ein paar kleine Terrassenfelder, im übrigen ging ich in die Berge und brannte Holzkohle.

Mit dreiundzwanzig wurde ich zur 6. Division nach Kumamoto auf Kyūshū einberufen; drei lange Jahre sah ich die Heimat nicht wieder.

1938 wurde meine Einheit an die chinesische Front verlegt. Wir rückten bei Nacht aus, und nachdem wir in China an Land gegangen waren, warteten wir in leerstehenden Häusern den Morgen ab. Darauf marschierten wir ohne jede Rast nach Nordchina. Man hat dort das Gefühl einer unendlichen Weite, so dehnt sich das Land bis an den Horizont. Wir hatten schweres Gepäck und volle Ausrüstung. Schweißtriefend und stumm marschierten wir dahin, vorbei an riesigen Weizenfeldern; die Bewohner, schien es, waren von der japanischen Armee in bestimmten Gebieten zusammengezogen worden. Chinesische Mädchen zu dritt oder zu fünft standen beieinander und riefen uns an mit kokettierenden Blicken; natürlich wollten sie es nicht umsonst machen. Als wir endlich in Nordchina ankamen, hatten die dort für uns gar nichts mehr zu tun. Das Ende des zweiwöchigen Marsches war, daß wir wieder umkehrten. Immerhin, und trotz der Strapazen, die mir das ungewohnte Marschieren bereitete, war ich jederzeit entschlossen, im Feindesland zu kämpfen und zu sterben.

Unterwegs hatten wir Kameraden einander oft damit angefeuert, daß wir sagten: Nur weil es den Kaiser gibt, existieren wir; also ist es die höchste Ehre, für den Kaiser zu sterben. Und immer wieder hieß es in den Schulungsstunden: »Wenn ihr eindringt auf die Feinde, habt ihr auf keinen Fall lebendig zurückzukehren! Ihr seid hierhergekommen, um zu sterben; mithin ist es unsinnig, die Schlacht zu fürchten.« Mir war die militärische Erziehung förmlich eingeprügelt worden.

Später wurde ich aus der Armee entlassen, kehrte in mein geliebtes Dorf zurück und ging wie zuvor meiner Arbeit in den Bergen nach. Dann brach der Pazifische Krieg aus, die Lage verschärfte sich, von Tag zu Tag wuchs bei den Leuten die Unsicherheit. 1942 wurde ich mit einer Gruppe aus dem Dorf für einen Monat zum Flughafenbau auf der Insel Iejima verpflichtet. Die Insel war damals nicht so flach wie heute, sie hatte eine ganze Reihe Hügel. Unsere Aufgabe bestand darin, diese mit Dynamit wegzusprengen. Wenn gezündet wurde, warfen wir uns in einen Graben; aber einmal wurde dabei ein Zwanzigjähriger aus Yomitan von einem herumfliegenden Stein am Kopf getroffen und starb. Die Schutzmaßnahmen waren zu dürftig; auch hatten wir kein Wasser, sondern mußten es, zusätzlich zu der schweren Arbeit, aus dem Brunnen eines entfernten Dorfes heranschleppen.

Als gemeldet wurde, Saipan sei gefallen, sagten wir uns, nun wird Okinawa an der Reihe sein. Die militärischen Vorbereitungen wurden beschleunigt, die Zivilbevölkerung angetrieben, überall Unterstände zu bauen. Mich holte man wieder zur Armee, ich kam zu einer Abwehreinheit nach Shuri, der alten Königsstadt.

Am 1. April 1945 landeten die amerikanischen Truppen auf Okinawa mit riesigen Mengen an Material und drängten nach Süden in Richtung Shuri. Dicht wie ein Regen schlugen die Salven aus den Schiffsgeschützen bei uns ein. Dazu die Luftangriffe Tag für Tag, bei denen sie eine unermeßliche Zahl von Bomben abluden. Die Erde wurde regelrecht umgepflügt.

Shuri, wo die Hauptmasse der japanischen Truppen lag, wurde konzentrisch angegriffen. Auf den Hügeln zwischen dem Hafen Maki und Shuri hatten die Japaner mehrfach gestaffelte Verteidigungsstellungen angelegt und kämpften bis zum letzten. Die Amerikaner brachten bei Maki immer neue Truppen an Land, und mehrmals wogte die Schlacht hin und her.

Ich hatte im Tonton-Bunker in Shuri Rekruten und Heimwehrmänner zugeteilt bekommen. Gewehre hatten sie keine, nur Bambusspeere; sie mußten einem leid tun. Die Granatwerfer, über die wir verfügten, erzielten zwar eine gewisse Wirkung; doch was bedeuteten sie angesichts der amerikanischen Überlegenheit an Material? Die Jungen, mit Gesichtern noch wie die Kinder, fielen zumeist in vorderster Linie. Unten in Urasoe schickte man sie mit Tretminen auf dem Rücken vor die amerikanischen Panzer.

Die Verluste in dieser Gegend waren auf beiden Seiten groß; es ist keine Übertreibung, wenn man sagt, die Erde war getränkt mit dem vergossenen Blut. Durch jene entsetzlichen Nahkampfmethoden der Japaner geriet der amerikanische Angriff ins Stocken. Die Schlacht um Shuri hielt zwei Monate lang an. Dazu kam die Regenzeit, es schüttete Tag für Tag, und immer wieder wurden unsere Bunkereingänge von Erdrutschen zugedeckt. Von den langen Kämpfen waren unsere Uniformen zerrissen, unsere Gesichter eingefallen und stoppelbärtig. Dann erhielten wir den Befehl zum Rückzug.

Das war nicht leicht. Die Geschosse der Schiffsartillerie heulten heran. Wir wußten, daß zwischen den Einschlägen immer ein Abstand von etwa zehn Metern war, und so kamen wir durch. Es muß am 5. oder 6. Juni gewesen sein. Als wir aus unserer Schlucht heraus waren und uns umsahen, erschraken wir. Die Hügelkette zur Küste hin, die vorher von hohen Bäumen bedeckt gewesen war, hatte sich in eine Wüste verwandelt; kein Strauch stand mehr. Und Shuri selbst mit seinen Bauwerken aus der Geschichte Okinawas lag völlig unkenntlich in Schutt und Asche. Von den Toten, die zum Teil schwarz verkohlt waren, schwebte ein Leichengeruch über dem allen. Zusammen mit einem Kameraden schlich ich mich am zusammengebrochenen Steintor des Schlosses vorbei. In dieser Gegend wimmelte es bereits von Amerikanern. Wir versteckten uns in einem nahen Hirsefeld und krochen auf dem Bauch in Richtung auf das große Grab im Shikina-Park. Da sich aber dabei die Halme um uns bewegten, wurden wir vom Schloß her von Amerikanern beschossen. Zum Glück trafen sie nicht.

Schließlich kamen wir an der Ichinichi-Brücke heraus. Daneben war ein Uniformdepot der Armee gewesen. Es war zerstört, die Uniformen lagen in der Gegend herum, und rasch zogen wir unsere alten aus und neue an. Nach einer Weile trafen wir auf drei Bauernhäuser, die stehengeblieben waren. In den Bäumen dahinter bewegte sich etwas, und eine Frau kam heraus. Sowie sie uns sah, machte sie kehrt. Offenbar hatten sie zwischen den Bäumen ihren Unterstand. Ich rief im Okinawa-Dialekt: »Wir sind Landsleute, habt keine Angst!« Sie hatte uns wohl für Japaner gehalten, denn jetzt trat sie auf uns zu und erklärte: »Die japanischen Soldaten sind böse, sie stehlen uns das ganze Essen.«

Nachdem sie wußte, daß wir aus Okinawa stammten, grub sie Süßkartoffeln aus, dämpfte sie und brachte uns einen ganzen Korb voll davon: »Na, dann laßt es euch schmecken!« Wir hatten Hunger, wir aßen uns die Bäuche voll, und was übrigblieb, steckten wir uns in die Taschen. Bevor wir mit einem Dankeschön gingen, suchte ich mir noch Schweineschmalz und Salz in einem der verlassenen Häuser und strich mir damit die Wunde ein, die ich mir beim Abzug aus dem Bunker an der Hüfte geholt hatte.

Auch danach hatten wir, um durchzukommen, streckenweise auf dem Bauch zu kriechen. Als wir dann in unseren Taschen nach den Kartoffeln suchten, klebten sie zerquetscht in den Hosen und ließen sich – wir haben darüber weinen und lachen müssen – einfach nicht herausklauben.

Auf unserem Weg weiter in den Süddistrikt hinein erreichten wir das Dorf Miyagi. Dort gab es einen großen Brunnen, und wir ruhten uns aus und tranken. Mein Kamerad war ein zweiundzwanzigjähriger Rekrut aus Yomitan. Er hatte eine tiefe Fleischwunde in der Brust. Eben diskutierten wir darüber, was wir machen sollten, da kam ein Soldat ebenfalls aus Yomitan vorbei, und er ging mit ihm. Ich schloß mich später zwei anderen an; zufällig stammte einer von ihnen aus meinem Heimatdorf.

Zuletzt verschlug es uns bis nach Mabuni, wo wir uns an der Küste versteckten. Wir waren den Amerikanern so nahe, daß wir hören konnten, wie sie sich miteinander unterhielten. Uns riefen sie zu: »Kommt heraus! Es wird euch nichts passieren!« Wenn aber einer von uns hinauf auf die Hügel kletterte, wurde er von japanischen Soldaten erschossen.

Ende Juni erfuhren wir, daß unser Kommandeur, Generalleutnant Ushijima, Selbstmord begangen hatte. Gemeinsam rannten wir los und auf die Hügel hinauf, um uns zu ergeben. Dort standen einige amerikanische Soldaten in Reihe. Von unserem plötzlichen Auftauchen waren sie so überrascht, daß sie ihrerseits die Hände hoben. Wir wollten uns ergeben, und sie hoben die Hände – wenn das nicht zum Lachen war! Gleich darauf jedoch richteten sie ihre Gewehre auf uns und begannen mit der Leibesvisitation, jeweils drei Mann an einem von uns. Wir wurden ins Kriegsgefangenenlager Yaka gebracht, wo sich schon viele Japaner befanden. Dort blieben wir fünf, sechs Tage, dann ging es mit dem Schiff in Richtung Hawaii. Unterwegs vor der Insel Tinian ankerten wir eine Nacht auf der Reede, weil es hieß, es seien japanische U-Boote in der Nähe.

In dem Gefangenenlager auf Hawaii verbrachten wir Weihnachten und Neujahr. Wir wurden gut behandelt, bekamen an den Feiertagen jeder eine Portion Truthahn, und während des Jahres, das ich dort war, hat es mir nie an Zigaretten gefehlt. Auch meine Wunde wurde sorgfältig untersucht und behandelt, so daß sie rasch heilte.

Im Krieg hatte man uns erzählt, die amerikanischen Soldaten wären grausame Teufel; zu uns sind sie in Hawaii sehr freundlich gewesen. Ja, ich hatte den Eindruck, am Ende wären die Amerikaner großzügiger in ihrer Art als die Japaner. Von Hawaii-Japanern bekamen wir auch Radios geschenkt. So erfuhren wir vom Kriegsende und hörten die Stimme des Kaisers, und alle ließen sie die Köpfe hängen. Später berichteten sie im Radio, wie viele in den verschiedenen Orten auf Okinawa überlebt hatten, sogar von Nago berichteten sie.

Als ich endlich in meine Heimat zurückkam, traf ich meine Frau bei guter Gesundheit an, und mein Ältester war inzwischen schon drei geworden.

Mitsuko Matayoshi
(geboren 1921)

Ich hatte schon alles aufgegeben

Als wir benachrichtigt wurden, daß der Gegner gelandet sei und wir das Haus verlassen sollten, flüchteten wir in den Tonton-Bunker in Shuri, unsere Mutter, ihr dreizehnjähriger Bruder und ich mit meinem einjährigen Kind. Es waren dreihundert Leute in dem Bunker; weil ihn aber die japanische Armee für sich brauchte, wurde uns gesagt, wir sollten woanders hingehen. Daraufhin verteilte sich die Menge. Wir vier, mein Mann war eingezogen und seit einiger Zeit vermißt, gingen in die alte Grabanlage von Aragusuku. Als dort der Bruder unserer Mutter am Brunnen Wasser holen wollte und nicht gleich wiederkam, lief ich hinaus; da lag er, von einer explodierten Bombe getroffen, tot am Boden. Ich bedeckte sein Gesicht mit einem Korb, den ich daneben fand, und rannte schnell zurück in unseren Unterschlupf. Doch hielten die Luftangriffe weiter an, und wir machten uns auf den Weg nach Yoza.

Unterwegs trafen wir einen Soldaten, dem Akzent nach ein Japaner von der Hauptinsel. Ihn hatte es in Shuri auf dem Benga-Hügel am Bein getroffen, und er war von dort aus auf den Knien gerutscht. Dabei hatte er von liegengelassenen Resten von Zuckerrohr und von verfaulten Kartoffelschalen gelebt. In die Wunde hatte er einen alten Lappen gestopft; sie wimmelte von Maden. Er tat uns leid, und wir teilten unser Essen mit ihm; wofür er sich wieder und wieder bedankte.

Es regnete, ich hatte das Kleine auf dem Rücken, und oftmals, wenn ich den Fuß aus dem Schlamm ziehen wollte, fiel ich um; doch niemand half mir auf. Meine Schuhe hatte ich dabei verloren, meine Füße wurden von Steinen rissig, und ich wankte dahin, indem ich den Schmerz verbiß.

Im Unterstand in Yoza blieben wir etwa zehn Tage. Meine Brust gab keine Milch mehr her, das Kind war wegen der Unterernährung schon halb tot. Da hieß es, der Feind komme näher, und die Soldaten erklärten, sie würden uns nur dann mitnehmen, wenn ich das Kind, das eine Last sei, zurückließe. Ich brachte es nicht fertig, mein Kind dem sicheren Tod auszusetzen, und so blieben wir drei allein. Tatsächlich waren die Amerikaner bald darauf dicht vor uns. Jetzt, weil es ums nackte Leben ging, dachte ich nicht mehr daran, daß es eine Sünde ist; ich stellte eine Tasche und Wasser neben das Kind, und Hals über Kopf rannten wir unseren Soldaten hinterher.

Wir wollten in den Unterstand an den damals noch nicht erforschten Gyokusendō-Höhlen; ein Glück, daß wir nicht bis dorthin kamen. Dort hatte es von dem schweren Regen ein Hochwasser gegeben, und die Menschen wurden bis hinunter nach Minatogawa ins Meer geschwemmt. Viele sind dabei ertrunken.

Dafür fanden wir im Dorf Yoza einen Unterstand hinter einem Haus. In ihm waren auch Soldaten von unserer Seite, mit denen wir Kriegslieder sangen. Plötzlich, mit einem Krachen, brach der Unterstand zusammen. Ich wurde ohnmächtig. Als ich wieder zu mir kam, waren die Leute im hinteren Teil völlig unter der Erde begraben, nur ihre Arme ragten in die Luft. Mit Mühe krochen wir heraus und wechselten in einen benachbarten Unterstand.

Am Abend wollte ich von einem Brunnen in Aragusuku Wasser holen. Dort schossen Soldaten mit einem Maschinengewehr auf ein amerikanisches Aufklärungsflugzeug, das daraufhin verschwand; aber gleich danach wurden wir unter Beschuß genommen, und drei der Soldaten brachen tot zusammen. Vor lauter Angst dachte ich nicht mehr an das Wasser und rannte zurück.

Einmal verlor ein Soldat in unserem Unterstand die Nerven. Nackt lief er hinaus und schrie: »Der Krieg ist aus! Der Krieg ist aus!« Da kamen Granatwerfergeschosse geflogen und schlugen vor uns ein. Das Stroh, mit dem der Unterstand ausgelegt war, geriet in Brand, und wir retteten uns, Wolldecken über dem Kopf, im letzten Augenblick noch ins Freie. Später fanden wir jenen nackten Soldaten verkohlt in der Asche.

Wir hatten nun keinen Unterschlupf mehr und flohen in ein schilfgedecktes Haus in den Feldern, in dem viele verwundete Soldaten lagen. Plötzlich fiel eine Bombe durchs Dach. Mir wurde schwarz vor Augen. Jetzt stirbst du, dachte ich, hatte aber keine erhebliche Verletzung abbekommen. Als ich dann um mich sah, waren die verwundeten Soldaten alle tot; es hatte sie zerrissen, hatte die Fetzen ihrer Leiber gegen die Wände und auf die Bäume vorm Haus geschleudert. Vor Grausen liefen wir davon, wir wußten nicht, wohin.

Es war Nacht. Im Licht der Leuchtkugeln sahen wir, wie japanische Soldaten mit Minen in der Hand den Gegner angriffen. Rings um uns detonierten schwere Geschosse. Als die Unseren sich hinunter nach Makabe zurückzogen, nahmen sie uns mit. Meine aufgesprungenen Füße schmerzten, sie eiterten und waren geschwollen; auf einen Stock gestützt, humpelte ich auf den Zehenspitzen. Verwundete Offiziere trug man auf Bahren zurück; um die einfachen Soldaten, die um Hilfe schrien, kümmerte sich keiner, sie blieben liegen.

Schließlich erreichten wir das Kap Kiyan an der äußersten Südwestspitze. Beim Hinuntersteigen an den Strand trat ich auf etwas Klebrig-Weiches; ich sah genauer hin, da war es eine schwarz verweste, aufgedunsene Leiche. Aber mir graute schon nicht mehr. Ich dachte nur, es sind so viele umgekommen, und stieg darüber hinweg. Hinter Klippen fanden wir eine Art Unterstand. Die Amerikaner riefen uns über Lautsprecher zu, wir sollten uns ergeben, den Zivilisten würde nichts geschehen. Dabei fuhren sie ihre Panzer auf. Weil kein anderer Ausweg mehr war, sprangen die guten Schwimmer ins Meer, um die nächste Insel zu erreichen. Wir zwanzig übrigen nahmen unseren Mut zusammen und ließen uns gefangennehmen.

Vor unserer Gefangennahme beschmierten wir unsere Gesichter mit Ruß und zerrauften uns die Haare, damit wir recht häßlich wären. Auch japanische Soldaten beschworen uns, wir sollten ja auf uns achtgeben. Nachdem wir uns solange versteckt hatten, traten wir von der Sonne geblendet ins Freie. Dort standen an ihren Panzern weiße und schwarze Amerikaner, und zuerst fürchteten wir uns sehr. Wir mußten die Hände heben und uns in einer Reihe aufstellen. Dann wurden unsere Bündel und Taschen durchsucht, ob sie etwas Gefährliches enthielten. Anschließend schoben sie uns auf einen Lastwagen. Sie boten uns Zigaretten und Kekse an, nahmen auch selber davon, um uns zu beweisen, daß sie nicht vergiftet wären; aber vor lauter Angst sagten wir, wir hätten keinen Appetit. Das Lager, in das sie uns fuhren, befand sich in Gushikami. Wir trafen eine Menge bekannter Gesichter.

Einer unter uns war ein Gefängniswärter mit seiner Familie. Seine vierzehnjährige Tochter hatte wegen einer Oberschenkelverletzung irgendwann nicht mehr weiterlaufen können. Er werde, hatte der Vater gesagt, erst die anderen fünf Kinder in Sicherheit bringen und sie dann holen; sie solle solange mit der Großmutter warten. Aber das hatte sie nicht gewollt, sondern ihn angefleht, sie gleich mitzunehmen. Als er dennoch ohne sie ging, hatte sie ihn mit häßlichen Worten überschüttet. Bei dieser Geschichte überkam mich ein großes Mitleid. Ich stellte mir vor, wie das Mädchen hilflos dasaß und neben ihr die schwerhörige Großmutter. Am nächsten Tag im Lager fragte ich den Gefängniswärter, ob er die beiden abgeholt habe. Darauf antwortete er: »Die Amerikaner sagen, das ist zu gefährlich.« In seiner Sorge um das Kind könne er nur hoffen, sie seien inzwischen in einem anderen Lager.

Später brachte man uns mit einem Schiff nach Yambaru, wo viele an Malaria und Unterernährung starben. In diesem Lager arbeitete ich ein Jahr als Pflegerin auf der Waisenstation – im Gedenken auch an mein eigenes Kind.

Eines Abends bat mich das kleinste unter den Kindern weinend, ich solle doch neben ihm schlafen. Da legte ich mich zu ihm und nahm es in den Arm. Eine Weile später war es tot. Am nächsten Tag hoben wir am Fuß des Berges eine Grube aus und legten das tote Kind hinein. Sein älterer Bruder, er war sechs, warf drei Handvoll Erde auf die kleine Leiche; dann schaufelten wir das Grab zu. Wir hatten viele Todesfälle auf der Station, aber immer brachte man uns wieder Kinder, die in den Kämpfen ihre Eltern verloren hatten.

Bei allen Frauen, von denen ich hörte, war die Monatsregel ausgeblieben; das mochte auch seelische Gründe haben. Nachdem wir aber unsere Rationen von den Amerikanern erhielten, hat sich das wieder normalisiert.

Teru Matsue
(geboren 1923)

Dann war ich allein mit den Kindern

Im Krieg war mein Mann mit einem Entwicklungsprojekt befaßt, für das man über tausend Leute eingestellt hatte. Das Hauptbüro befand sich in Matsuda, zwei andere in Kin und Nago. Als sich die Kämpfe Okinawa näherten, baute man in Matsuda für die aus Naha Evakuierten zahlreiche kleine Hütten, und wir legten einen Vorrat an Lebensmitteln an. Diese kamen ebenfalls aus Naha, teils mit Pferdewagen, aber die brauchten vier Tage für die Strecke, teils mit Yambaru-Booten, und um sie in Empfang zu nehmen und zu verteilen, ging ich für einige Zeit nach Nago.

Dort gebar ich am 10. August 1944 unseren ersten Sohn. Nach Matsuda zurückgekehrt, feierten wir einen Monat später das hier übliche Mansan-Gratulationsfest. Und um denen zu danken, die mir in Nago beigestanden hatten, bereitete ich mit meiner Schwester ein weiteres Festmahl vor, ließ die fertigen Speisen verpacken und fuhr am 9. Oktober mit dem Pferdewagen nach Nago. Am 10., bei Tagesanbruch, erwachte ich mit großem Durst. Als ich mir Tee aufgießen wollte, heulten die Sirenen. Ich holte mir am Brunnen Wasser, setzte drinnen den Kessel auf und wollte eben das Holz anzünden, da wurde der Kessel von einem hereinsausenden Maschinengewehrgeschoß weggefegt. Hätte ich mich nicht zufällig gerade in dem Moment gebückt, wäre es mit mir aus gewesen.

Das war erst der Anfang, dachte ich, setzte meine Luftschutzkappe auf, nahm das Kind und lief hinaus. Über der Nago-Bucht setzte sich die Schießerei fort. Das Kind ohne eine Windel auf dem Arm, sprang ich in den Abwassergraben der Schule gegenüber. Wenigstens wären wir dort vor den Kugeln sicher. Da schrie jemand: »Und Sie wollen eine Japanerin sein?!«

Weil alle in die Berge flohen, kroch ich aus dem Graben und

schloß mich ihnen an. Die Wege waren steil; ich mußte in meinem noch geschwächten Zustand alle Kraft aufbieten, um mitzuhalten. Im Luftschutzunterstand hieß es wieder: »Lassen Sie doch das Kind nicht so schreien!« Um irgend etwas zu tun, gab ich ihm die Brust, aber damit war es nicht zufrieden und schrie weiter.

Nach zwei Tagen gab es Entwarnung. Die Insel Iejima war schwer getroffen. Die Angehörigen der Gefallenen weinten. Die Schüler von der sechsten Klasse an mußten beim Grabenbau helfen.

Wir durften wieder vom Berg herunter, nur war ich jetzt noch schwächer als zuvor. Einmal hatte mir einer einen Reiskloß geschenkt, und den hatte ich kaum hinuntergebracht. Zum Glück kam mir einer von unseren Arbeitern mit dem Pferdewagen entgegen. Das Haus in Nago war von Einschlägen durchlöchert. In ihm hätten wir nie überlebt. Augenblicklich band ich mir das Kind auf den Rücken und ging los in Richtung Matsuda, immer in der Angst, es könnte zu einem neuen Angriff kommen. Da tauchte vor mir auf der Straße mein Vetter mit einem Pferdewagen auf; mit ihm gelangte ich sicher nach Matsuda.

Den zweiten Luftangriff erlebten wir fünf, sechs Monate später. Dabei wurde auch unser Haus in Matsuda von Maschinengewehrsalven getroffen. Nahe beim Haus hatten wir zwei Unterstände angelegt, aber dort lagerte der Reis für die Arbeiter. Ohnehin hatte ich zu einem natürlichen Unterschlupf mehr Vertrauen, und so flüchtete ich in eine Höhle. Mit uns waren Flüchtlinge aus der Gegend von Nago, ihnen kochte ich Reis.

Als vorübergehend Entwarnung war, fuhr ich mit einem Arbeiter nach Nago, um den dort zurückgelassenen Reis zu holen. Indessen saß bereits seit zwei Monaten die japanische Armee in dem Gebäude mit unserem Büro, und sie hatte alles beschlagnahmt.

Zuletzt lebte ich mit meinem Kind, einem Onkel und anderen ständig in einer Höhle in Matsuda. Die kräftigeren Männer waren, nachdem die Amerikaner uns mit Schiffsscheinwerfern ausgemacht und die Angriffe verstärkt hatten, in die Berge gegangen, um dort Unterstände auszuheben. Nachts sah ich die Lichtkegel der Scheinwerfer auch die Berge streifen, doch mein Mann kam nicht mehr herunter, und ich wußte nicht, wo er war. Den ganzen Tag lang lief ich bergauf und bergab, um ihn zu suchen. Einmal sah ich Amerikaner, die eine von den Japanern zerstörte Brücke instandsetzten. Ein andermal traf ich meinen Bruder, und er half mir eine Weile beim

Suchen. Endlich, am dritten Tag, fand ich meinen Mann, und ich weinte vor Freude; aber er meinte, wir sollten uns jetzt besser nicht sehen, denn inzwischen waren die Amerikaner im Dorf gelandet.

Um diese Zeit warf der Gegner Massen von Flugblättern ab. Es sei das kein Krieg gegen die Zivilbevölkerung; man solle daher die Strände meiden, sich vielmehr zum eigenen Schutz in die Berge zurückziehen. »Wer sich uns an der Küste mit Bambusspeeren entgegenstellt, hat keine Aussicht, gegen unsere Geschütze zu siegen. Bald werden wir landen, und dann verteilen wir Lebensmittel und Süßigkeiten an euch. Solange habt Geduld, und verhaltet euch ruhig!« Aber keiner nahm die Flugblätter ernst, und daß wir den Geschoßhagel mit Bambusspeeren nicht abwehren konnten, wußten wir selber. Bis zu dem Zeitpunkt, an dem wir von der endgültigen Niederlage erfuhren, glaubten wir nicht daran.

In dem Jahr zwischen meiner Niederkunft und dem Kriegsende hatte ich mir durch die ständigen Strapazen ein Augenleiden zugezogen; ich sah alles doppelt und dreifach. Zudem litt ich an einem Krampfhusten, so daß meine Angehörigen schon meinten, ich würde es nicht mehr lange aushalten, und mein Bruder mich schließlich auf dem Rücken vom Berg herunter nach Hause trug, damit ich hier sterben könnte. Mein Mann blieb tagsüber weiterhin oben, weil es hieß, die amerikanische Militärpolizei würde alle aus dem Mutterland stammenden Japaner internieren; nur nachts kam er nach Hause, und um wie ein Okinawese auszusehen, hatte er sich wie seine Kollegen die hellere Haut mit Asche beschmiert und einen wilden Bart wachsen lassen.

Bei Tage kamen häufig amerikanische Soldaten ins Dorf. Nun mochte es ihnen verdächtig erscheinen, daß ich nie das Haus verließ; jedenfalls schickten sie einen Trupp von zehn Sanitätern zu mir, die mir einen Zettel vor die Nase hielten. Ich mußte meine Augen anstrengen, bis ich ihn lesen konnte. Es war ein japanisch abgefaßter Vordruck mit verschiedenen Fragen: »Was fehlt Ihnen?« »Haben Sie Kopfschmerzen?« »Leiden Sie an Untergewicht?« Sie zeigten mit dem Finger auf die einzelnen Fragen, und ich nickte oder schüttelte den Kopf. Hierauf machten sie mir mit einem ähnlichen Vordruck klar, daß sie mich am Soundsovielten ins Krankenhaus abholen würden. Zwei, drei Tage später traf die Nachricht von der Beendigung des Krieges ein.

Eines Abends gegen neun kamen zwanzig, dreißig japanische Soldaten vom Bataillon Miyazaki zu uns. Sie hielten sich in den Bergen versteckt, und manche waren völlig verlaust. Da sie uns leid taten, holte mein Mann ihnen einen Sack Reis vom Dachboden, gab ihnen auch Miso, Sojasoße und Zucker. Wir hatten von feucht gewordenem Reis eine Art Reiswein gebraut; als sie den rochen, schenkten wir ihnen davon ein und füllten ihre Feldflaschen mit Wasser. Ich kochte unterdessen Reis für sie, weil sie gar so hungrig aussahen.

Etwa einen Monat später, in einer Mondnacht, rief es leise vor unserem Fenster: »Herr Matsue, wir sind die Männer aus Miyazaki, wir wollten uns noch für neulich bedanken. Kommen Sie doch auf ein Wort heraus!« Doch draußen umstellten sie ihn mit vorgehaltenen Gewehren und warfen ihm vor, er habe allerlei von den Amerikanern erhalten, auch eine Pistole. Obwohl mein Mann sich verteidigte, er verstecke sich tagsüber in den Bergen und habe nie einen Amerikaner auch nur zu Gesicht bekommen, stürmten sie herein, um das Haus zu durchsuchen, wie sie sagten.

Unser Kleiner kroch auf dem Boden herum und grapschte nach den Beinen eines Soldaten, vielleicht weil er ihn für seinen Vater hielt, woraufhin der Soldat ihn mit einem Fußtritt beiseite stieß. Ich war empört. »Was wollt ihr eigentlich? Mein Mann ist ein ehrlicher Mensch. Ja, es sind amerikanische Sanitäter in diesem Haus gewesen, weil ich krank bin; aber er hat sie nicht gesehen, er war da in den Bergen in seinem Versteck. Bringt lieber mich um, ehe ihr ihm etwas antut!« Der Soldat schrie mich an: »Halt du deine Schnauze!« Und schlug mich ins Gesicht, daß ich zu Boden stürzte.

Natürlich hatten sie beim vorigen Mal gesehen, wo wir noch Vorräte liegen hatten. Sie nahmen alles mit sich, und mit einem »Bis bald!« verschwanden sie. Dabei hatten die Leute aus dem Dorf ihnen oft genug Süßkartoffeln und Reis in die Berge gebracht, damit sie nicht verhungerten. Und nun wurde man so behandelt!

Die amerikanischen Soldaten taten der Zivilbevölkerung nichts. Wer allerdings auf Anruf nicht stehenblieb, auf den wurde geschossen. Einer unserer Arbeiter hatte kurz nach Kriegsende aus Furcht vor einem Versorgungsmangel auf einem Acker Süßkartoffeln gesetzt. Als er einmal mit dem Pferdewagen auf dem Feld war, wollten die Amerikaner ihn – wie andere junge Leute auch – zum Arbeitseinsatz holen. Als er jedoch ihrem Befehl zum Trotz mit dem

Wagen davonraste, verfolgten sie ihn bis in die Berge hinein, wo er von ihren Schüssen getroffen wurde.

Mich brachten sie an dem vereinbarten Tag in die Schule von Ginoza, die damals amerikanisches Lazarett war. Neben mir lagen viele Verwundete, und immer wieder starben welche davon. Das war für mich so entsetzlich, daß ich bald wieder fortwollte, und eines Tages während der Mittagessenszeit lief ich nach Hause.

Dort hatten sich inzwischen so viele Flüchtlinge einquartiert, daß man keinen Fuß hineinsetzen konnte. Die Amerikaner hatten sie aufgefordert, aus den Bergen herunterzukommen, um nicht mit den dort noch immer verborgenen japanischen Soldaten verwechselt zu werden. Hiernach hatte man sie in irgendwelche leerstehenden Häuser eingewiesen. In unserem Haus war ein regelrechtes Lagerleben im Gange. Sie kochten sich lediglich Reis, alles andere waren Konserven, die ihnen die Amerikaner zugeteilt hatten.

Möglicherweise hatte es mit der Versorgungslage zu tun, jedenfalls sollten jetzt die von den Hauptinseln stammenden Ziviljapaner repatriiert werden. Obwohl wir uns nicht gemeldet hatten, waren wir von irgend jemandem auf die Liste gesetzt worden. Ich war damals mit unserem zweiten Sohn schwanger und hatte Anfälle von Malaria; so beschloß ich zu bleiben. Auch mein Mann erklärte, er wolle, um uns nicht im Stich zu lassen, auf die Rückkehr verzichten. Da er jedoch einmal auf der Liste stand, holten sie ihn einfach ab.

Wie ich später hörte, war er etwa zwei Monate in einem Internierungslager. Von dort schrieb er mir einen besorgten Brief, den er durch einen Bekannten herausschmuggeln ließ. »Sobald ich in Japan bin, werde ich die Umstände prüfen; steht alles gut, so hole ich Dich ab. Wenn es mir besser erscheint, in Okinawa zu leben, kehre ich dorthin zurück. Halte dich also tapfer, und warte auf mich! Auch wünsche ich, daß Du die Kinder zu tüchtigen Menschen erziehst und niemand Anlaß hat, mit dem Finger auf sie zu zeigen. Vor allem bleibt gesund!«

Ein halbes Jahr später, im Januar 1947, brachte ich unseren zweiten Sohn zur Welt. Von meinem Mann erhielt ich noch einmal einen Brief aus Japan. Sein Elternhaus auf Kyūshū habe er ausgebrannt vorgefunden, seine nach Kumamoto geflüchtete Mutter auch dort nicht angetroffen, so daß er sie jetzt auf der Insel Shikoku suchen werde. Danach hörte ich nichts mehr von ihm. Vielleicht ist er auf der Suche nach seiner Mutter selber umgekommen.

Ich wohnte jetzt in Yambaru. Die meisten Leute ringsum arbeiteten bei der amerikanischen Armee. Doch ich wollte sie nicht nachahmen, und so bepflanzte ich meinen Garten, bestellte meinen Acker und holte Brennholz aus dem Wald, um es zu verkaufen. Als der Älteste sieben wurde, kehrte ich auf die Insel Kumejima, in meine Heimat, zurück.

Von meiner ältesten Schwester hieß es, sie sei während der Kämpfe in Mabuni gewesen. Wir wußten nicht: Lebte sie noch, oder war sie tot? Deshalb verabredete ich mit meinem Vater, daß wir gemeinsam nach ihr suchen wollten. Doch plötzlich starb mein Vater. Damals ging es um das Familienregister. Hätte ich für mich und meine Kinder eines in Kumejima angelegt, wäre alles gut gewesen. Aber ich dachte, daß wir ja wegen unseres früheren Wohnsitzes in Ginoza registriert wären, und kümmerte mich nicht weiter darum.

Als mein Jüngster in der zweiten Volksschulklasse war, siedelte ich nach Naha über. Um die Kinder dort in der Schule anzumelden, fuhr ich wegen des Familienregisters nach Ginoza. Da mußte ich mir sagen lassen, wir wären ja nach Japan repatriiert und unser Register demzufolge gelöscht worden. Ich hätte das vor Gericht wieder in Ordnung bringen können, doch dazu fehlten mir die Mittel.

Irgendwie brachte ich die Kinder durch die Volks- und Mittelschule. Beim Eintritt in die Oberschule aber mußte unbedingt ein Registerauszug vorgelegt werden, so daß ich die beiden schließlich in das Familienregister meines älteren Bruders eintragen ließ. Seither tragen sie, meine und meines verschollenen Mannes Söhne, einen anderen Namen.

Sumi Tonouchi
(geboren 1924)

Eine demoralisierte Armee

Seit Jahresanfang 1945 redeten alle davon, daß der Krieg sich jetzt Okinawa nähere. Mir schien das unglaublich. Ich lebte in dem Dorf Fukuchi bei Itoman und wurde gerade zwanzig. Erst als ich sah, wie die Soldaten Übungen abhielten, fuhren mir Angst und Schrecken in die Glieder.

Die Amerikaner landeten im April. Nachdem die Kämpfe an

Heftigkeit zugenommen hatten, flüchteten sich alle Dorfbewohner in eine Höhle. Sie war sehr eng. Mehr als hundert Leute saßen darin Rücken an Rücken, die Arme um die angezogenen Knie gelegt. Bald darauf wurde unser Dorf aus der Luft und zu Lande angegriffen und verwandelte sich in ein Schlachtfeld. Amerikanische Kriegsschiffe, hieß es, hätten schon den ganzen Süddistrikt eingekreist. Die Unruhe wuchs. Bei Nacht gingen wir hinaus, etwas zu essen zu suchen. Das war ein lebensgefährliches Unternehmen; denn die amerikanischen Aufklärungsflugzeuge schossen Leuchtkugeln ab, so daß man sich ducken mußte.

Eines Tages erhielt unser Bezirksältester von der japanischen Armee den Befehl zum Munitionstransport. Aus etwa zwanzig Jugendlichen, Jungen und Mädchen, wurde eine Kampfeinheit gebildet. Wir verpackten die Munition in Kisten, und sobald es Abend wurde, schleppten wir sie zu den Armeeunterständen bei einem Nachbardorf. Selbst ich, die ich nicht sehr mutig bin, dachte beim Sprung zwischen den Einschlägen hindurch: Du darfst dich nicht unterkriegen lassen! Dabei war ich beim ersten Schritt aus dem Bunker heraus voller Angst gewesen, ich würde sterben.

Schließlich näherten sich von Shuri her die amerikanischen Truppen und drängten die Japaner immer weiter in den Süden zurück. Nun suchten auch die japanischen Soldaten verzweifelt nach Möglichkeiten zum Unterschlupf. Sie kamen in unsere Höhle und schrien: »Auf der Stelle verschwindet ihr von hier! Na, wird's bald?« Und wer noch zögerte, auf den droschen sie rücksichtslos mit ihren Stöcken ein. Was für eine Brutalität, dachte ich, als sie einen alten Mann niederschlugen. Wohin sollten wir denn gehen?

Zu viert, meine Mutter, meine ältere Schwester mit ihrem Kind und ich, liefen wir davon, indem wir uns bei den Händen faßten. Östlich von Yamashiro schlossen wir uns einer anderen Einheit an. Eine Zeitlang halfen wir den Soldaten. Als sie nach einigen Tagen in die vorderste Linie geschickt wurden, kehrten wir nach Fukuchi zurück, wo wir mit sechzehn Leuten aus dem Dorf in einem privaten Unterstand unterkamen. Doch kaum hatten wir uns eingerichtet, wurden wir wieder von japanischen Truppen vertrieben. Was waren das doch für gefühllose Teufel! Wofür eigentlich hielten sie die Bevölkerung? Dabei hatten wir noch für diese Armee geschuftet!

Das war im Morgengrauen gewesen, und als die Amerikaner uns

davonlaufen sahen, begannen sie uns von See her mit ihren Schiffsgeschützen zu beschießen. Eine Granate kam direkt auf mich zu. Ich fiel nach vorn um. Im selben Augenblick hagelte es Erdbrocken auf mich. Einer meiner Verwandten, der vor mir gegangen war, wurde getötet. Ich erhob mich, merkte, daß mir nichts passiert war, und rannte schnell in Deckung.

Hiernach versteckten wir uns ungefähr zwanzig Stunden lang im Grab unserer Vorfahren. Wir waren insgesamt zweiundzwanzig Leute. Am Abend ging ein alter Mann hinaus, um eine Zigarette zu rauchen. Die Amerikaner auf ihren Schiffen bemerkten die Glut der Zigarette, und abermals wurden wir beschossen. Die Granaten schlugen auf den großen Stein über dem Grab. Also flohen wir weiter, immer nach Süden, wohin auch die japanische Armee von den Amerikanern gedrängt wurde. So erreichten wir im äußersten Süden das Kap Kiyan. Nun gab es keine Fluchtmöglichkeit mehr, aber auch keine Unterstände; wir konnten uns nur noch unter Bäumen oder hinter Felsklippen verstecken. Selbst dahin kamen uns die japanischen Soldaten nach. Sie verlangten, wir sollten alles herausgeben, was wir an Lebensmitteln bei uns hätten; oder sie würden uns erschießen. Da gab ich ihnen den kümmerlichen Rest Reis, den ich auf der Flucht mitgenommen hatte.

Am 25. Juni rückten die Amerikaner von See und zu Land heran und nahmen uns gefangen. Auf Lastwagen wurden wir nach Kin ins Lager gebracht. Von dem Hügel aus, auf dem wir auf die Wagen verladen wurden, sah ich – den Anblick werde ich nie vergessen – auf die verbrannte Landschaft hinab; kein Baum stand mehr, die Erde hatte sich in eine braune Wüste verwandelt.

In dem Lager blieben wir vier Monate, danach kehrten wir nach Itoman zurück. Dort bekam ich das ganze Elend der Niederlage zu spüren. Die Frauen, wenn sie auf Nahrungssuche oder zur Arbeit gingen, lebten in der ständigen Furcht, von amerikanischen Soldaten vergewaltigt zu werden. Die Amerikaner beobachteten die Frauen durch ihre Ferngläser, und sahen sie eine, die ihnen gefiel, so machten sie sich über sie her. Wirklich habe ich selber erlebt, wie eine Bekannte von ihnen weggeschleppt wurde.

Ich verfluche den Krieg.

Sachiko Ishikawa
(geboren 1925)

Die letzten Tage des Lilienkorps

Ich war damals, 1945, Schülerin am Okinawa-Lehrerseminar im zweiten Jahr. Sollten, so hieß es, die Amerikaner bei uns landen, müßten wir Krankenschwestern werden; und um uns darauf vorzubereiten, wurden wir nachmittags nach dem Unterricht in der Aula von Sanitätern und Unteroffizieren der Armee ausgebildet. Zu dieser Zeit dürfte den Militärs freilich schon klar gewesen sein, daß die Landung bevorstand. Und als wir den Luftangriff vom 23. März erlebten, begriffen auch wir es.

Die Volksschule in Haebaru war da bereits Lazarett; in der Nähe hatte man Unterstände ausgehoben, in die nach einer amerikanischen Landung die Patienten verlegt werden sollten. Jetzt wurden wir dorthin in Marsch gesetzt. Am Abend des 23. März, nachdem der Luftangriff den Ernst der Lage verdeutlicht hatte, traten wir Schülerinnen geschlossen in das »Lilienkorps« ein.

Schon beim Luftangriff vom 22. Januar war unser Wohnheim in Naha zum Teil zerstört worden, und unter Verwendung der Trümmer hatte man für uns in einer Schlucht am Lazarett in Haebaru sogenannte Dreiecksbaracken errichtet, die zwei Eingänge, aber keine Fenster besaßen. Da nun mit dem 23. März auch die Beschießung durch Schiffsgeschütze einsetzte, gaben wir in Naha alles auf und transportierten, was wir im Wohnheim noch an Pfannen, Töpfen, Reis usw. hatten, nach Haebaru. Damit war unser Leben als Schülerinnen praktisch beendet. Von jetzt an schliefen wir nachts in den Baracken, und tagsüber krochen wir in die Unterstände. Später, als die Beschießung an Heftigkeit zunahm, war auch in den Baracken kein Bleiben mehr.

Eigentlich hätte am 25. März die offizielle Feier für die abgehenden Seminaristinnen stattfinden sollen. Wegen des Luftangriffs wurde sie auf den 29. verschoben. Wir versammelten uns bei Kerzenschein in den Baracken, alle in unseren Uniformen, die wir, als Armeeangehörige, nicht mehr ablegen sollten. Es muß am 1. April gewesen sein, da hörten wir, die Amerikaner seien auf Okinawa gelandet.

Die Schülerinnen aus dem ersten Studienjahr arbeiteten als Pflegerinnen in den Unterständen, in denen die verwundeten Soldaten lagen, wir anderen vorwiegend in der Küche. Eines Tages drückte man uns Bambusspeere in die Hand. »Der Feind rückt näher, und da ihr sonst keine Waffen habt, werdet ihr euch ihm notfalls damit entgegenstellen.« Tatsächlich haben wir sie nie benutzt.

Mit der Landung der Amerikaner bekamen wir immer mehr Verwundete aus der vordersten Linie herein. Die Unterstände waren überfüllt, und jetzt mußten auch wir uns an der Pflege beteiligen. Gleichzeitig wurden wir formell als Krankenschwestern in die drei chirurgischen Abteilungen eingereiht. Wir waren zwischen sechzehn und neunzehn Jahre alt. Und natürlich hatten wir keinerlei Erfahrung im Umgang mit Patienten. Unsere hauptsächliche Arbeit bestand darin, ihre Bettflaschen und -pfannen hinauszubringen. Sie lagen in doppelgeschossigen Betten, etwa dreißig Mann in jedem Unterstand. Sie stöhnten vor Schmerzen, wollten, daß wir ihre Verbände wechselten, und bettelten um Wasser. Wenn wir ihnen welches gaben, bekamen sie Blutungen, und brachten wir ihnen keines, so schrien sie. Es war furchtbar. Manche klammerten sich, wenn wir vorbeigingen, an unsere Beine. Weil wir wenig Schlaf hatten – wir arbeiteten wechselweise in Tag- und Nachtschichten –, brach die eine oder andere von uns zusammen. Gelegentlich waren wir nur zu zweit, manchmal mußte eine alles allein machen.

Es kam vor, daß Verwundete während der Behandlung starben. Eine Weile blieben sie so liegen, denn die Vollschwestern hatten anderes zu tun; schließlich wurden wir damit beauftragt, sie fortzubringen. Doch wir waren schwach, und Bahren konnte man in den engen Unterständen nicht benutzen. Mir schaudert noch jetzt, wenn ich daran denke, wie wir sie abtransportierten: Eine faßte am Kopf, die andere an den Beinen an, und war der Tote zu schwer, so daß wir ihn nicht anheben konnten, so schleiften wir ihn hinaus. Abends hoben dann die Sanitäter eine Grube aus, und sie wurden dorthin gebracht und beigesetzt.

Unangenehm war es auch, wenn wir aus dem Vorratslager Medikamente und Verbandszeug holten. Große Bündel auf dem Rücken, mußten wir die Sachen auf die einzelnen Unterstände verteilen, ohne daß uns der Feind bemerkte. Am meisten Angst hatte ich beim Essenholen. Die Feldküchen für das gesamte Lazarett lagen jenseits eines Berges, und man hatte weit zu laufen. Wir taten das wechselweise, denn man mußte dabei durch das feindliche Feuer, und im stillen hoffte ich, ich würde eine leichte Verwundung abbekommen, damit ich, von dieser Aufgabe befreit, im Unterstand bleiben dürfte. Meist jedoch hatte ich Angst, ich könnte sterben, und dabei gleichzeitig den Wunsch, Japans Sieg zu erleben. Die militaristische Erziehung hatte mich so tief durchdrungen, daß ich eine Niederlage für völlig ausgeschlossen hielt.

Ende Mai waren die Amerikaner bis auf fünfhundert Meter an uns heran. Daher beschloß man, das Lazarett zu verlegen. Bisher waren wir in den Hügeln südlich der Haebaru-Schule alle zusammen gewesen; jetzt wurden die drei Abteilungen so stationiert, daß sie bis zu zwei Kilometer auseinanderlagen. Die dritte Abteilung kam damals an jene Stelle, an der heute das Denkmal für das »Lilienkorps« steht. Ich gehörte zur zweiten.

In der Nacht des Abmarsches regnete es in Strömen. Sobald wir aus den Unterständen heraus und auf dem Berg waren, wurden wir vom Gegner unter gezieltes Feuer genommen. Normalerweise wäre eine solche Verlegung vorbereitet worden, aber wir befanden uns in vorderster Linie und mußten einfach fort. Die Gehfähigen unter den Verletzten hatten eine eiserne Ration aus zwei Beuteln Hartkeksen und zwei Dosen Muschelknorpel erhalten wie wir auch. Wir schleppten zudem Verbandszeug, Medikamente, Trockenfisch usw. auf dem Rücken. Wäsche hatten wir nur die allernotwendigste dabei. Diejenigen unter den Verwundeten, die nicht laufen konnten, ließen wir zurück. Wie ich später erfuhr, haben die letzten Sanitäter ihnen Milch mit Zyankali zu trinken gegeben; offiziell galten sie als gefallen. Besser tot als die Schande der Gefangenschaft, so hieß es damals.

Unterwegs auf den dunklen, vom Regen schlammigen Wegen zog sich die Kolonne weiter und weiter auseinander. Manche der Verwundeten rutschten auf dem Hintern vorwärts, um ihr Leben zu retten. Die Wunden wurden naß. Viele brachen zusammen. Beim Weiler Yoza wurden Mitschülerinnen, die vor uns abmarschiert waren, von einem Volltreffer getötet. Aber wir waren nicht in der Lage, die Toten zu begraben. Auch wir hatten zwei Tote; eine, die es am Bein erwischt hatte, starb nach einer vergeblichen Amputation, die andere wurde bei einem Einschlag verschüttet, und als wir sie herausscharrten, lebte sie schon nicht mehr.

Wir hatten den Zusammenhalt mit der Kolonne verloren, fragten uns mühsam durch, und schließlich erreichten wir einen Ort namens Itosu, wo eine jüngere Mitschülerin zu Hause war. Fast alle von der zweiten Abteilung kamen uns dorthin nach.

In Itosu hausten wir in Unterständen, die die Gebirgsjäger, bevor sie an die Front gegangen waren, angelegt hatten. Für eine Weile hörten wir den Geschützdonner in der Ferne. Und trotz mancher Luftangriffe dachten wir: »Welch ein Frieden!«

Doch dieses Gefühl war nur von kurzer Dauer. Okinawa ist eine schmale Insel, und unaufhaltsam rückte der Gegner näher. Hatten wir die Nächte zunächst noch in den umliegenden Häusern verbracht, so mußten wir bald wieder die ganze Zeit über in den Unterständen bleiben. Eines Abends war der Luftangriff heftiger als sonst gewesen, und mein sechster Sinn sagte mir, am nächsten Tag würden wir auch hier im Feuer der Schiffsartillerie liegen. Ich hatte mich nicht getäuscht. Während wir in unserem Unterstand blieben, gingen einige Schwestern und Sanitäter wie sonst in die Nachbarhäuser, und in der Nacht wurden diese Häuser von Schiffsgeschützen zusammengeschossen. Es gab viele Tote und Verletzte. Es war entsetzlich, wie sie schrien und wimmerten.

Am Nachmittag des 19. Juni standen die Amerikaner plötzlich auf der Anhöhe über unseren Unterständen, und Handgranaten und Gewehrsalven hagelten auf uns nieder. Michiko Miyagi, die mit anderen unter dem Tarnnetz am Eingang gesessen hatte, erhielt einen Durchschuß durch beide Knie; Yaeko Wauke wurde am unteren Rücken verletzt, und ein Verwundeter, dessen Einheit wir nicht kannten, wurde getötet. Das ganze war blitzschnell gegangen. Dabei hatte es kurz vorher noch geheißen, die Amerikaner würden frühestens in einer Woche hiersein.

Unsere Unterstände waren zu klein, als daß alle von der zweiten Abteilung darin untergekommen wären; also pflegten sich viele unter den Tarnnetzen aufzuhalten. Jetzt, nach diesem Überfall, drängten auch sie sich ins enge Innere, so daß wir wie die Heringe lagen. »Nun sind sie also da«, sagte einer der Sanitäter wie im Selbstgespräch. Aber alle dachten dasselbe. Daß das völlig unerwartet gekommen war, verwirrte uns um so mehr. Außer einigen Handgranaten, die die Sanitäter bei sich hatten, waren keine Waffen da. Wir konnten uns nur noch ergeben. An ein Zurückschlagen der Amerikaner über uns war nicht zu denken. Eine atembeklemmende Angst vor dem Sterben breitete sich unter uns aus. Als ein Soldat erklärte, daß der Gegner unter gleichen Umständen bisher noch alle

Unterstände in die Luft gejagt habe, begriffen wir unsere hoffnungslose Lage. Die beiden Lehrer Yonamine und Uchida, die für die zweite Abteilung verantwortlich waren, begannen mit uns das weitere Vorgehen zu besprechen. Bei einem Versuch, aus den Unterständen auszubrechen, würden wir gewiß niedergeschossen werden; so stimmten wir schließlich zu, daß es besser wäre, wir blieben hier zusammen und vollendeten gemeinsam den letzten Augenblick. Nachdem die Meldung von diesem Entschluß an den Stabsarzt abgegangen war, trat ein langes, langes Schweigen ein.

Vor meinen Augen zogen die Erinnerungen vorbei, angefangen von den frühesten, als ich vier, fünf Jahre alt war, bis zu den jüngsten aus der Zeit im Seminar. Jeden Augenblick konnte der Unterstand zerbombt werden; ich mußte mich beeilen, von meinem kurzen Leben Abschied zu nehmen. Ich hatte keine Eltern mehr; ich beruhigte mich mit dem Gedanken: Gleich wirst du zu ihnen gehen. Insofern mochte es mir leichter fallen als meinen Mitschülerinnen. Dabei trieb mir dieses Warten den Schweiß aus allen Poren. Es war heiß und eng, und die Verwundeten stöhnten. Inzwischen wurde es Nacht. Uns alle quälte ein schrecklicher Durst. Aber wie sollten wir Wasser holen?

Als vom Stabsarzt der Befehl kam, wir hätten die Unterstände zu verlassen, waren wir einen Augenblick lang verwirrt. Dann dachten wir, auch wenn wir blieben, würden wir ja doch sterben müssen; draußen könnten wir vielleicht vorher noch unseren Durst löschen. Und so gingen wir los, eine nach der anderen, während der Stabsarzt die Lage überwachte. Morgens gegen drei waren wir alle heraus.

Draußen war es unheimlich. Es fiel kein Schuß, nur Leuchtkugeln stiegen auf. Ein alter Soldat hatte uns gesagt: »Sie schießen nicht, wenn sie befürchten müssen, ihre eigenen Leute zu treffen.« Tatsächlich standen sie auch bereits an dem nahen Brunnen, an dem wir trinken wollten. Da verzichteten wir darauf und schlichen uns daran vorbei. Wenn eine Leuchtkugel die Gegend erhellte, warfen wir uns hin, sobald es wieder dunkel war, rannten wir weiter.

Danach löste sich die zweite chirurgische Abteilung auf. Wir beschlossen, bei der ersten und dritten Abteilung Zuflucht zu suchen. Unterwegs dorthin, es war ziemlich weit, stießen wir auf einen amerikanischen Spähtrupp. Wir flüchteten uns in einen Unterstand zu japanischen Soldaten und meldeten das, woraufhin sie uns einließen, aber erklärten, sie seien selber auf dem Rückzug auf das Kap Kiyan zu. Während wir noch unschlüssig überlegten, ob wir mit ihnen gehen sollten, erschien unsere erste Abteilung; auch sie wurde verlegt, und da es überall sonst aussichtslos erschien, flohen wir gemeinsam in Richtung Kap Kiyan. Wir meinten ohnehin, lange würden wir nicht mehr am Leben sein.

Die japanischen Truppen hatten jetzt den Kampf völlig aufgegeben. Jeder Schuß von ihrer Seite verriet den Amerikanern nur ihre Position und hatte einen fürchterlichen Gegenschlag zur Folge, bei dem jeder Quadratmeter wieder und wieder von Einschlägen aufgewühlt wurde. Auch wir kamen an jenem 20. Juni nicht weit. Wir zogen ein Stück den Strand hin, dann bei einem Pandang-Gebüsch – hier das Meer, dort die Amerikaner dicht vor Augen – machten wir halt.

Bis zum 1. August hausten wir in diesem Gebüsch. Ich hatte nichts anzuziehen als die Uniform. Nach jedem Regen drückte ich sie aus, ließ sie trocknen und zog sie wieder an. Jetzt nähte ich mir aus Mull und Dreiecktüchern einige Unterwäsche. Nachts gingen wir auf Nahrungssuche. Eine Zeitlang lebten wir von wilden Süßkartoffeln. Wir dämpften sie in einem Feuer, das wir uns hinter einem Felsen machten, und aßen Salz und Miso-Paste dazu, die die Flüchtlinge aus der Bevölkerung mitgebracht hatten. Doch bald fanden wir keine Kartoffeln mehr, und mit dem Feuermachen war es auch aus. Denn gegen Ende der Okinawa-Schlacht nahmen die amerikanischen Angriffe an Heftigkeit noch einmal zu. Wir lagen in einem regelrechten Trommelfeuer. Kilometerweit war alles in Rauch gehüllt. Wo sich Leute bewegten, wurden sie sofort unter Beschuß genommen. Und das hielt manchmal die Nacht hindurch so an. Als wir, weil wir sonst nichts hatten, in die Zuckerrohrfelder gingen, schossen sie diese in Brand. Sie versuchten uns auszuhungern. Dazu dröhnten vom Meer herüber die Lautsprecher; amerikanische Soldaten japanischer Abstammung forderten uns auf: »Kommt heraus! Wir tun euch nichts!« Wir sollten unser Gebüsch verlassen und ein Stück weiter auf einem Sandstrand warten, oder sie würden das Gebüsch unter Feuer nehmen. Wenige Minuten später hagelten die Geschosse in das Pandang-Gebüsch, und wir mußten uns hinter Felsen verkriechen.

Kurzum, wir saßen wie die Ratten in der Falle. Da wir auch vom Land her umzingelt waren, sprangen viele von uns ins Meer und wurden von der Brandung fortgerissen. Ich hatte die unsinnige Vorstellung, wenn ich nur genügend Luft in meine Lungen pumpte, würde ich das Meer überqueren können; doch als ich zwischen zwei Leuchtkugeln losrannte und die Wogen mich ergriffen, da konnte ich es nicht und kehrte an den Strand zurück. Selbst die guten Schwimmer unter unseren Soldaten, die es wagten, trieben anderntags als weiße, aufgedunsene Leichen wieder an Land, von Kugeln durchlöchert.

Immerhin hatte es einer geschafft, von Mabuni aus schwimmend bis zu uns zu gelangen. Wie er berichtete, saßen sie auch dort in der Falle. Besser, wir würden versuchen, nach Itosu durchzubrechen. Nachts machten wir uns auf, marschierten über die Klippen hinweg mit wunden Füßen. Aber wir kamen nicht durch und kehrten um in unser Gebüsch, zumal andere meinten, bestimmt würde die japanische Armee bald eine Gegenlandung unternehmen.

Ende Juli war die Zahl der Flüchtlinge im Pandang-Gebüsch von anfangs über tausend auf ganze zwanzig geschrumpft, doch auch für die war nun absolut nichts mehr zu essen da. Da kam einer der Sanitäter, die mit uns in der Lazarettküche gearbeitet hatten, auf die Idee, vielleicht hätten sie bei unserer dritten Abteilung noch Vorräte in den Unterständen. Doch als wir dort anlangten, waren sie alle tot. Das hatten wir nicht gewußt. Schließlich fanden wir Berge schrecklich zugerichteter Leichen. Sie waren verbrannt, und wir konnten nicht mehr unterscheiden, welche davon Soldaten und welche unsere Mitschülerinnen gewesen waren. Wie wir später hörten, sollen diese Angehörigen des »Lilienkorps« im Sterben übereinandergefallen sein und die Amerikaner sie danach mit Flammenwerfern angezündet haben.

Wir beschlossen, in einem der Unterstände zu bleiben. Unterwegs dorthin hatten wir eine etwa drei mal drei Meter große Grube entdeckt, die die in der Nähe liegenden Amerikaner für ihre Abfälle benutzten. Sie wurde unser »Versorgungsdepot«. Da sich die Amerikaner nachts nicht von der Stelle rührten, holten wir unterdessen Fleischreste, Konservendosen usw. heraus, indem sich einer unserer Soldaten an einem Seil hinunterließ. Wenigstens überlebten wir auf diese Weise.

Während dieser Zeit kamen die Amerikaner einige Male und durchsuchten die Unterstände. Offenbar hatten sie bemerkt, daß sich hier Leute versteckt hielten. Zum Glück entdeckten sie uns nicht. Unser einziges Licht war ein Lämpchen, das wir mit Schweinefett speisten; als Docht diente ein Stück Stoff; und da wir zu wenig Streichhölzer hatten, ließen wir es auch tagsüber brennen.

Eines Tages, es muß am 15. August gewesen sein, und ich lag mit Fieber im Unterstand, ging draußen ein wildes Geschieße los. Ich glaubte, jetzt wäre die japanische Armee gelandet, um im Gegenschlag die Amerikaner zu verjagen. So sehr war ich davon überzeugt, daß wir zuletzt doch siegen würden ... In Wahrheit, so erfuhren wir nach alledem, hatten die Amerikaner mit Freudenschüssen die bedingungslose Kapitulation Japans gefeiert.

Einer unserer Soldaten war nachts auf Nahrungssuche von den Amerikanern gefangengenommen worden. Da jedoch nun der Krieg aus war, kam er noch einmal zurück, um uns zu sagen, wir sollten herauskommen, statt hier sinnlos zu sterben. Darauf erwiderte der Leutnant, der bei uns war: »Weil sie dich gefangengenommen haben, willst du uns gefangennehmen, wie? Nein, es ist alles gelogen, Japan hat nicht kapituliert.« Doch der Soldat blieb bei seiner Aufforderung. Endlich meinte der Leutnant, nun gut, es komme ihm nicht auf sein Leben an; er werde also mit erhobenem Taschentuch zu den Amerikanern gehen und feststellen, ob Japan wirklich kapituliert hat. »Wenn ihr mich nicht wiederseht, war es eine Lüge, und ihr werdet weiter aushalten, verstanden? Und sollte es wahr sein, werde ich zurückkommen wie er.«

Dieser Tag verging. Der Leutnant kam nicht zurück. Also war es doch gelogen. Japan hatte nicht kapituliert. Sie werden den Leutnant erschossen haben, dachten wir.

Doch am zweiten Tag, es war der 22. August, stand er mit verwirrtem Gesicht wieder vor uns. Japan hatte die Waffen gestreckt. Mir kamen die Tränen. Teils aus Wut darüber, teils weil das die Rettung war, weil ich den Kugeln entkommen war. Aber nun war dies nicht mehr unser Okinawa, und am liebsten wäre ich überhaupt von der Insel geflohen ...

Wir riefen alle auch aus den übrigen Bunkern heraus. Einer, ein Korvettenkapitän, weigerte sich hartnäckig, mit uns zu kommen. Eine Woche später erschien er ebenfalls im Gefangenenlager Hyakuna, wohin man uns auf drei Lkws gebracht hatte.

Noch im Lager war ich verwirrt. Das »Lilienkorps« existierte nicht mehr. Ehemalige Lehrer hatten – im Freien und ohne Hilfsmittel – eine Schule für die Kinder im Lager eröffnet; Absolventen unseres Seminars unterstützten sie dabei, die Kleinen zum Lernen anzuhalten.

Wir, aufgrund unserer Erziehung, waren bis in unsere Herzen hinein durchdrungen gewesen von militaristischen Ideen. Als wir damals von Naha hinaus nach Haebaru zogen, hatte ein Volksschullehrer zu uns gesagt: »Wozu wollt ihr euch, da ihr doch euer Examen habt, der Armee anschließen? Geht nach Hause zu euren Eltern, vielleicht überlebt ihr es dort. Hier werdet ihr alle sterben.« Aber keine von uns wäre auf diesen Gedanken gekommen. »Wir tun es für unser Land, und wir tun es gern«, erwiderten wir ihm. Selbst wenn Okinawa fallen sollte, wie vor ihm Saipan fiel – Hauptsache, Japan würde siegen. Auch meine Mitschülerinnen, die jetzt unter dem Mahnmal für das »Lilienkorps« schlafen, wurden Opfer solcher Erziehung und taten es dennoch aus reinem Herzen.

Heute weiß ich, jeder Militarismus ist schrecklich. Das haben mich meine Erfahrungen gelehrt. Deshalb müssen wir uns mit allen Kräften gegen eine militaristische Erziehung wie damals wehren.

Yasunobu Inamine
(geboren 1928)

Die Jüngsten waren dreizehn

Als die Amerikaner landeten, wurden wir, Schüler an der Dritten Präfektur-Mittelschule in Nago, in vier Kompanien eingeteilt und der »Kaiserlichen Blut-und-Eisen-Garde« zugeteilt. Die beiden ersten Kompanien wurden dem Tama-Bataillon unterstellt, während wir von der dritten und vierten Kompanie unter Führung unseres Lehrers Taniguchi das Udo-Bataillon unterstützen sollten.

Vor dem offiziellen Abmarsch kehrten alle Schüler noch einmal nach Hause zurück. Ich schnitt mir eine Haarsträhne und die Fingernägel ab, wickelte sie säuberlich in weißes Papier und gab sie meiner Mutter. »Jetzt ziehen wir Mittelschüler für den Kaiser in den Kampf. Bewahre dieses Päckchen als einen wichtigen Talisman gut auf, bis ich wiederkomme nach beendetem Krieg. Leb wohl, Mutter!« Damit verließ ich das Haus.

Zur festgesetzten Stunde, wie sie der Befehl genannt hatte, versammelten wir uns bei der Schule. Sogleich formierten wir uns in den vier Kompanien und marschierten ab – die Schüler von der vierten Klasse mit geschulterten 38er Karabinern, die im Schuppen gelegen hatten.

Wir waren zwischen dreizehn und siebzehn Jahre alt. Seit dem Eintritt in die Schule hatten wir in unserem täglichen Stundenplan Wehrausbildung gehabt; jetzt ging es also darum, das eingeübte Töten von Menschen in der Praxis anzuwenden.

In der Izumi-Volksschule in Motobu traf ich meinen Vater, der als Heimwehrmann bereits vorher zur Beteiligung am Kampf aufgefordert worden war. »Vater! Wir gehen als ›Kaiserliche Blut-und-Eisen-Garde‹ in die Schlacht. Von Mutter habe ich mich schon verabschiedet. Bleib auch du gesund!« So trennten wir uns.

Nachdem wir unsere Position am Yaedake-Berg erreicht hatten, bauten wir unsere Stellungen aus. Die Kriegslage verschlechterte sich mit jedem Tag, und einen um den anderen wiederholten sich die Luftangriffe mit Bombenabwürfen und Maschinengewehrfeuer. Vom frühesten Morgen bis Sonnenuntergang überflogen uns pausenlos die US-Maschinen, von den unseren war keine einzige zu sehen. Ja, die feindlichen Maschinen nahmen an der Zahl noch zu; gleichzeitig damit hatten amerikanische Kriegsschiffe die Motobu-Halbinsel doppelt und dreifach eingeschlossen und feuerten den ganzen Tag über aus allen Rohren. Viele Soldaten und Zivilisten wurden dabei von den Granatsplittern verwundet oder getötet. Überall ein Schreien, Stöhnen und Sterben. Die Amerikaner besaßen die absolute Luftüberlegenheit; die japanische Armee, weil sie sich sonst nicht rühren konnte, unternahm hauptsächlich Nachtangriffe.

Bald darauf begannen die amerikanischen Truppen von allen Seiten zu landen. Auch nachts war es jetzt von ihren Leuchtkugeln hell wie am Tag, und kaum war eine aufgestiegen, kamen heulend die Mörsergeschosse geflogen und schlugen bei uns ein. Jedesmal wurden dabei einige unserer Leute zerfetzt, gelegentlich bis zu vierzig oder fünfzig. Jedoch gewöhnten wir uns allmählich an diesen dauernden Beschuß und lernten abschätzen, ob die Geschosse näher oder entfernter einschlagen würden. Tatsächlich überlebte ich manchen Einschlag unmittelbar vor mir nur deshalb, weil die Granate nicht explodierte, während ich schon dachte, jetzt ist es aus mit dir. Oder wenn die Maschinengewehrsalven der Flugzeuge auf uns niederprasselten, rettete ich mich mit knapper

Not durch einen Sprung hinter eine Kiefer davor, daß ich getroffen wurde.

Die amerikanische Armee scheute keinen Einsatz von Material. Aus der Luft, von See oder Land her ließ sie einen solchen Feuerregen niedergehen, daß es schien, als würde jeden Augenblick die ganze Motobu-Halbinsel weggeblasen werden.

Bei uns hingegen stürzten sich die Schüler der ersten und zweiten Klasse als »lebende Bomben« unter die feindlichen Panzer. Sprengladungen im Arm, lagen sie auf der Lauer, und wenn die Panzer auf die richtige Entfernung heran waren, sprangen sie los. Genau wie die Kamikaze-Flieger aus der Luft oder die Freiwilligen in den Ein-Mann-Torpedos sich unter Aufgabe ihres Lebens dem Feind entgegenwarfen, gab es solche jungen Leute auch an Land, und mit dem Schrei »Lang lebe der Kaiser!« griffen sie die Panzer an.

Mit den älteren Soldaten, die Familie hatten, war es etwas anderes; aber wir jungen von der »Blut-und-Eisen-Garde« kämpften, um unsere Heimat Okinawa zu verteidigen, auch bei Nachtangriffen immer in der Vorhut oder drangen als Stoßtrupp in die feindlichen Linien ein. Mehr als einmal kam es dabei vor, daß uns die Kugeln nicht von vorn, nämlich vom Feind her, entgegenflogen, sondern daß wir irrtümlich von unseren eigenen Leuten, die uns hätten decken sollen, etwas in den Rücken bekamen. Wir schrien, aber sie hörten uns nicht. Das war schlimm.

Einmal entdeckten wir hundert Meter vor uns etwa vierzig, fünfzig Amerikaner, und wir flehten unseren Lehrer an, er solle den Befehl zum Schießen geben. Er lehnte es ab. Wir baten ihn wieder und wieder, wir warteten, indem wir die Gegner schon ins Visier nahmen; doch diese verschwanden, ohne daß der Befehl gekommen wäre, und wir, den Finger noch am Abzug, begannen zu weinen.

Heute, im nachhinein, scheint mir, der Lehrer habe die Niederlage da bereits geahnt und die Opfer nicht noch vergrößern wollen. Zudem hatten wir pro Mann nur sechs Patronen zugeteilt bekommen. Hätte er uns den Befehl zum Schießen gegeben, wären wir vermutlich von den besser ausgerüsteten Amerikanern völlig aufgerieben worden.

Bald hiernach besetzten amerikanische Truppen die gesamte Motobu-Halbinsel und unternahmen Tag für Tag Säuberungsaktionen, um die letzten Widerstandsnester auszuheben; die zivilen Flüchtlinge wurden in verschiedenen Lagern zusammengefaßt.

Schließlich verließen auch wir unsere Höhe 303 und zogen uns über Nago in Richtung auf den Tano-Berg zurück, wo wir das Udo-Bataillon zu finden hofften. Als wir jedoch dort ankamen, trafen wir lediglich auf einige wenige von der Heimatschutzjugend; sie berichteten, am Tag zuvor hätten hier schwere Kämpfe stattgefunden, die sich gewiß wiederholen würden. Und so war es. Wir gerieten in einen konzentrischen Angriff der Amerikaner und waren danach fast völlig aufgerieben. Vierhundert waren wir beim Abmarsch aus der Schule gewesen; nun blieben davon, den Lehrer Taniguchi eingeschlossen, nur noch sieben. Trotzdem setzte dieser Lehrer alles daran, daß wir südwärts nach Mittel-Okinawa ausbrächen. Doch erkrankte er, und weil er nicht wollte, daß wir kämpften und er zuschaute, trennten wir uns, bis er wieder gesund wäre.

Von nun an hausten wir wie die Tiere in den Wäldern, immer auf der Flucht. Zuletzt – wir hatten uns inzwischen Zivilkleider beschafft – wurden wir doch aufgegriffen und ins Flüchtlingslager Haneji gebracht, wo wir vom Ende des Krieges erfuhren.

Keikō Karimata
(geboren 1912)

Es war ein Alptraum

Ich wurde auf Irabu, der zweitgrößten der Miyakojima-Inseln, geboren. Nach der Schule arbeitete ich zunächst auf den Zuckerrohrfeldern; 1936 ging ich nach Tsurumi in Yokohama auf eine für die Rüstung tätige Schiffswerft, wo ich die Rumpfplatten auf ihre Festigkeit gegen den Wasserdruck zu prüfen hatte. Wir bauten, angefangen von Zerstörern, alle Arten von Schiffen.

Als Zwanzigjähriger war ich, noch daheim, bei der Musterung der Armeereserve zugeteilt worden, und als der Pazifische Krieg ausbrach, erhielt ich die Mitteilung, man habe mich der Kriegsmarine überstellt. Also wird, dachte ich, auch bald der Einberufungsbefehl kommen. Andererseits war ich inzwischen einunddreißig und arbeitete in der Rüstungsproduktion, so daß man mich vielleicht gar nicht einziehen würde.

Anfang 1944 holte man indessen auch bei uns einen nach dem anderen, wohl weil sich die Kriegslage verschärfte. Am 15. Januar war meine Einberufung da. Ich betrachtete sie mit gemischten Gefühlen, vor allem war ich besorgt. Wir hatten drei Kinder, meine Frau war mit dem vierten schwanger; zudem lebte meine alte Mutter bei uns. Was sollte aus meiner Familie werden, wenn ich als der einzige Verdiener nicht mehr da war? Zum Glück würde ihnen monatlich einiges aus meiner Invalidenversicherung bei der Firma ausbezahlt, in meinem Falle neunzig Yen. Davon konnten sie irgendwie leben. Im übrigen sagte ich meiner Frau, sie sollten in Yokohama bleiben und nicht nach Miyakojima zurückkehren. Wenn man schon Leute wie mich einzog, würde der Krieg, hatte ich das Gefühl, bald zu Ende sein und mit unserer Niederlage enden.

Für die Einberufenen hieß es damals: Du kommst nur tot zurück. Nach außen hin mußte man sich verhalten, wie es von einem Soldaten des Kaisers erwartet wurde. So bitter es war, Frau und Kinder und die alte Mutter zu verlassen, ich gab mich heiter, als wir, begleitet von der fähnchenschwenkenden Menge, abrückten. Kurz zuvor – erst dachte ich, es wären japanische Manöverflieger – waren über uns amerikanische Maschinen aufgetaucht. Sie kundschafteten bereits die Lage aus.

Am ersten Tag in der Marinekaserne in Sasebo erhielten wir zur Begrüßung roten Reis vorgesetzt. »Aber ab morgen geht es anders zu!« Sobald wir unsere Uniformen erhalten hatten, wurden die Zivilkleider an die Familien zurückgeschickt. Als meine Frau das Paket bekam, muß sie geweint haben. »Da haben wir, fern der Heimat und unter fremden Menschen, endlich unser eigenes Haus, und nun zieht er in den Krieg und kommt vielleicht nie lebend zurück!« wird sie gedacht haben.

Das Kasernenleben war hart. Wir erhielten drei Wolldecken; die eine legten wir nachts auf den blanken Boden, mit den beiden anderen deckten wir uns zu. Wir zitterten vor Kälte. Zu Hause waren wir arm, aber wenigstens hatten wir warme Steppdecken.

Um unseren soldatischen Geist zu stählen, benutzte unser Vorgesetzter eine Art Baseballschläger von vier Fuß Länge, mit dem er um sich schlug. Der Fußboden in den Zimmern war für ihn ein Schiffsdeck. Die Kaserne lag auf einem Berg, aber rechts hieß Steuerbord und links Backbord. »Eure Alten mögen euch verwöhnt haben. Hier beim Militär herrscht Ordnung. Selbst beim Essen ist erst der Altgediente dran, verstanden?!« brüllte er und stieß mit seinem Stock auf den Boden. Denkst du, dachte ich; aber dagegen aufzumucken war ausgeschlossen. Da hatte man nur »Jawoll!« zu sagen.

Nach einer Woche wurden wir nach Chinhae im heutigen Südkorea verlegt. Chinhae war eine Basis für die Marineflieger, und wir erhielten eine Ausbildung als Bodenpersonal. Danach sollten wir auf die verschiedenen Kriegsschauplätze verteilt werden, ich in den südlichen Pazifik. Aber die heftigen Angriffe der Amerikaner da unten im Süden ließen eine Verlegung auf direktem Wege nicht zu, und so kam ich zunächst zum Marinefliegergeschwader in Ōita auf Kyūshū. Genaueres über die Lage an der Südfront erfuhren wir natürlich nicht. Schließlich wurden die Versetzungspläne geändert, und mich stellten sie zum Fliegergeschwader in Sasebo ab, wo man uns zum Bau von Luftabwehrstellungen auf den Bergen ringsum einsetzte.

Eines Tages wurden Freiwillige für Okinawa gesucht. Ich dachte: Da könntest du alte Bekannte, vielleicht sogar die Heimat auf Miyakojima besuchen. Also meldete ich mich. Am 10. Oktober verließen wir Sasebo mit dem Schiff; aber unterwegs kam die Nachricht, Okinawa liege unter einem feindlichen Luftangriff, und so gingen wir für einige Tage noch einmal in Kagoshima vor Anker.

Nun hatte mir meine Frau aus einem Gasthof in Kagoshima geschrieben, wegen der Unsicherheit in Yokohama hätten sie sich entschlossen, doch nach Miyakojima zurückzukehren, seien aber zunächst nur bis Kagoshima gekommen und warteten dort auf ein Schiff; um das Geld für die Überfahrt nicht im Gasthaus auszugeben und weil sie kurz vor der Niederkunft stehe, wollten sie sich ein billiges Haus mieten.

Wer in Kagoshima Verwandte oder Bekannte hatte, bekam während der Liegezeit unseres Schiffes Landurlaub. So strich ich auf der Suche nach meiner Familie durch die Stadt. Plötzlich sah ich in einer Gasse zwei Jungen sich balgen. Der eine ähnelte meinem Ältesten, und ich fragte ihn, wie er heiße. »Takeshi Karimata!« Er war es also! »Und wo wohnt ihr?« Da zeigte er mit dem Finger auf ein verfallenes Haus in der Nähe. Ich kann nicht sagen, wie mir war, als ich meine Frau mit dem in Kagoshima geborenen Baby dasitzen sah und erfuhr, was sie durchgemacht hatte.

Am 21. Oktober schließlich liefen wir aus, ein Konvoi von vierundzwanzig Schiffen, drei in der vordersten Reihe, darunter die »Futtsu-maru«, auf der ich mich befand. Kaum waren wir aus der Kagoshima-Bucht heraus, da wimmelte es von amerikanischen U-Booten. Und schon kam ein Torpedo auf uns zu. Die beiden Schiffe, die neben uns fuhren, konnten noch ausweichen; das unsere wurde am Heck getroffen. Unter einer gewaltigen Explosion begann sich das Schiff zu neigen, Wasser brach herein. Unser Vorgesetzter stand da mit gezogenem Schwert. »Wer ohne Befehl über Bord zu springen versucht, den schlage ich nieder!« Dann, während alle wild durcheinanderschrien, hieß es: »Fertigmachen zum Sprung! Zieht möglichst dicke Sachen an, und schwimmt so weit weg, wie ihr könnt!« Ich begriff nicht, warum wir dicke Sachen anziehen sollten, aber das Foto meiner Familie steckte ich zu mir. Und ich sprang.

Gleich darauf wurden ein weiterer Transporter und ein Zerstörer durch Torpedos versenkt. Da es in dieser Gegend viele kleine, unbewohnte Inseln gibt, schwammen wir fast alle in diese Richtung. Doch dann, als die Gefahr vorbei war, holte uns ein Zerstörer heraus, und um Mitternacht kamen wir auf der Insel Ōshima an, vom treibenden Öl über und über schwarz verklebt, so daß das Weiß in den Augen geradezu gespenstisch wirkte. Am 25. Oktober endete diese mühsame Überfahrt. Wir waren in Naha.

Die Stadt war durch jenen Luftangriff in ein Trümmerfeld verwandelt. Pulverdampf hing über den Ruinen, hier und da brannte es weiter. Auch die Reis- und Zuckerspeicher standen noch in Flammen. Das Flugfeld von Oroku war ebenfalls völlig zerstört. Wir hatten keine Unterkünfte und waren gezwungen, im nahen Uebaru in Zelten zu kampieren. Tag für Tag und von morgens bis abends waren wir mit dem Stellungsbau beschäftigt, gruben Unterstände usw. Eigentlich hätte ich als Bodenmechaniker des Fliegergeschwaders eingesetzt werden sollen, aber es gab keine Maschinen mehr, die zu warten gewesen wären.

Am 1. April 1945 tauchten riesige amerikanische Verbände vor der Küste auf, die Schiffsgeschütze donnerten, Schwärme von feindlichen Maschinen ließen ihre Bomben fallen. Bald darauf kam die Nachricht, sie seien gelandet.

Zur Abwehr bildete die Marine kleine mobile Einheiten, die sich über den Süden der Hauptinsel Okinawa verteilten und die Aufgabe erhielten, den Feind zu umgehen und ihn von hinten her zu verunsichern. Ich gehörte zu einer dieser Gruppen.

Das Hauptquartier lag damals in Shuri; rings um die Stadt waren mehrere Verteidigungslinien gezogen. Die japanische Armee leistete hartnäckigen Widerstand. Tagsüber gewannen die Amerikaner einige hundert Meter an Boden, nachts wichen sie wieder zurück.

So ging das tagelang. Der Gegner fürchtete die japanischen Nachtangriffe. Die Stellungen in den Außenbezirken von Shuri oder bei Urasoe wurden mehrfach erobert und zurückerobert; die Verluste auf beiden Seiten waren hoch.

Unsere Gruppe wurde erst nach Dunkelwerden aktiv. Wir führten eine Art Guerillakrieg. Ich hatte das Maschinengewehr geschultert; es stammte aus einem zerstörten Flugzeug und besaß die erstaunliche Fähigkeit, tausend Schuß hintereinander, ein wahres Trommelfeuer, loszulassen. Abends brachen wir aus unseren Unterständen in Uebaru auf und marschierten bis in die Nähe der Ichinichi-Brücke in Haebaru. Da es jetzt tagein, tagaus regnete, wurden wir naß bis auf die Knochen. Die Wege waren verschlammt, hier und da lagen aufgedunsene Tote.

Am 4. Mai begann die japanische Marine eine allgemeine Gegenoffensive. Auch unsere Gruppe war daran beteiligt; wir marschierten bis in die Gegend von Tomigusuku. Kurz vor Morgengrauen befanden wir uns in der Nähe eines Unterstandes, in dem sich, wie wir hörten, auch der Präfekt von Okinawa aufhielt. Plötzlich kam eine Kugel geflogen, und der Obergefreite neben mir brach mit einem Bauchdurchschuß zusammen. Stöhnend flüsterte er: »Gib mir eine Handgranate, eine Handgranate ...« Das hieß, er wollte Selbstmord begehen. Doch hätte das, so dicht vor dem Unterstand mit den vielen Leuten darin, nur Verwirrung gestiftet. Deshalb gab ihm einer Zyankali zu trinken. Damals hatte so gut wie jeder eine Handgranate und Zyankali bei sich.

Nachts wurde es, wenn die Amerikaner Leuchtkugeln aufsteigen ließen, hell wie am Tag. Aber als wir auf dem Bauch zu der Itoman-Landstraße entlangkrochen und auf einen kleinen Bachlauf trafen, sahen wir doch im Dunkeln nicht, daß das Wasser, das wir tranken, blutig war von den Toten. Wir berieten, wie es weitergehen sollte. Statt uns von den Amerikanern erschießen zu lassen, wäre es besser, meinten wir, wir kehrten auf das Flugfeld nach Oroku zurück, um dort zu sterben.

Etwa hundert Meter von uns entfernt auf den Hügeln standen schon die Amerikaner. Wir krochen eben durch ein Naßfeld, da kam uns ein japanischer Soldat entgegen: »Was macht ihr denn hier?« Wir erklärten ihm unsere Lage. Darauf sagte er: »Es ist aus. Die Offensive der Marine ist zusammengebrochen, alles läuft aufs Geratewohl davon. Am besten, ihr zieht euch nach Süden zurück.« Also gingen wir mit ihm.

Im Dorf Yone im Garten eines leerstehenden Hauses preßten wir unsere durchnäßten Uniformen aus und hängten sie zum Trocknen auf. Es gab dort kleine Tomaten; mit denen stopften wir uns die Bäuche voll, und irgendwann waren wir vor Erschöpfung eingeschlafen. Von einem lauten Gebrumm wachten wir auf. Es war schon Morgen. Erschreckt sahen wir: Vom Flugfeld Oroku her näherten sich amerikanische Panzer in breiter Front, und von den Hügeln kamen Massen von amerikanischen Soldaten herunter.

Wir liefen die Küste entlang nach Süden. Auf einem Deich saß ein japanischer Soldat, dem ein Geschoß die Seite aufgerissen hatte. Er sah uns mit leeren Augen an, doch wir konnten ihm nicht helfen.

Auf dem Meer lagen eine Menge amerikanische Schiffe. Kleinere, auch Zerstörer, fuhren an der Küste entlang und schossen auf alles, was sich bewegte.

Schließlich erreichten wir die Brücke vor Itoman. Sie war zerstört. Der Fluß war ziemlich tief, aber als guter Schwimmer schaffte ich es sogar mit dem schweren Maschinengewehr bis hinüber. Im Ort kampierten in den leerstehenden Häusern und unter den Bäumen zahllose Flüchtlinge; zudem gab es einen Brunnen, an dem wir ordentlich trinken und unsere Feldflaschen füllen konnten. Wir dachten: Hier kann man es noch aushalten. Doch die Flüchtlinge wollten nicht, daß wir unter ihnen blieben. »Ihr seid Soldaten, und da werden sie wieder von ihren Schiffen aus auf uns schießen«, sagten sie. Also rasteten wir in einiger Entfernung von ihnen.

Nach einer Weile begannen tatsächlich die Schiffsgeschütze zu feuern, Flugzeuge bestrichen den Ort mit Maschinengewehrsalven. Die Flüchtlinge liefen auf die Berge zu; ich tarnte mein Maschinengewehr mit Laub und Gras, und wir marschierten die Landstraße weiter in Richtung Nāgusuku. Es war uns schon völlig einerlei; wenn sie uns treffen würden, hätte es uns eben erwischt.

Mittags erreichten wir das Dorf Ishiki. Hier war von Schiffsartillerie und Kampffliegern noch nichts zu bemerken. Aber der Wind hatte eine Menge Flugblätter an die Gartenmauern geweht. »Jeder weitere Widerstand ist nutzlos. Besser, ihr ergebt euch. Wir töten keine Zivilisten oder Soldaten, wenn er die Waffen wegwirft und die Hände hebt ...« Ich konnte das nicht glauben, hielt es für bloßes Geschwätz.

Als ich abends Wasser holen ging, traf ich einen aus meiner Einheit. Ich berichtete ihm von der Lage, und er meinte, das solle ich dem Kompaniechef melden. »Ein Glück, daß du bis hierher durchgekommen bist; jetzt kannst du ja bei uns bleiben.« Auch der Kompaniechef, Oberleutnant Yamazaki, freute sich, mich heil zu sehen. Da sich sämtliche Marineeinheiten auf dem Rückzug in den äußersten Süden befanden, gab er uns den Befehl, die Gegend zwischen dem Kap Kiyan und dem Dorf Yamagusuku zu erkunden.

Mit den beiden Obergefreiten Koga und Nagahama, letzterer stammte ebenfalls aus Okinawa, zog ich los. Wir kamen nur langsam voran; um uns krepierten die Mörsergeschosse, bewarfen uns mit Schlamm, und da wir die Erfahrung hatten, daß bei dieser Art von Streufeuer jeder Einschlag woanders hinfällt, sprangen wir von einem frischen Krater zum anderen. Ringsum war alles mit Toten übersät; man wußte kaum, wohin man treten sollte. Sie verbreiteten einen schrecklichen Leichengeruch. Ob es sich um Soldaten oder Zivilisten handelte, war nicht mehr zu unterscheiden, so zerfetzt, vom Regen durchnäßt und verschlammt waren ihre Uniformen oder Kleider.

Als wir im Dorf Kijyan ankamen, klammerte sich ein Kind an mich. Es schrie nach seiner Mutter und wollte mich nicht loslassen. Ich hielt ihm Hartbrot und Wasser hin, doch nichts nahm es an. Auch auf meine Fragen antwortete es nicht. Was mochte es, von der Mutter getrennt, Schreckliches durchgemacht haben, wie viele Stunden hatte es schon so geweint? Meine Kameraden meinten, ich solle mich doch davon nicht aufhalten lassen. Also sagte ich zu dem Kind: »Du wartest hier, nicht wahr? Der Onkel kommt wieder!« Und ich drückte ihm ein Stück Brot in die kleine Hand. Mit schwer zu beschreibenden Gefühlen lief ich den anderen nach.

Das war gegen Ende der Nacht gewesen. Unterwegs zur Küste wurde es hell. Etwa um neun herum näherten sich Kampfflugzeuge und nahmen uns unter Beschuß, so daß wir in die Hügel flüchteten. Plötzlich sahen wir vor uns eine gewaltige Wolke von Schmeißfliegen, und als wir darauf zutraten, entdeckten wir einen riesigen Krater, vermutlich von einer Fünfhundert-Kilo-Bombe. Sie war auf eine Gruppe von Flüchtlingen gefallen, wobei sie die Leiber derart durch die Luft gewirbelt hatte, daß die Gliedmaßen weit verstreut herumlagen und einzelne Fleischbrocken auf den Kiefern und Büschen hingen. Es war ein grauenvoller Anblick.

Später gingen wir durch Felder, auf denen hoch das Zuckerrohr stand. Wir brachen einige Stangen ab und aßen davon. Da rief uns einer zu: »He, ihr Mariner, gebt mir Wasser!« Es war ein Soldat, dem es beide Unterarme weggerissen hatte. Ich sagte: »Wir haben keines mehr.« »Doch, doch, ich hör's ja in deiner Feldflasche schwappen!« Er hatte recht, da war noch ein Rest, und ich hielt ihm die Feldflasche an den Mund, schälte ihm auch ein Stück Zuckerrohr und fütterte ihn damit. Es schien ihm zu schmecken. Aber wir mußten ja weiter.

Als wir auf die Küste stießen, sahen wir dort eine Menge Bunker, Maschinengewehre und Luftabwehrgeschütze; es waren auch japanische Soldaten in der Gegend. Dies alles meldeten wir dem Oberleutnant. Daraufhin schickte er uns auf einen ähnlichen Erkundungsgang nach Mabuni: »Mabuni ist demnach der letzte Platz, wo noch gekämpft wird. Versucht festzustellen, ob sich Kommandeur Ushijima dort aufhält!«

Sowie es Nacht wurde, kamen die Flüchtlinge aus ihren Unterständen und fingen an, sich Süßkartoffeln zu dämpfen. Wir klauten uns von jedem Haufen eine Kartoffel und hielten sie mit in die Pfanne. Nachdem wir sie gegessen hatten, machten wir uns auf den Weg. Bis Mabuni war es eine ganze Strecke. Irgendwo in den Feldern ging es ein paar Stufen abwärts; unten sprudelte eine Quelle aus dem Felsen, und wir tranken uns satt. Dann sahen wir daneben einige Leichen liegen. Vermutlich hatte es sie beim Wasserholen erwischt. Anderntags gegen Abend, nach manchen gefährlichen Situationen, erreichten wir Mabuni. Auch dort fand von seiten der japanischen Armee kein Widerstand mehr statt.

Auf unseren Bericht hin beschloß Oberleutnant Yamazaki, mit dem ganzen Rest seiner Leute ebenfalls nach Mabuni abzuziehen. Im Dunkeln marschierten wir von Yamagusuku aus an die Küste, dann immer am Meer entlang in Richtung Mabuni. Ich hatte mein Maschinengewehr längst fortgeworfen; abgesehen vom Oberleutnant mit seinem Schwert, war keiner mehr bewaffnet. An der Küste gab es keinerlei Deckung, geschweige denn Unterstände. Einmal entdeckten wir unter einem Felsen eine kleine Höhle, in der fünf oder sechs Zivilisten saßen, und wir krochen zu ihnen hinein. Aber eine der Frauen hatte ein Baby dabei, das in einem fort schrie. »Von diesem Geplärr«, meinte der Oberleutnant, »wird der Feind auf uns aufmerksam werden. Es ist besser, Sie verschwinden von hier. Oder wollen Sie sagen, das Kind wäre wichtiger als das Leben aller?« Als daraufhin auch die Frau zu weinen anfing, riß er sein Schwert heraus und schrie: »Ich hau' euch beide in Stücke!« Wohl oder übel mußte sie mit dem Kleinen auf dem Arm die Höhle verlassen.

Zu jener Zeit fuhren die Amerikaner mit Zerstörern und Amphibienfahrzeugen bis in die kleinen Buchten herein und feuerten auf alles, was nach Unterschlupf aussah, mit Brandgeschossen. Ich war gerade zum Pissen vor die Höhle getreten, da kamen sie auch auf unsere Stelle zu. Ich sprang schnell zur Seite. Zum Glück lag unsere Höhle ein Stück landeinwärts an einer Bachmündung, und der Eingang war von Steinen verdeckt, so daß sich die Amerikaner entfernten, ohne uns bemerkt zu haben.

Immerhin, wir fühlten uns nicht mehr sicher. Deshalb versuchten wir in aller Frühe, nach Kunigami durchzubrechen. Als wir an den noch zu Yamagusuku gehörenden Hügeln entlanggingen, stießen wir auf ein etwa zwei bis drei Meter tiefes Windschutzgehölz aus Pandang- und Hanfbäumen, in dem sich dicht an dicht eine Menge Flüchtlinge und Soldaten versteckt hielten. Eine alte Frau, wohl weil sie seit Tagen nichts mehr gegessen hatte, wälzte sich in Schmerzen hin und her, bis sie sich plötzlich nicht mehr rührte. Sie war tot.

Die Flüchtlinge waren damit beschäftigt, ihre Läuse zu knacken. Ich schnitt mir mit einer vorn gebogenen Sanitäterschere den wilden Bart, so daß ich wieder ganz glatt war im Gesicht. Da fragte mich ein Mädchen aus Shuri: »Wie haben Sie denn das gemacht?« Ich zeigte ihr meine Schere. »Schneiden Sie mir doch bitte auch die Haare ab!« sagte sie. Ich tat es. Da fielen die Läuse nur so heraus.

Bald darauf kamen die Amerikaner mit Spürhunden an der Leine, um uns gründlich in die Zange zu nehmen. Wir flohen. Unterwegs waren offene Drähte gespannt; das bedeutete: Hier lagen Selbstschüsse aus. Oberleutnant Yamazaki berührte aus Versehen einen der Drähte und wurde getötet.

Die Amerikaner suchten die Gegend ab, wobei sie jeden am Boden Liegenden, ob lebendig oder tot, genau betrachteten. Sie schossen mit ihren Maschinengewehren, sie brannten die Gehölze nieder. Wir, zwei etwa zwanzigjährige Frauen, Koga, Nagahama und ich, lagen mit angehaltenem Atem in hohem Pampasgras. Wir hörten, wie sich die Amerikaner laut unterhielten. Sie kamen näher und mit ihnen das Feuer. Bewegen durften wir uns jetzt nicht. Nach einer Zeit voller Angst rückte nur noch das Feuer auf uns zu; die Amerikaner entfernten sich. Langsam krochen wir davon, liefen dann über die schon abgebrannten Stellen, wo wir uns so mit Ruß beschmierten, daß wir niemandem auffielen. Das war dicht vor Yamagusuku. Da wir nichts zu beißen hatten, klaubten wir uns aus den Taschen der Toten den Reis heraus.

Von nun an ließ sich tagsüber keiner von uns mehr blicken, aber sowie es Nacht wurde, kamen sie aus ihren Schlupflöchern hervor, japanische Soldaten und Flüchtlinge, wie die Gespenster anzusehen, und machten sich auf die Suche nach Wasser. Ein Stück hinter Ishiki am Feldlazarett war der Eingang zu den Unterständen verschüttet; durch einen kleinen Spalt zwängten wir uns hinein. Mit uns war, seit dem Tod Yamazakis, der aus Kagoshima stammende Leutnant Tanaka. Drinnen stießen wir auf einige von unserer Armee und zwei kleine Mädchen. Gleich am Eingang lag ein toter Heimwehrmann. Wir hatten unterwegs einige amerikanische Konservenbüchsen aufgelesen. Einer meiner Kameraden setzte sich auf den Toten. »Entschuldige schon«, sagte er, »es ist eben Krieg«, und begann zu essen.

Unterdessen näherte sich aus der Tiefe des völlig dunklen Unterstandes ein schwankendes Licht. »Wer da?« riefen wir. Da waren es zwei junge Leute von der Okinawa-Heimwehr. Sie hausten hier, erklärten sie. Sie hätten auch Reis. Sie brachten ihn her, und wir schaufelten ihn in uns hinein; Leutnant Tanaka überfraß sich regelrecht. Da er sich nicht mehr bewegen könne, müßten wir also hierbleiben, erklärten wir. Doch die aus dem Unterstand zogen böse Gesichter. Schließlich wäre so ihr Vorrat bald zu Ende gewesen. Da sagten wir: »Na gut, gehen wir!«

Als wir im nächsten Dorf einen alten Armeebunker inspizierten, war da zwar niemand drin, dafür fanden wir eine Menge eingetrocknete Sojasoße, Rohzucker und Säcke voll Reis. Wir waren glücklich. Zu dritt packten wir uns das ganze Zeug auf und kehrten zu dem vorigen Unterstand zurück. Diesmal war die Freude allgemein. Lange Wochen lebten wir davon und von dem, was wir zusätzlich aus ehemaligen amerikanischen Stellungen holten oder dort ausgruben: allerlei Konserven, aber auch Wasser und Benzin in Kanistern und Zigaretten stangenweise.

In den letzten Oktobertagen hörten wir draußen vor dem Unterstand einen Lautsprecher: »Kommt heraus aus eurem Bunker! Seit dem 15. August ist der Krieg zu Ende!« Doch wir hielten das für eine bloße Provokation und zeigten uns nicht. In der Nacht darauf sahen wir vor unserem Eingang einen roten Lichtpunkt wie von einer Zigarette. Wir dachten, es wäre noch so einer wie wir, und gingen auf ihn zu. In Wahrheit waren es Leute von einem Friedenskorps. »Bei Tage«, sagten sie, »kommt ihr nicht heraus, und wir können nicht zu euch; da haben wir Angst vor euch. Deshalb versuchen wir es mal bei Nacht.« Sie fürchteten sich nicht ohne Grund. Wir hatten automatische Gewehre, die von den Amerikanern liegengeblieben waren. Nach einigem Hin und Her meinten sie, sie wollten, wenn wir daran zweifelten, genaueres Material über die japanische Niederlage besorgen. In zwei Tagen kämen sie wieder.

Nach zwei Tagen kamen amerikanische Soldaten und nahmen uns gefangen. Die Zivilisten wurden in Ishikawa interniert, wir Soldaten nach Kin ins Gefangenenlager gebracht. Einer der jungen Amerikaner, die uns aus dem Unterstand holten, wollte von mir zur Erinnerung meinen japanischen Füllhalter und ein paar Yen-Münzen haben und gab mir dafür Zigaretten. Als wir jedoch vor dem Lager bis auf die nackte Haut gefilzt wurden, haben sie mir alles wieder abgenommen.

Drei Tage später wurden wir mit Lkws auf ein von Stacheldraht umgebenes Feld gebracht, wo wir in Zelten hausten. Morgens bekamen wir Konserven für den ganzen Tag; aber wir hatten solchen Hunger, daß wir sogleich alles aufaßen. Später legten wir wenigstens für abends etwas beiseite, bevor wir zur Arbeit marschierten; mittags ließen sich die Amerikaner auf der Arbeitsstelle durchaus dazu überreden, das eine oder andere herauszurücken. Aussicht auf baldige Entlassung bestand nicht, eher fürchteten wir, daß sie uns doch noch umbrächten. Gelegentlich dachte ich an Flucht. So schrieb ich dem Vorsteher der nächsten Ortschaft einen Brief und fragte ihn, ob er mir nach einer Flucht weiterhelfen würde. Er antwortete, ich solle Geduld haben; es würde sich alles bessern.

Inzwischen war unser Lager überfüllt, und ich kam in das Lager nach Maki. Das war Anfang November. In Wind und Regen hatten wir leere Kartuschen aufzustapeln. Wir waren fünfundzwanzig Mann in jeder Baracke. Wenn wir bei der Arbeit irgend etwas Brauchbares fanden, nahmen wir es an uns und versteckten es.

»Unsere Kriegsbeute«, wie wir das nannten. Wir sahen, wie sich die amerikanischen Soldaten heimlich mit Bier, Konserven oder Kleidern aus den Depots versorgten; also taten wir das auch. Dann kontrollierte eines Tages die Militärpolizei unsere Baracken und konfiszierte alles. Es soll an die zivilen Flüchtlinge verteilt worden sein.

Im Lager waren Männer aus ganz Japan, von Hokkaidō bis Kyūshū; ich zählte ebenfalls dazu, da ich damals mein Familienregister in Yokohama hatte. Diejenigen, die aus Okinawa stammten, waren offenbar woanders zusammengefaßt. Ich war ohne jede Nachricht von meiner Familie, und manchmal saß ich trübselig herum, so daß die anderen mich auslachten. »Ihr habt gut lachen«, sagte ich, »ihr seid jung, aber ich habe Frau und Kinder.«

Ende 1946 wurden wir dann doch entlassen. Ich kam nach Nagoya. Dort waren auch viele andere aus Okinawa, darunter sogar Verwandte von mir. »Deine Leute sind zu Hause in Miyakojima«, berichteten sie, »es geht ihnen gut.« Mit dem nächstmöglichen Schiff kehrte ich ebenfalls nach Miyakojima zurück. Wir waren wieder beisammen. Was hinter mir lag, war wie ein Alptraum.

4. Kapitel
Atombomben auf Hiroshima und Nagasaki

Die begrabene Stadt

Die sieben Flüsse,
randvoll fließend mit den Wassern der Qual:
als streckte sich eine knotige Narbenhand.
Und auf dem Grund der Delta-Stadt
noch immer, dicht gedrängt,
die verkohlten Leichen des August:
von der Sand- und Sonnenlohe geröstet,
in glühenden Bahnwaggons übereinandergeworfen,
sich bei den verbrannten Händen haltend,
auf dem Betonestrich düsterer Zellen
aufgehäuft wie Gerümpel,
niedergeschlagen von schwerem Gebälk –
noch immer so, und können nicht Erde werden,
ein zäher Menschenschlamm.

Aber irgendwann,
da ist die begrabene unterirdische Stadt
zu einer Schicht geworden
von Trümmern und Gebein, da bildet sie
die Atom-Formation aus dem 20. Jahrhundert,
und leuchtenden Auges werden
die Archäologen konstatieren:
Ah, Hiroshima –
das war Zivilisation!

Sadako Kurihara

Am 6. August 1945, morgens um acht Uhr fünfzehn, explodierte in fünfhundert Metern Höhe über dem Zentrum Hiroshimas die erste zum Einsatz kommende Atombombe. Die US-Flieger, die sie abwarfen, hatten ihr den Namen »Little Boy« gegeben. Ihre Stärke entsprach 13 000 Tonnen herkömmlichen Sprengstoffs. Eine Hitzewelle mit drei- bis viertausend Grad Celsius im Epizentrum am Boden und eine gewaltige Druckwelle verwandelten die Stadt zwischen den sieben Flußarmen in eine Wüste. Menschen verschmorten zu schwarzen Klumpen, viele wurden buchstäblich »atomisiert«, von manchen blieb nichts als ihr Schatten auf einer Mauer, einer Treppe, einer Straße. Zehntausende lagen tot da mit zerrissenen inneren Organen oder verbrannten in der danach ausbrechenden Feuersbrunst. Von denen, die, in zerfetzten Kleidern und mit schrecklichen Wunden bedeckt, noch atmeten, erlebte ein Großteil den ersten Abend nicht mehr, oder sie starben in den folgenden Tagen, Wochen, Monaten und Jahren. Insgesamt kamen 130 000 um, dazu vermutlich 30 000 Armeeangehörige. Unter den Opfern befanden sich zahlreiche koreanische Arbeiter sowie andere Fremde asiatischer Herkunft, auch einige amerikanische Kriegsgefangene.

Drei Tage später, am 9. August, wurde über Nagasaki die Plutoniumbombe »Fat Man« gezündet. Sie besaß 22 000 Tonnen Sprengkraft. Die Auswirkungen waren ähnlich verheerend wie in Hiroshima. Lediglich die Tatsache, daß die Stadt von Bergen durchzogen ist, beschränkte die Zahl der Toten auf etwa 70 000.

Während die zurückkehrenden amerikanischen Atombomber-Piloten als »Helden« gefeiert wurden, weil sie zu der wenige Tage später erfolgenden Kapitulation des Gegners beigetragen hatten, wußten die japanischen Überlebenden zunächst nicht, Opfer welcher Art von Waffe sie geworden waren. Selbst als feststand, daß Hunderttausende von ihnen, aber auch die als erste in die verödeten Städte eilenden Hilfsmannschaften, in hohem Grade durch radioaktive Strahlungen geschädigt waren, als nach verschiedenen Frühsymptomen Leukämie und andere Krebserkrankungen sowie knotige Keloid-Wucherungen auf den Brandnarben zunahmen, herrschte bei den Ärzten Ratlosigkeit darüber, was gegen diese »Atombombenkrankheiten« zu tun sei. Von japanischer Seite sofort eingeleitete Untersuchungen durften auf Anordnung der nunmehrigen amerikanischen Besatzungsmacht nicht öffentlich diskutiert werden; japanisches Dokumentarfilmmaterial wurde beschlagnahmt, die journalistische Berichterstattung durch einen »Press Code« der Zensur unterworfen.

Anders als im sogenannten konventionellen Krieg war hier die Zerstörung, die Auslöschung, Sache eines einzigen Augenblicks. An Flucht oder auch nur an den Sprung hinter eine Deckung war nicht zu denken. Aber die Folgen dieses »Pikadon« (»Blitz und Schlag«) sind für immer unaufhebbar. Trotz aller seit dem Ende der Besatzungszeit 1952 ergriffenen Maßnahmen ist eine wirkliche Rehabilitation nicht möglich. Jahr für Jahr werden an den Gedächtnistagen die Namen der inzwischen an den Strahlungsschäden Verstorbenen aufgerufen; und die heute in Japan registrierten 360 000 »Hibakusha« (»die an der Bombe Leidenden«) und mit ihnen Tausende von Koreanern und Chinesen leben in der ständigen Furcht, daß der Tod, der im August 1945 die Hand nach ihnen ausstreckte, sie doch noch einholen, daß er auch ihre Kinder und Kindeskinder nicht verschonen wird.

Tatsuko Mori
(geboren 1915)

Ein endloser, schweigender Zug

Wir wohnten damals in Ushita nördlich vom Bahnhof Hiroshima in einer zwar zur Stadt gehörigen, aber von grünen Feldern und Bäumen umgebenen, ruhigen Gegend. Mein Mann arbeitete als Dienstverpflichteter in der Schiffskommandantur der Armee in Ujina, und auch an jenem Tag verließ er gegen halb acht das Haus.

Ich, unseren Zweijährigen auf dem Rücken, machte mich mit dem Vater meines Mannes (die Schwiegereltern lebten bei uns) in Richtung Hesaka auf den Weg, wo wir bei einem Bauern Gemüse holen wollten. Wir gingen die Uferstraße flußaufwärts, und als wir am Übungsplatz der Pioniere vorbeikamen, waren die Soldaten dabei, eine Pontonbrücke zusammenzusetzen und auf der Insel im Fluß das Minenverlegen zu üben. Am hinteren Kasernentor hatten sich eine Menge Leute versammelt, um frisch Eingezogene zu verabschieden. Wir drängten uns hindurch und bogen in die Straße ein, an der oberhalb des Übungsplatzes die städtischen Wasserbehälter lagen.

Kurz bevor wir an diesem Morgen losgegangen waren, hatte es Entwarnung gegeben, daher dachten wir, wir könnten unbesorgt unser Gemüse holen, aber jetzt sah ich am Himmel ganz in der Ferne einige Flugzeuge auftauchen. Mein Schwiegervater meinte, das seien in der Tat amerikanische B-29-Maschinen. Mir kam das irgendwie seltsam vor. Und plötzlich war alles um uns für einen Augenblick in ein Licht wie vom Magnesiumblitz beim Fotografieren und in eine dumpfe Hitze gehüllt. Außer mir vor Schreck warf ich mich mit dem Kind auf dem Rücken in die nächste Gebäudelücke, die ich sah, und mein Schwiegervater sowie fünf, sechs andere Passanten fielen über mich.

Unmittelbar nach dem Blitz spürten wir gleichzeitig mit einer gewaltigen Detonation einen heftigen Sog, als ob wir in die Luft gerissen würden, um in der nächsten Sekunde mit zermalmender Gewalt gegen den Erdboden gepreßt zu werden; von irgendwoher erhob sich ein Orkan von schwarzem Sand und Staub, in dem Holzstücke und zertrümmerte Dachziegel und Glassplitter wirbelten. Mir war, als setzte mein Herz für einen Augenblick aus. Die Leute, die auf mich gefallen waren, sie alle verletzt und blutverschmiert, erhoben sich verwirrt und liefen ziellos davon. Die Umgebung hatte sich so gründlich verändert, daß man sich fragte, wohin denn die bis eben noch um einen gewesene Stille verschwunden war. Sowie sich von dem Sturm der hochgetragene Sand und Staub wieder gesetzt hatten, sah ich, daß ringsum überall die Flammen züngelten.

Die Dächer der Häuser an der Straße waren heruntergeweht, die elektrischen Maste geknickt, die Drähte zerrissen; man wußte nicht, wohin man treten sollte. Drüben am anderen Flußufer über den dort dichteren Stadtvierteln sahen wir die mit schwarzem Rauch vermischten, vom Aufwind angeblasenen Feuersäulen mit entsetzlicher Geschwindigkeit sich in alle Richtungen ausbreiten wie böse Geister, und wir gerieten in Panik. In wilden Haufen stürzten die Leute davon, weg, nur immer weg, ohne sich klarzumachen, wohin. Meine Eltern waren zu Verwandten in Hesaka evakuiert; so hatten wir für unsere Flucht zum Glück ein Ziel. Der Junge auf meinem Rücken hatte von jenem Licht Brandwunden an beiden Händen und Füßen; sie begannen, dick aufzuschwellen. Als wir uns schließlich bis Hesaka durchgekämpft hatten, gingen wir als erstes zum Arzt des Dorfes. Aber er war nicht da, sondern zur Hilfeleistung in die Volksschule geeilt, in der sich ein Auffanglager für die Verletzten befand. Also liefen auch wir weiter bis zur Schule.

Wir erschraken über die Zahl der Schwerstverletzten, die dort lagen. Und immer mehr drängten herein, mit Brand- und klaffenden Fleischwunden, die Haut an den unbedeckten Stellen in Fetzen hängend, die Haare verschmort, die Gesichter geschwärzt und einen leeren Ausdruck in den Augen. Wie mochten sie überhaupt bis hierher gekommen sein? Mit Mühe hielten sie ihre blutverschmierten Körper aufrecht; keiner klagte über Hunger, dazu waren wohl die Schmerzen und die Verletzungen zu groß. Nur Wasser verlangten sie. Es mag herzlos erscheinen, aber man gab ihnen keines, weil schon ein einziger Schluck ihr Ende bedeutet haben könnte. Es war wie eine Szene in der Hölle, und in mir wuchs der Haß auf diese Grausamkeit und auf den Gegner. Wir müssen den Krieg doch noch gewinnen, dachte ich.

Viele der Bedauernswerten, nachdem sie eben noch behandelt worden waren und sich vielleicht sogar erleichtert fühlten, starben bald darauf. Die Schule hatte sich in einen Ort der Trauer verwandelt, an dem Tod und Leben miteinander rangen.

Keiner konnte wissen, was für eine Geheimwaffe da zum erstenmal in der Welt eingesetzt worden war, und obwohl es sich um eine Atombombe handelte, von der in einem einzigen Augenblick alles in einem weiten Umkreis zu Asche zerfallen war, meinte doch jeder, ihn allein habe es getroffen. Noch unsicherer war man, was die Behandlung der durch die neue Waffe Verletzten betraf. Schließlich verließ ich die Schule wieder, ohne daß der Arzt mein Kind gesehen hatte. In Wahrheit wurde mir von dem Anblick übel, und ich war nahe daran, in Ohnmacht zu fallen.

Sowie wir uns in Hesaka einigermaßen beruhigt hatten, machten wir uns aus Sorge um die zu Hause allein zurückgebliebene Schwiegermutter erneut auf den Weg. Von Nachbarn ließen wir uns, wir hielten das für näher und sicherer, zeigen, wie wir über die Berge hinweg nach Ushita kämen. Dem Kleinen auf meinem Rücken hatte ich ein Tuch über den Kopf gebunden, und so stieg ich mit meinem Schwiegervater den unbekannten Bergpfad hinan. Während wir keuchend höher und höher kletterten, kam uns ein Zug von Verletzten entgegen; sie waren so gut wie nackt und über und über von Brand- und Fleischwunden bedeckt und aus ebenjener Gegend geflohen, in die wir wollten. Als wir von ihnen hörten, drüben sei alles bis an die Berge hinan ein einziges Meer von Flammen, gaben wir es auf und kehrten um. Zuvor, das erstemal in den Bergen, waren wir hinaufgestiegen, ohne nach rechts und links zu sehen, so daß wir uns jetzt verliefen und in einen dichten Kastanienwald gerieten. Der Weg führte immer auf der Höhe entlang, meine Füße wurden wund vom Bambusgras sowie von trockenem Geäst und bluteten. Schließlich nahmen wir Schwiegervaters Kimonogürtel und ließen uns, indem wir ihn jeweils um einen Baum schlangen, Stück für Stück den Hang hinunter. Nach einiger Zeit stießen wir auf eine Straße, dann auf eine bewohnte Hütte.

Von der Hitze und der Erschöpfung hatten wir trockene Kehlen. Also ließen wir uns von den Leuten in der Hütte Wasser aus dem Brunnen schöpfen. Aber obwohl es, wie sie sagten, sonst hell und klar gewesen war, war es jetzt so trübe, daß man es nicht trinken konnte. Mit schweren Füßen schleppten wir uns den Weg dahin, den man uns gewiesen hatte, und endlich kamen wir wieder zu dem Haus unserer Verwandten, in dem meine Eltern waren. Begierig stürzten wir uns auf das kalte Brunnenwasser und tranken. Es ist nicht zu beschreiben, wie gut es schmeckte.

Noch einmal dachten wir: Wir müssen zurück! Und diesmal gingen wir hinunter an den Fluß und wollten dort den Deichweg nehmen. Indessen war dieser Weg so voller Menschen, die mit Pferde- oder Handkarren, mit Fahrrädern oder Dreiradwagen oder einfach zu Fuß flußaufwärts auf die Berge flüchteten, daß hier an ein Durchkommen umgekehrt in Richtung Stadt nicht zu denken war. Vom Wind über den Fluß trieb ein seltsamer Geruch heran, eine Ahnung des Grauens; ohne ein bestimmtes Ziel, gehetzt und voller Angst, eilte die Menge vorwärts. Mancher, von ihrem Strom mitgerissen, aber am Ende seiner Kräfte, stolperte und stürzte, doch niemand drehte sich nach ihm um. Angesichts dieses endlosen, schweigenden Zuges gaben wir unser Vorhaben auch diesmal auf. Wir konnten nur von Herzen beten, daß die Schwiegermutter heil davongekommen war.

Während wir uns noch um sie sorgten, kam mein jüngerer Bruder, selber mit schweren Brandwunden an der Stirn und an beiden Händen, aber er brachte die völlig unverletzte Schwiegermutter mit. Sie war bei der Explosion in der Küche gewesen. Das Dach des Hauses, so erzählte sie, sei über ihr zusammengebrochen, doch habe sie zum Glück nichts abbekommen, sondern nur ängstlich auf Nachricht von uns gewartet. Bis auf meinen Mann (ihn hatte es, wie er später berichtete, in Ujina erwischt) war jetzt so gut wie die ganze Familie versammelt, und wir beschlossen, gemeinsam in Hesaka über Nacht zu bleiben.

Morgens beim Weggehen hatte ich eine weiße Baumwollbluse angezogen; sie war völlig grau geworden. Als ich sie jetzt wusch, zerfiel sie, als hätte ich ein Papiertaschentuch ins Wasser geworfen. Vermutlich, weil sie von jenem gräßlichen Blitz getroffen worden war. Im Bad vor dem Spiegel sah ich mit Entsetzen, daß sich mein Gesicht bräunlich-gelb verfärbt hatte, und es brannte wie wild.

Abends fand ich keinen Schlaf; was an diesem Tage geschehen war, hatte mich zu sehr aufgewühlt. Es wurde eine Nacht wie ein Alptraum, so lange mußte ich auf die Morgendämmerung warten; und als ich in der ersten schwachen Helle vors Haus trat, lagen überall Verwundete an der Straße, die aus der Stadt geflohen waren. Bis hierher in die Stille trieb mit einem grausigen Ton so etwas wie der Nachhall eines unbeschreiblichen Stöhnens heran.

Die Bäume im Garten, frisch und grün und vom Tau benetzt, harrten ruhig dem Tag entgegen. Und doch, auch dieser Morgen würde alles wieder wie gestern in eine Szene des Grauens verwandeln.

Satoko Matsumoto
(geboren 1921)

Ein schwarzer Regen

Auch an jenem Morgen war das Wetter wieder so strahlend, daß es einen blendete. Am Himmel kein Wölkchen, kein Anzeichen dafür, daß es, worauf wir hofften, einmal richtig regnen würde. Natürlich konnten wir immer »Besuch« von oben bekommen, aber zunächst wollte ich mir den Schweiß abspülen von dem Hin und Her bei dem mehrfachen Fliegeralarm in der Nacht. Ich war gerade dabei, mir mit einem Stück der minderwertigen Seife, damals eine Kostbarkeit, den

Kopf einzuseifen, und rieb mir, da mir der Schaum hineingelaufen war, die Augen. Plötzlich wurde ich von einem gewaltigen Lichtschein getroffen.

Meine kleine Tochter, zwei Jahre und zwei Monate alt, spielte sonst, wenn ich mich morgens anzog, mit nichts als ein Paar Höschen an draußen vorm Haus und kam so schnell nicht wieder; zum Glück hatte sie sich diesmal in der Wohnung unter einem Stuhl verkrochen, so daß ich sie schon im Augenblick darauf fest in meinen Armen hielt.

Geräuschlos sank das Haus in sich zusammen, und wir lagen unter den großen Dachbalken. Ich versuchte hinauszukommen, doch davon fiel nur noch mehr herunter. Es brauchte eine ganze Zeit, bis wir beide, immer kriechend, draußen waren. Vor mir ein einziges Grau, und dann sah ich, was ich von uns aus noch nie gesehen hatte: weit drüben in der Ferne den Eba-Berg. Ringsum nichts als eingestürzte Häuser. Kein Laut, keine Stimmen, und eine Weile standen wir, Mutter und Tochter, wie angewurzelt, vor dieser Welt, die so unwirklich war und dennoch kein Traum.

Unterdessen kamen aus dem Rauch von Osten her menschliche Gestalten auf uns zugewankt. Straßen, die den Namen verdient hätten, gab es nicht mehr. Wie die Ameisen kletterten die Gestalten eine nach der anderen über die grausam verstreuten Trümmer der Häuser, die einen keinen Faden mehr auf dem Leib, andere in Hosen und zerfledderten Jacken, schlurfend mit ihren zerrissenen Schuhen und ohne jeden Ausdruck im Gesicht. Selten jemand mit Gepäck.

Was ich für zerfledderte Jacken gehalten hatte, war in Wahrheit Haut, die ihnen in Fetzen vom Leibe hing. Darunter trat das rote Fleisch hervor. Nach dem Tod meines Mannes hatte ich mir in meinem übergroßen Kummer seine Hölle ausgemalt; doch dies hier war eine noch ganz andere Hölle. Manche, völlig aufgelöst, riefen im Vorwärtstaumeln nur immer die Namen ihrer Angehörigen. Oft konnte man von weitem nicht unterscheiden, ob es eine Frau war oder ein Mann. Wo blieben denn nun die sonst so überheblichen Luftschutztrupps? Von ihnen war nichts zu sehen.

Von drei Seiten her näherten sich die Flammen. Schon hatte die Ogawachi-Brücke Feuer gefangen. »Laufen Sie hinüber, bevor sie zusammenstürzt«, schrie mir jemand zu, und ich beschloß, bis an den Fuß der Berge zu gehen. Einer, der anscheinend ganz gesund vor mir hermarschierte, fiel plötzlich um. Ich wollte ihm aufhelfen, streckte ihm die Hand hin; doch er war bereits tot. Und wieder und wieder starb einer von denen vor mir. »Wasser!« riefen sie und starben.

Wir hatten die Brücke noch nicht völlig überquert, da war mir, als fielen einzelne Tropfen. Allmählich wurde der Regen heftiger und trommelte erbarmungslos auf die offenen Fleischwunden der Verletzten. Auf den Feldern unterkriechen konnten sie nicht; wenn sie die Auberginenblätter oder die Hirsebüschel berührten, schien das entsetzlich weh zu tun. Der Regen war wie schwarzes Schweröl; er klebte in meinem schon vom zusammenbrechenden Haus her mit Lehm und Staub verdreckten Haar und war nicht herauszukriegen.

Als der Regen nachließ, flog eine amerikanische Maschine verhältnismäßig tief und langsam von Süd nach Nord über uns hinweg. Manche schrien ihr wütend hinterher. Viele der Flüchtlinge verschwanden, ich weiß nicht, wohin, bald waren es nur noch wenige Grüppchen. In das Bergdorf, in das ich Gepäck ausgelagert hatte, konnten wir nicht gehen, nachdem ich den Leuten damals versprochen hatte, daß ich ihre Hilfe nicht strapazieren würde. Und da mir sonst nichts einfiel, kehrten wir zu dem Platz unseres Hauses zurück.

Die zuvor Gestorbenen, vom Regen durchnäßt und aufgeschwollen, boten einen entsetzlichen Anblick. Nur um wegzuschauen, sah ich in einen kleinen, stets wenig Wasser führenden Fluß; er war angefüllt mit verzerrt daliegenden Toten. Ach, wünschte ich, käme bald die Flut, daß sie sie ins Meer spülte!

Die Brände begannen gegen Abend wieder heftig aufzulodern. Ich bekam unsere Kleider nicht trocken, und der Rucksack, auf den ich in großen Schriftzeichen den Namen, die Adresse und die Blutgruppe meiner Tochter geschrieben hatte, war uns irgendwann und irgendwie abhanden gekommen. Ich suchte ihn, obwohl mir das sinnlos erschien, und dabei entdeckte ich unter den Trümmern der zusammengefallenen Häuser das kleine Kind einer Nachbarin. Es war von seinem eigenen Unrat völlig verschmiert. Diese Frau, die das Kind sonst so gehätschelt hatte, mußte nicht ein noch aus gewußt haben, daß sie davongelaufen war und das Kleine so zurückgelassen hatte. In dieser Nacht kampierte ich mit den beiden Kindern im Freien. Meine Pensionsbescheinigung, die ich mir auf den Bauch gebunden hatte, fest an mich gepreßt, war ich entschlossen, mich aus all dem wieder herauszuarbeiten.

Meine Schwiegermutter hatte sich zusammen mit der Familie meines Schwagers evakuieren lassen, ohne mir davon etwas zu sagen, was bei mir ein Gefühl der Verlorenheit verursacht hatte; jetzt war ich aufrichtig froh, daß sie vorher abgereist war. Wir waren zum Glück unverletzt, aber natürlich hatten wir im Freien einiges auszuhalten. Nach Sonnenuntergang wurde es kühl, und in der Ferne flackerten die Flammen noch einmal wilder auf. Zu essen hatten wir nichts. Es war, so schien mir, eine entsetzlich lange Nacht. Dann und wann sah ich feindliche Maschinen am Himmel oder, als müßten sie alle herunter, eine Menge Sternschnuppen fallen. Jemand meinte, da würden im Süden wieder viele Soldaten umgekommen sein. Mich überlief eine Gänsehaut, mich fröstelte. Ich suchte einen etwas trockeneren Grasflecken, wo wir schlafen könnten; aber ein leises, wie vorwurfsvolles Stöhnen – »Wasser! Gib mir Wasser!« – schreckte mich wieder auf. Ich hatte keines; was sollte ich tun? Also suchte ich einen anderen Platz; kaum hatte ich mich mit den beiden Kindern niedergelassen, wurde ich abermals aufgeschreckt. Eine Stimme im nahen Feld rief klagend: »Ach, was ist das ein Elend! So muß ich heute nacht die Totenwache halten. Namu Amida-butsu!« Die Vorstellung, in meiner Nähe läge eine Leiche, erinnerte mich an die Schreckensbilder des Tages, und teils aus Verlorenheit, teils aus Angst, fuhr es mir davon eiskalt in die Glieder, so daß ich eiligst von neuem den Platz wechselte. Schließlich lief ich die ganze Nacht umher, in der Hoffnung, daß es bald Tag würde.

Am Morgen brachte man uns aus den Dörfern Reisklöße herein. Die erste Sendung war jedoch so verdorben, daß der Reis schon Fäden zog, und obwohl ich seit dem Tag zuvor nichts mehr zu mir genommen hatte, bekam ich das Zeug kaum hinunter. Und nicht nur die Reisklöße hatten unter der Hitze gelitten; den Verletzten platzte die Haut von den Brandwunden ab, und es war schrecklich anzusehen, wie daraus der Eiter rann, während die Fliegen auf den Wundrändern saßen. Mit Resten von Moskitonetzen, die sie über sich legten, versuchten sie, die Fliegen abzuhalten; doch schon am Abend darauf wimmelten die Wunden von Maden.

Da wir sonst nichts tun konnten, bauten wir uns aus einer alten Tür einen Sonnenschutz, ruhten uns aus oder wuschen uns in einem Tümpel, den man unter einem fadendünn laufenden Wasserrohr angestaut hatte; die Flecken von dem schwarzen Regen jedoch wollten nicht abgehen. Inzwischen begannen auch bisher Gesunde nach und nach an Kräften zu verlieren, in sich zusammenzufallen.

Schließlich, wir brauchten dazu den ganzen Tag, ging ich mit den beiden Kindern in das Dorf Miyauchi, das man zum Sammelplatz für unser Stadtviertel bestimmt hatte. Aber dort hieß es, man dürfe nur drei Tage bleiben. Also kehrten wir anderntags über jenes Dorf, in dem mein Gepäck lagerte, nach Hiroshima zurück. Allmählich bekam ich Sehnsucht nach meinen Eltern und Geschwistern, und obwohl ich es für unvernünftig hielt, machten wir uns erneut auf den Weg, diesmal nach Kuchi, dem Heimatdorf meiner Mutter, wo wir am 14. August ankamen. Dort erlebte ich das Kriegsende. Das Haus meines Onkels, eines armen Bauern, war zum Brechen voll, nicht nur mit unserer ganzen Familie, sondern mit fremden Flüchtlingen obendrein. Ich und die beiden Kinder hatten Durchfall und waren verlaust, und es gab viel Aufregung, bis wir die Tierchen loswaren. Wenn ich daran denke, juckt es mich noch jetzt auf dem Kopf.

Mein Vater hatte sich von der Bombe die Purpurea-Krankheit (pickelartige Blutergüsse in der Haut) zugezogen. Als er am 22. August abends durch die Felder ging, wurde ihm plötzlich unwohl, und bald darauf war er tot. Offenbar hatte er sich mit dem Spaziergang von seinen Schmerzen ablenken wollen.

Ich habe später wieder geheiratet und alles darangesetzt, ein glückliches Familienleben zu führen.

Izumi Izuhiro
(geboren 1902)

Dann starb auch unser Sohn

Als wäre es gestern gewesen, steht mir noch immer vor Augen, wie das damals nach der Atombombe war; ich brauche nur daran zu denken, und mir laufen die Tränen übers Gesicht.

Mein Mann war eingezogen, er arbeitete im Divisionshauptquartier in der Stadt. Takako, unsere Älteste, sie war damals in der ersten Klasse des Lyzeums, hatte am Morgen des 6. August noch gesagt: »Na, dann wollen wir mal durchhalten bis zum Sieg ...« Und gesund und munter war sie losgegangen. Ich dachte, da sie mittags nach Hause kommt, wirst du ihr das Bad heizen. Als ich in den Hof hinaustreten wollte, riefen aufgeregte Schulkinder auf der Straße: »Da kommt ein Fallschirm herunter!« Ich lief ans Fenster. Wirklich schwebte da irgend etwas an einem Fallschirm abwärts. Im selben Augenblick erfolgte zusammen mit einem blendenden grünen Blitz eine riesige Explosion, und ich wurde zu Boden geschleudert. Als ich in den Himmel sah, erhob sich dort eine große, pilzförmige Wolke, die sich lange Zeit nicht auflöste. Im Haus hatte es die Zimmerdecken weggerissen, die Fensterscheiben zertrümmert und die Splitter weit verstreut; auch sonst war von dem Explosionsdruck alles zerstört. Später fiel ein schwarzer Regen und durchtränkte die Tatami-Matten.

Als ich vor das Haus ging, schleppten sich eine Menge Leute vorbei, mit schlaffen Armen und in Fetzen von weißen Tüchern wie die Gespenster. Beim genaueren Hinsehen erkannte ich: Die Haut hatte sich von ihren Körpern gelöst und hing an ihnen hinab bis an die Füße; ihre Fersen waren das blanke Fleisch. Viele kamen auch in unser Haus. Sie legten sich im Eingang auf die Holzdielen und riefen: »Geben Sie mir einen Schluck Wasser! Mir ist so kalt, decken Sie mir doch etwas über!« Wirklich helfen konnte ich ihnen nicht. Eine Schülerin, völlig schwarz verbrannt, die Haare auf dem Kopf versengt, die Augen zerstört, flehte mich schluchzend an um einen Schluck Wasser. Als ich ihr zu trinken gab, sagte sie: »Dafür werde ich Ihnen immer dankbar sein.« Dann tat sie unter Schmerzen den letzten Atemzug.

Ich machte mir Sorgen um meinen Mann sowie unsere Kinder und dachte, du wirst sie suchen gehen. Zweimal lief ich bis an die Koi-Brücke, aber die Stadt war ein Meer von Flammen, und eine Frau allein konnte da nicht hinein. Auf dem Rückweg lagen viele auf der Erde und schrien nach Wasser. Es war wahrhaftig eine solche Hölle, daß ich einfach nicht weiß, mit welchen Worten ich das beschreiben soll.

Die Verwundeten in unserem Haus brachte ich hinüber in die Schule. Am Abend schließlich kam mein Mann mit blassem Gesicht zurück, er war vom Auffanglager in Futaba aus barfuß gegangen. Er bat nur um ein Glas Wasser, blieb auf der Steinstufe am Eingang sitzen und trank. Seit dem Morgen, sagte er, hätte er nichts mehr gegessen. Aber auch jetzt aß er nur einen einzigen Bissen von einem Reiskloß; dann rollte er sich in das Tatami-Zimmer nebenan und schlief. Auf einmal kam ein Bekannter: »Ich habe Ihre Tochter gefunden. Gehen Sie und holen Sie sie möglichst schnell!« Er würde uns die Stelle zeigen. Da ich sonst niemanden hatte, weckte ich meinen Mann, und obwohl er sich selber kaum auf den Füßen halten konnte, sagte er: »Ja, mit dem festen Willen eines Vaters werde ich sie retten.« Ich holte eine Trage, und indem sich mein Mann bei mir auf die Schulter stützte, liefen wir los. Das war abends etwa um acht. Alle zehn Meter mußten wir eine Pause einlegen, mußten, während es ringsum brannte, über Tote klettern; doch als wir gegen Mitternacht den Platz erreichten, wo das Präfekturgebäude gestanden hatte, nahm mein Mann alle seine Kräfte zusammen und rief: »Takako! Takako!« Eine Stimme antwortete: »Hier bin ich!« Als wir bei ihr waren, stockte mir der Atem, ich brachte kein Wort heraus; fast hätte ich nicht geglaubt, daß das unser Kind sein sollte. Ihre Augen waren zerstört, ihr Rücken rot verbrannt. Sie mußte mitten in dem Flammenmeer gelegen haben. Man hatte sie geröstet wie einen Fisch.

Wir fanden einen Karren, legten sie darauf, und morgens um fünf, mein Mann hatte sich unterwegs am Karren festgehalten, waren wir zu Hause. »Takako«, sagten wir, »jetzt bist du wieder daheim!« Darauf sie: »Vater, Mutter, habt Dank für alles!« Ich schnitt ihr ein paar Tomaten, die sie so gerne aß. Sie tat ihre weißen Zähne ein wenig auseinander, es schien ihr auch zu schmecken. Doch dann sagte sie: »Ach, tut das weh!« Ich nahm sie in meine Arme, und mit einem Seufzer schlief sie ganz still ein, für immer.

Um acht am anderen Morgen kam unser Sohn, er war damals Mittelschüler, mit Brandwunden über dem halben Kopf, das Hemd blutverschmiert und völlig weiß im Gesicht nach Hause. »Tetchan, deine Schwester ist tot.« Und als er sah, wie entstellt sie war, da liefen auch ihm die Tränen.

Bald darauf fielen meinem Mann die Haare aus, er wurde aschfahl, Blut trat ihm aus Nase, Mund und After; weil er zudem hohes Fieber hatte, wollte ich ihm mit Brunnenwasser Kühlung verschaffen. Da sagte er: »Noch nie in meinem Leben habe ich solche Schmerzen gehabt. Meine sämtlichen Eingeweide müssen zerrissen sein.« Und unter Qualen, daß es kaum mit anzusehen war, starb er.

Kazuo Matsumura
(geboren 1912)

Mit dem Mut der Verzweiflung

Morgens um sieben Uhr dreißig hörte ich die Megaphonstimme, die die Entwarnung verkündete. Um die Bürger nicht allzusehr in Panik zu versetzen, hatte man damals die Sirenen abgestellt und gab die An- und Abkündigungen auf diese Weise.

Na schön, dachte ich, ich muß heute zum Hauptbüro, aber dort wird man sich gedulden. Jeden Morgen dasselbe. Diese Aufklärer schienen nach einem festen Zeitplan zu fliegen. Und das war gewiß nicht nur mein Eindruck. Das haben vermutlich alle geglaubt.

Wie viele Minuten danach vergingen – ich weiß es nicht. Als ich zu mir kam, begriff ich weder, wo ich mich befand, noch, was geschehen war. Ich hatte das Bewußtsein verloren; für wie lange, kann ich ebenfalls nicht sagen. Es roch nach Staub, es war dunkel um mich, ich war unfähig, mich zu rühren. Dazu fühlte ich mich unwohl, mir war nach Erbrechen zumute. Nach einer Weile hörte ich einen durchdringenden Schrei, dann ein Knistern. Unser Haus brannte! Wir haben, dachte ich, eine Bombe abbekommen.

Meine erste Überlegung war: Du lebst! Und da du lebst, willst du dich retten. Du willst hier heraus. Du willst so nicht sterben. Ich sah vor mir die Gesichter meiner Familie, meiner Eltern. Ich rief den Namen meiner Frau. Ob ich wirklich die Stimme dazu hatte, weiß ich nicht. Das alles ging mir einen Augenblick lang im Kopf herum. Das Schreien draußen hörte ich jetzt immer deutlicher. Es bestärkte mich erst recht in meinem Willen, mich zu retten. Den Dachbalken quer über meiner Brust bekam ich nicht weg, er war zu dick. Aber irgendwie konnte ich meinen linken Arm befreien; ich faßte Hoffnung. Dann, mit einer wilden Kraftanstrengung, quetschte ich mich unter dem Balken hervor. An der Stelle, auf die hin ich mich mit dem Kopf vorwärtsarbeitete, fiel helles Sonnenlicht herein.

Nachdem ich heraus war, sah ich mich um. Unser Haus hatte alle Form verloren; ich kam wie aus einem Tal zwischen Dachziegelschutt und Holzgebälk hervor. In meinem linken Oberschenkel klaffte ein Loch, auch aus dem linken Ohr, aus Mund und Nase lief mir das Blut. Vorsichtig strich ich mir mit der Hand über den Bauch, zu meiner Beruhigung war da nichts Ungewöhnliches festzustellen. Da ringsum riesige Feuer wirbelten, war mein Gesicht so heiß, daß ich es mit den Händen bedecken mußte. Ich versuchte, mich zu erheben. Doch in der Hüftgegend spürte ich einen heftigen Schmerz; ich glaubte, ich würde keinen Schritt gehen können. Wie man später herausfand, hatte ich zwei Rückenwirbel gebrochen.

Ich wischte den Schmutz von der ganz gebliebenen Brille und setzte sie auf. Was war nur geschehen? Der Himmel wirkte bleiern von Rauch und Staub, aber hier und da brachen wie Bänder die Strahlen einer kräftigen Sonne herein. Die Flammen kamen näher; die Funken, die auf meinen Baumwollkimono fielen, waren so heiß, daß mir der Schweiß auf der Haut zu sieden begann. Die Straße war unter herabgewirbelten Dachziegeln, Trümmern von Holz, Glas und zerfetzten Leitungsdrähten verschwunden. Wohin ich mich auch wandte, ich konnte vor Rauch und Feuer keine zehn Meter weit sehen.

»Helfen Sie mir!« rief eine erbärmliche Stimme, und ich blieb stehen. Im Giebelrest eines zusammengebrochenen zweigeschossigen Hauses steckte eine junge Frau mit ihrem Kind; sie konnten sich wohl bewegen, kamen aber nicht heraus. Andere, schon von den Flammen eingeschlossen, längst erschöpft und ohne Hoffnung, schrien in Todesqualen. Manchmal wankten, durch Lücken in Rauch und Feuer halb nackt und blutverschmiert, gespensterhafte Gestalten heran und flohen weiter auf der Suche nach einem sicheren Platz, als wäre jemand hinter ihnen her.

Wen es im Freien getroffen hatte, den erkannte man sofort. Sie alle ließen wie Spukerscheinungen die Arme baumeln; die Haut ihrer Hände hatte sich abgelöst und hing von den Fingernägeln herab. Die Brandwunden an Kopf, Brust und Armen waren bei ihnen knallrot, und das Blut lief daraus hervor. Sie gingen, vielleicht wegen des großen Schocks, wie in Trance, und ich habe keinen von ihnen gesehen, der geweint oder geschrien hätte.

Allmählich wurde der von Rauch und Staub verdüsterte Himmel heller und heller. Ein makelloses Blau trat hervor, und lediglich eine riesige pilzförmige Wolke, die sich goldfarbig brodelnd aufwärtsbewegte, verstellte die Strahlen der Hochsommersonne.

Als ich an den Flußdeich kam, sah ich eine Frau, die, um ihn vor der Sonne zu schützen, ihrem daliegenden Mann einen Hut übers Gesicht hielt; während sie ihm mit der linken Hand die Hüfte massierte, schien sie für ihn zu beten. Soweit unter dem Hut zu erkennen, war das Haar des Mannes wie bei den kleinen Mädchen vorn zu Fransen geschnitten; oben und am Hinterkopf mußte ihn der Explosionsblitz getroffen haben, denn dort war das Haar in einem großen Dreieck völlig weggesengt. Da begriff ich, wie stark die Strahlung gewesen war.

Mit vieler Mühe erreichte ich die Tsurumi-Brücke. Da es nahe an der Flutzeit war, stand das Wasser im Fluß ziemlich hoch. An beiden Ufern drängten sich die Opfer, um ihre Körper ins Wasser zu tauchen. Viele waren auch weiter hinausgeschwommen, wie ich meinte, bis mir klar wurde, daß sie sich nicht mehr bewegten, daß sie tot waren. Drüben am anderen Ende der Brücke unterhalb der steinernen Treppe lehnte, halb im Wasser, ein Mann etwa um die Fünfzig an der Ufermauer, während die Flut allmählich stieg; als ich auf der Mitte der Brücke war, sah ich, wie er wehrlos vornüberfiel und davontrieb.

Hinter der Brücke lag rücklings mitten auf der Straße und in der prallen Sonne ein vielleicht fünfjähriges hübsches Mädchen mit großen Augen unter dem Bubikopf; die verbrannten Ärmchen über die Brust haltend, sagte es mit einer kleinen traurigen Stimme: »Bitte, Onkel, gib mir etwas Wasser!« Wieder und wieder mochte es, wenn jemand vorüberkam, dieselben Worte wie mechanisch gemurmelt haben. Ich dachte an mein eigenes Kind, das mit meiner Frau zuvor evakuiert worden war, und da es mir so leid tat, sagte ich aufmunternd: »Sei ein braves Kind, und warte noch ein wenig; bald kommen die Soldaten und bringen dir Medizin und Wasser. Wenn du jetzt trinkst, wird es mit deinen Schmerzen nur noch schlimmer.« Damit ging ich weiter, um in die weniger zerstörten Straßen hinter dem nahen Hiji-Berg zu gelangen. Als ich eine Weile darauf noch einmal nach dem Mädchen sah, war es bereits tot.

Nach einer schlaflosen Nacht kam der Morgen. Wieder war herrliches, wolkenloses Wetter. Humpelnd schleppte ich mich bis zurück an die Tsurumi-Brücke. Der Fluß, von der vollen Flut aufgestaut, stand so gut wie still. Ein Boot fuhr geschäftig hin und her. Am Ufer hatten sich zahlreiche Opfer, aber auch andere versammelt, an deren ordentlicher Kleidung man sofort erkannte, daß es sich um Leute aus den umliegenden Ortschaften handelte. Alle beobachteten, wie zwei Soldaten in dem Boot die im Fluß treibenden Leichen herauszogen. Sie brachten sie nicht einzeln an Land, sondern bündelten sie mit dünnen Stricken und zerrten sie, Land, sondern bündelten sie mit dünnen Stricken und zerrten sie, ein Floß aus Toten, hinter sich her. Und noch immer schwammen überall eine Menge Leichen.

Über die Brücke hinweg kam ich in das Viertel, wo am Tag zuvor die junge Mutter um Hilfe geschrien hatte. Dort lagen hier und da verstreut menschliche Überreste, die nicht mehr zu identifizieren waren, und viele von denen, die nicht völlig verbrannt waren, waren scheußlich zugerichtet. Auch unter der Asche mochten noch welche sein. Unmittelbar neben der Ruine des Koi-Krankenhauses war eine alte Frau mit ausdruckslosem Gesicht dabei, mit einem vielleicht doppelt faustgroßen Stein von einem verkohlten Telegrafenmast kleine Späne abzuschlagen, die sie auf einen vier-, fünfjährigen toten Jungen, wohl ihren Enkel, streute; sie hatte nichts anderes und wollte die Leiche damit verbrennen. Welche Geduld! dachte ich; aber daß mich der Anblick gerührt hätte, kann ich nicht sagen.

Unterwegs sah ich viele Verletzte, in deren Wunden kleine weiße Maden krochen, vermutlich aus dort abgelegten Fliegeneiern. Es war nur seltsam, daß sich die Fliegen so vermehrten, wo auch sie von dem heftigen Lichtblitz getroffen worden waren. Der Zug der Opfer nahm kein Ende, einer nach dem anderen überholten sie mich. Ärgerlich darüber, daß mein Körper mir nicht gehorchen wollte, heulte ich innerlich. Ah, es war schrecklich. Ich dachte an meinen Vater, an meine Mutter. Ich betete, sie möchten solange durchhalten, bis ich bei ihnen wäre ...

Mein Gesicht, mein ganzer Körper, sie waren schwarz von Blut und Tränen, von Schweiß und Staub. Normalerweise läuft man vom Hiji-Berg bis zum Bahnhof Hiroshima zwanzig Minuten und noch einmal fünfzehn Minuten bis zum Bahnhof Yaga; ich brauchte über vier Stunden für diese Strecke, und als ich endlich ankam, war es kurz nach zwölf am Mittag. Eben war ein Zug aus der Provinz eingetroffen. Wegen des Notstands wendete er in Yaga und fuhr dann Richtung Tsuyama.

Meine Eltern sind beide in Hiroshima umgekommen.

Eiichi Sakogoshi
(geboren 1923)

Dass ich noch lebe, ist wie ein Wunder

Ich war Sanitäter im Armeehospital im Stadtviertel Motomachi und als Ordonnanz für allgemeine Angelegenheiten eingesetzt. Vormittags bereitete ich für die Offiziere das Essen vor, nachmittags schnallte ich mir die Ledertasche mit allerlei Schriftstücken um, die ich zu den verschiedenen in Hiroshima liegenden Einheiten zu bringen hatte. Diese Stunden waren für mich die angenehmsten; denn wenn ich meine Aufgabe rasch erledigte, konnte ich noch zu Hause im Kawara-Viertel meine Mutter besuchen.

So auch am 5. August 1945. Abends um sieben, es dämmerte gerade, hatte ich meine Runde hinter mir und begab mich zu unserem Haus. Ich rief meine Mutter, aber sie antwortete nicht. Ein Nachbar, den ich fragte, meinte, wahrscheinlich sei sie ins öffentliche Bad gegangen. Ich suchte die Küche ab, ob nicht etwas zu essen da wäre, und was ich fand, schlang ich hinunter. Dann sagte ich dem Nachbarn, wenn meine Mutter wiederkomme, solle er ihr doch sagen, ich hätte alles in der Küche aufgegessen, und kehrte zu meiner Einheit zurück. Nie im Traum wäre mir eingefallen, daß dies die letzte Gelegenheit gewesen war, um von meiner Mutter Abschied zu nehmen.

Sobald ich wieder bei der Einheit war, kamen die B-29-Maschinen. Die ganze Nacht hindurch kreisten sie mit unheimlichem Brummen über dem stockdunklen Hiroshima. Ohne ein Auge zuzutun, waren wir bis zum Morgen damit beschäftigt, die Luftschutzeinrichtungen zu sichern. Auch nach dem Hellwerden war an keinen Schlaf zu denken. Rasch frühstückten wir und eilten zum Appell auf den Hof hinaus.

6. August. Die Hochsommersonne begann aus einem buchstäblich wolkenlosen Himmel auf Hiroshima zu brennen. Das Radio in der Verwaltung brachte eben die Meldung über die Entwarnung, dann rauschte und knackte es aus dem Apparat, und plötzlich war mir, als bedeckte ein fahlgelber Blitz die Erde. Ein Volltreffer, dachte ich, und direkt vor mir! Es hatte nur einen Augenblick gedauert, aber mir erschien es sehr lang. So ist das also, wenn du stirbst. Das Gesicht meiner Mutter tauchte vor mir auf. Die Gesichter der Freunde glitten vorüber. Da kam ich wieder zu mir.

Wie durch einen aufgehenden Nebel sah ich die Umgebung. Nie war ich mehr verwirrt. Das Armeehospital, das beste in ganz Japan, war verschwunden, hatte sich in Berge von Trümmern verwandelt. Das Schloß Hiroshima existierte nicht mehr. Und als ich mich nach Süden umdrehte, war alles bis hinunter nach Ujina wie weggeblasen. Ich konnte bis weit in die Ferne sehen. Ich sah ein verwüstetes, nacktes Hiroshima. Mein Erschrecken läßt sich mit Worten nicht beschreiben. Und jetzt bemerkte ich auch, daß ich selber genauso verwüstet war – und über und über mit Brandwunden bedeckt. Mein Gesicht schälte sich; mein Kopf war versengt und rissig, irgend etwas hatte sich in ihn hineingebohrt. Von den Handgelenken hing mir die Haut in Fetzen. Meine Uniform war zerschlissen und brannte. Ich wälzte mich auf der Erde, um die Flammen auf dem Rücken zu ersticken. Dann erhob ich mich und lief, was ich konnte, davon, um einen sicheren Platz zu suchen.

Um mich war die Hölle. Soldaten, Schwestern, dazu Zivilangestellte und Patienten aus dem Hospital, alle schrecklich zugerichtet, schwarz verbrannt, so daß sie nicht zu unterscheiden waren. Diejenigen, die herumliefen, konnte man an ihrer Stimme erkennen. Andere lagen da und warteten auf den Tod. Das also ist, dachte ich, der Krieg. Natürlich war ich als Soldat bereit zu sterben, hatte aber doch gehofft, mit etwas Glück käme ich lebend zurück, um wieder ein normales Dasein zu führen. Diese Hoffnung wurde von der Realität zunichte gemacht. Es war eine Realität voller Grauen, die keiner überleben würde.

Ich rannte wie von Sinnen davon, rannte bis unterhalb der Aioi-Brücke, und da ich es vor Schmerzen nicht aushielt, sprang ich dort in den Ōta-Fluß. Ich tauchte bis zum Hals unter; da ließen die Schmerzen langsam nach. Immer mehr Leute kamen, um sich ins Wasser zu kauern. Keiner war unverletzt, alles nur Schwerverwundete, sozusagen einen Schritt vor dem Tod. Ich fragte einen neben mir, einen Militärarzt, was ich denn tun solle. Er antwortete nicht. Und nach einer Weile: »Was wollen Sie schon machen? Sie haben da etwas Entsetzliches auf uns abgeworfen. Was zum Teufel kann das gewesen sein?«

Lange konnte man im Fluß nicht bleiben. Durch die brennend hereinstürzenden Dächer war man jetzt auch hier von einem Flammenmeer umgeben, und das Wasser wurde immer heißer. Ich kroch also wieder heraus an Land. Die Glut von den Bränden war fürchterlich, sie verwandelten auch den letzten Rest von Hiroshima in Asche. Ich lief flußaufwärts den Deich entlang. Schließlich bemerkte ich, daß ich mich auf der Höhe von Ushita befand.

Die Flammen blieben zurück, die Berge waren nahe; zum erstenmal strich ein angenehmer Hauch über meinen verbrannten Körper. Es roch nach richtigem Wind, nach richtiger Luft. Aber im selben

Augenblick brach ich zusammen und übergab mich, ein widerlich gelbes Zeug lief mir aus dem Mund. Danach war meine Kehle wie versengt, und ich bekam einen gewaltigen Durst. Ich stellte mich auf die Beine und ging auf Wassersuche. Nirgends war jemand zu sehen. Mir schien, ich ganz allein liefe herum. An einem eingestürzten Haus entdeckte ich ein Leitungsrohr, aus dem das Wasser schoß. Da trank ich mir den Bauch voll. Doch ich mochte trinken, soviel ich wollte, ein paar Minuten später war meine Kehle wieder so trocken wie zuvor, und abermals machte ich mich auf Wassersuche. Die Sonne wurde rot, als wäre sie mit Blut angestrichen. Eine widerliche Farbe. Dann begann es in der Düsternis zu regnen. Ich hatte einmal ein Ölbild gesehen, das den letzten Tag der Erde darstellte. So muß das sein, dachte ich.

Ich lief und suchte Menschen. Ich fand Marinesoldaten, die aus Kure zur Hilfeleistung herübergekommen waren. Sie hatten ein großes Siebzig-Liter-Faß vor sich stehen und verteilten Wasser. Ich stellte mich an. Doch die Soldaten sagten, bei Brandwunden sei es nicht gut, Wasser zu trinken; man solle sich mit Watte nur den Mund befeuchten. »Wasser! Wasser!« schrien die Durstigen wie im Wahnsinn. Ich ließ sie schreien und entfernte mich, ging den vorigen Weg zurück. Ich hatte mich nämlich an das zerbrochene Leitungsrohr erinnert und daran, wie dort das Wasser herausschoß. Indessen, ich fand es nicht wieder. Mein Kopf machte bei jedem Schritt ein seltsames Geräusch, und wenn ich ihn hin- und herbewegte, lief mir das verklebte Blut über den ganzen Körper. Ich langte mit der Hand hinauf; da hatte sich irgend etwas Hartes in meinen Kopf gebohrt.

Ich bin als Kind auf dem Land aufgewachsen. Also wußte ich, in den Bergen gibt es Wasser, und so stieg ich in die Ushita-Berge hinauf. Wie erwartet, entdeckte ich dort einen kleinen Bach. Zunächst trank ich reichlich, dann legte ich mich ganz hinein, um mich abzukühlen. Kein Mensch ringsum, ich war allein. Ich sah in den Himmel hinauf und dachte nach über dies und das. Wenn doch der Krieg bald zu Ende wäre ... Wenn es doch die Armee nicht mehr gäbe ... Ja, und was dann ...? Darüber mußte ich eingeschlafen sein. Nach einigen Stunden wachte ich auf. Um mich war es stockfinster. Drunten in Hiroshima loderte es noch immer. Ich brauchte jetzt niemanden mehr zu suchen. Ein Stück tiefer am Berg hatten sich einige hundert Verwundete eingefunden, Alte und Junge, Männer und Frauen. Dort ließ ich mir die ersten Notverbände anlegen. Sie sagten: »Na, nun mal Kopf hoch!« Ich bekam ein paar Zigaretten und verbrachte dort den Rest der Nacht.

Wo und wie ich die folgenden zwei Wochen verbrachte, daran habe ich keine genaue Erinnerung, jedenfalls aber in der Nähe der Stelle, an der unser Haus gestanden hatte. Später wurde ich ins Rotkreuz-Krankenhaus eingeliefert. Zwei, drei Monate lang schwebte ich zwischen Leben und Tod. Bis gegen Dezember wurde ich dort noch ambulant behandelt. Danach ging ich in das Dorf Murō auf der Insel Kurahashi; da ich nicht auf beiden Beinen stehen konnte und an Krücken lief, brauchte ich drei Tage bis dorthin. Ich vergesse nicht, wie ich angesichts des blauen Meeres und der grünen Berge dachte: Seltsam, daß es solche Farben in Japan noch gibt.

Chizuko Kijima
(geboren 1914)

Kein Arzt und keine Medikamente

Als die Atombombe fiel, lebte ich mit meinem Mann und unserem zweiten Sohn, der damals zwei Jahre alt war, im Stadtviertel Ujina. Ich war im sechsten Monat schwanger. Unseren Ältesten hatten wir aufs Land gebracht, da er wegen der von Tag zu Tag heftigeren Luftangriffe auf Japan auch nicht mehr in den Kindergarten gehen konnte. Kranke, Schwangere sowie kleine Kinder und Volksschüler wurden nach Möglichkeit evakuiert; bei mir hatte man es abgelehnt.

Nachdem die Großstädte eine nach der anderen bombardiert worden waren, dachten wir mit Furcht und Zittern daran, daß heute oder morgen Hiroshima an der Reihe wäre; aussparen würde man es bei dem vielen Militär, das hier stand, gewiß nicht. Allein bei uns in Ujina lagen in Hafennähe die Proviantdepots, und hinter unserem Haus befand sich die Kaserne einer »Kamikaze«-Einheit. Wir gaben also ein vorzügliches Ziel ab.

Da es angesichts der kritischen Lage offenbar an Militärärzten mangelte, erhielt mein Mann als Zahnarzt eine entsprechende Ausbildung (die zum Glück gerade am 5. August zu Ende ging, was ihm das Leben rettete). Ich half, trotz meines Zustands, beim Abbruch gefährdeter Häuser, woran sich auf Anordnung der Nachbarschaftsorganisation aus jedem Haushalt einer beteiligen mußte.

Sobald es Alarm gab, rannten alle Hals über Kopf in die Luftschutzgräben. Doch ich mit meinem Bauch konnte nicht so schnell laufen. Außerdem hatten wir an täglichen Übungen mit dem Bambusspeer teilzunehmen, um für die Entscheidungsschlacht im Mutterland vorbereitet zu sein. Sie fanden auf dem Gelände des Kanda-Schreins in Ujina statt; dort stellten wir uns in Reihen auf und wurden bis zur Erschöpfung herumkommandiert. Für mich freilich war das ohne jeden Sinn; und mit unserem Zweijährigen auf dem Rücken zu fliehen, wäre ich erst recht nicht imstande gewesen.

Eines Tages kreiste ein Flugzeug über uns und warf eine Unmenge Flugblätter ab: »Wir wollen die unschuldigen Bürger von Hiroshima nicht töten; deshalb verlaßt rasch die Stadt!« So oder ähnlich soll der Text gelautet haben. Aber unsere Militärpolizei befahl, sämtliche Flugblätter sofort aufzusammeln und ungelesen abzuliefern. Das sei nur ein Trick der amerikanischen und britischen Teufel. Und hätten wir es auch gelesen, wir würden es nicht geglaubt haben, so fest waren wir davon überzeugt, daß unser Götterland nie besiegt werden könnte. Dennoch zitterten wir mit angehaltenem Atem, wenn die feindlichen Maschinen in immer größeren Pulks über uns hinwegbrummten, wie wenige Tage vor der Atombombe beim nächtlichen Großangriff auf das benachbarte Kure.

Der Morgen jenes bewußten Tages war wieder strahlend klar und heiß. Als wir gefrühstückt hatten, heulten die Sirenen Alarm, und schnell zog ich mir die Mompe-Hosen über. Gleich darauf jedoch wurde Entwarnung gegeben. Erleichtert legte ich das dicke Zeug wieder ab. Ich hatte gerade die Schranktür aufgeschoben, um irgend etwas herauszuholen, da traf mich ein fürchterlicher Blitz, und dann ertönte ein Donnergrollen, als ob sich die Erde auftäte. Der Explosionsdruck mußte mich umgerissen haben. Ringsum war es dunkel. Als ich mit unserem Jungen zum Luftschutzgraben laufen wollte und barfuß die Eingangsstufe hinuntersprang, lagen herabgefallene Dachziegel und andere Trümmer vor der Tür, so daß ich mich nicht hinaus getraute. Ich schob das Kind unter den hier offenen Fußboden und kroch selber hinterher. Aus dem Garten hörte ich meinen Mann rufen, er schien von der Rückseite aus in den Graben gelaufen zu sein.

Jeder dachte, sie hätten eine ungewöhnlich große Bombe auf die

Liefern Sie mir bitte über die Buchhandlung:

____

____ Expl. ____________________________

____

Datum Unterschrift

Zuname

Vorname

Land (D = Deutschland, CH = Schweiz, A = Österreich etc.)

PLZ Ort

Straße, Hausnummer

Bitte als Postkarte frankieren

Antwortkarte

ECON Verlag GmbH
Postfach 92 29
4000 Düsseldorf 1

Kaserne abgeworfen. Sehr viel später erst erfuhren wir, daß es eine Atombombe gewesen war.

Sowie es lichter wurde, ging ich vorsichtig los. Mein Mann und auch die Nachbarn waren völlig schwarz im Gesicht. Vom Haus standen nur noch das Dach und die Pfeiler, alles übrige, Schiebetüren, Fenster usw., war fort. In den Zimmern lagen Glassplitter und Schutt. Selbst die Fensterrahmen hatte es irgendwohin davongeblasen.

Mein Mann wusch sich das Gesicht, nahm die Notarzttasche auf die Schulter und begab sich zum Verbandsplatz. Viele, denen das Blut herablief, gingen in dieselbe Richtung. Daß ich gerettet war, machte ich mir, glaube ich, gar nicht richtig klar. Ich war wohl zu benommen. Was ich bis zum Abend getan habe, daran kann ich mich einfach nicht erinnern. Da es keinen Strom gab, saßen wir völlig im Dunkeln, und in meiner Angst wollte ich zu Nachbarn gehen, aber sie waren dabei, sich ihre Betten und Wasserkessel aufzupacken, um die Nacht am Strand zu verbringen. Ich hätte die Kraft dazu nicht gehabt.

Mit dem Kleinen auf dem Rücken marschierte ich zum Verbandsplatz. Wenn ich unterwegs zum Himmel aufsah, war er drüben über der Stadt rot von den Bränden, und schwarzer Rauch stieg auf. Der Verbandsplatz war mit Verletzten überfüllt. Mit Brandwunden bedeckt, mit offenen Fleischwunden lagen sie auf blanken Holzdielen und stöhnten vor Schmerzen. »Wasser! Geben Sie mir Wasser!« schrien sie, und mein Mann ging herum und ließ sie der Reihe nach je einen Schluck aus der Schnauze des Kessels trinken. Seine dicke Volksuniform war völlig durchgeschwitzt. Und obwohl er weder zu Mittag noch zu Abend irgend etwas gegessen hatte, tat er weiter seinen Dienst. Viel reden konnten wir nicht miteinander; so setzte ich mich mit dem Kind draußen hin und verbrachte auf diese Weise die Nacht. Ich weiß nicht, wie viele in dieser Nacht mit einem letzten, qualvollen Stöhnen starben. Auch am nächsten und übernächsten Tag begab sich mein Mann zum Verbandsplatz. Ich habe keine Erinnerung mehr, wie viele Tage hintereinander das so ging.

Um diese Zeit kam das Ehepaar Fukuchi zu uns. Er war Zahnarzt und hatte seine Praxis in der Stadt gehabt. Mit knapper Not waren sie aus den Trümmern ihres Hauses herausgekommen und suchten Zuflucht bei uns. Frau Fukuchi erzählte, sie sei in ihrer Küche eingeschlossen gewesen wie ein Krebs. Sie blieben einige Tage bei uns. Daß wir keine Türen mehr hatten, war jetzt im Sommer geradezu angenehm. Richtig zu essen hatten wir freilich kaum etwas.

Am 11. August holte ich den jüngeren Bruder meines Mannes im Hafen von Ujina ab. Er war bei der 5. Division gewesen und hatte am großen Tor des Hiroshima-Schlosses, in dem sich das Hauptquartier befand, Wachdienst gehabt. Beim »Pikadon«-Blitz war er unter dem Torgebäude begraben worden und hatte Knochenbrüche und Brandverletzungen erlitten. Unmittelbar bevor er ins Lager auf der Insel Ninoshima abtransportiert wurde, hatte er jemanden nach seinem Bruder gefragt, und der war so freundlich, uns Bescheid zu sagen. In der großen Halle lagen einige hundert Soldaten mit Brand- und Fleischwunden auf dem Boden. Auch hier dieses Schreien: »Wasser! Wasser! Wasser!«

Es war das Grausigste, was ich je in meinem Leben sah. Ich kann nicht beschreiben, wie weh es mir innerlich tat, als ich die Reihen der so elend zugerichteten Männer entlanggehen und jedem einzelnen ins Gesicht schauen mußte. Nachdem ich ihn gefunden hatte, wollte ihn die Armee zunächst nicht herausgeben. Die Formalitäten waren sehr streng. Zu Hause dann ist mein Schwager nach ununterbrochenen Qualen am Morgen des 16. August mit einem letzten Stöhnen aus dieser Welt geschieden. Wieder holte die Armee ihn ab, und da man ihn zusammen mit vielen anderen Soldaten verbrannte, erhielten wir danach etwas Asche und einige Knochen, ohne freilich zu wissen, ob sie von ihm stammten.

Das in meinem Bauch zum Bombenopfer gewordene Mädchen beendete sein kurzes einjähriges Leben in demselben Zimmer, in dem damals mein Schwager starb. Unser kleiner Sohn litt lange an dem für die Atombombenopfer typischen Durchfall mit blutigem Stuhl. Er magerte zusehends ab, und wir warteten nur noch auf seinen Tod. In dem in eine Brandwüste verwandelten Hiroshima gab es weder Ärzte noch Medikamente. »Du mußt darauf gefaßt sein, daß er heute von uns geht«, sagte mein Mann. Ich nahm das so leicht gewordene Kind in meine Arme. Weinen konnte ich nicht mehr.

Indessen, das Schicksal schien zu wollen, daß er am Leben blieb. Dr. Fukuchi schickte uns ausgelagerte Medikamente, und sie retteten ihn buchstäblich im letzten Augenblick.

Mitsuko Hatano
(geboren 1926)

Die rätselhafte Krankheit

Einer meiner älteren Brüder fiel im Krieg, und um für meinen kranken Vater zu sorgen, ließ ich mich vom Bahnhof Yokogawa innerhalb Hiroshimas zur Station Ibaraichi auf der Geibi-Linie versetzen; so war ich näher an zu Hause.

Einige Tage später, ich hatte gerade den Dienst am Fahrkartenschalter übernommen, hörte ich plötzlich ein unheimliches Donnern. Es war, als ob es aus der Tiefe der Hölle heraufkäme. Der Stationsvorsteher und die anderen Kollegen riefen: »Sie scheinen über Kabe Brandbomben abzuwerfen. Seht mal den Rauch dort!« Aufgeregt liefen wir hinaus. Tatsächlich stieg drüben am Himmel lautlos eine pilzförmige Wolke auf. Ein Bekannter, der den Bahnsteig gefegt hatte, erklärte, vor dem Donner hätte es merkwürdig geblitzt.

»Aber das ist nicht in Kabe, das wird in Yokogawa sein.«

»Nein, nein, viel näher, wahrscheinlich in Yaga.«

Während wir noch allerlei Vermutungen anstellten, kam von der Verwaltung die Nachricht, Hiroshima sei offenbar völlig ausgelöscht.

Der Neun-Uhr-Güterzug lief mit einigen Stunden Verspätung ein. Der Lokomotivführer, sein Aussehen hatte kaum noch etwas mit einem Menschen zu tun, meinte nur: »Na, bis hierher wenigstens haben wir es geschafft. Vom Bahnhof Hiroshima steht kein Stein mehr, und die Stadt scheint auch so gut wie ganz zerstört zu sein.« Und damit fuhr er weiter. Er war das erste Atombombenopfer, das ich sah. Aber diejenigen, die aus dem danach ankommenden Personenzug ausstiegen, waren alle genauso zugerichtet. Obwohl es Leute waren, die jeden Morgen diesen Zug benutzten, und wir sie hätten kennen müssen, konnten wir sie nicht auseinanderhalten, in einem so schrecklichen Zustand waren sie, die Gesichter geschwärzt und die meisten mit herabhängenden Hautfetzen. Die Schwerverletzten wurden auf Tragen bis zur Sperre gebracht. Einem flüsterten seine Verwandten, die ihn abholten, ins Ohr: »Jetzt bist du da, jetzt bist du daheim!« Er nickte nur ein wenig und war tot. Es sind viele Bücher über Hiroshima und die Atombombe geschrieben worden, aber keines, das die wirklichen Leiden der Menschen von Hiroshima vollständig wiedergibt.

Einige Tage später fuhr ich mit einer Nachbarin nach Hiroshima, wo wir beide nach Verwandten suchen wollten. Ich hatte die verschiedensten Vermutungen und Gerüchte gehört, doch nichts davon geglaubt – bis ich das in Asche gefallene Hiroshima mit eigenen Augen sah.

Der Zug fuhr nur bis Yaga. Von dort aus gingen wir an den Gleisen entlang bis zum Bahnhof Hiroshima. Danach wußten wir nicht weiter. Es stand nichts mehr, wonach man sich richten konnte. Schließlich entdeckten wir ganz in der Ferne etwas Blaues. Das mußte das Meer bei Ujina sein. Daran haben wir uns dann bei unserer Suche in der Stadt gehalten.

Die Augustsonne brannte. Wir bekamen Hunger. Erschöpft und ratlos standen wir vor den schwarzen Leichenbergen. Warum mußten sich die Menschen nur gegenseitig umbringen? Von den hohen Gebäuden waren nur noch die Stahlgerippe übrig; sie starrten einen an, als wollten sie sagen: Hier sind Menschen verbrannt, und wir stehen für ihren Groll. Das Gefühl des Grauens, das mich dabei packte, habe ich in den neunundzwanzig Jahren seither nicht vergessen können, ich spüre es noch immer ganz deutlich.

Es war, glaube ich, in der Gegend von Tsurumi. Dort sahen wir eine Frau, die ihren Mund an ein Loch in einer Wasserleitung preßte und trank. Ihr Gesicht war bis zur Unkenntlichkeit verbrannt. Auch von ihren Brüsten schälte sich die Haut; aber das Kind, das sie vor Schwäche kaum halten konnte, trank in aller Unschuld von diesen Brüsten. Ich brachte es nicht über mich, sie lange anzuschauen.

Inzwischen war man dabei, die Toten auf Armeewagen wegzubringen; nur fand sich niemand, der mit zugepackt hätte. Die Schwester meiner Nachbarin hatte in einer Firma in der Nähe des heute sogenannten »Atom-Doms« gearbeitet; das war unmittelbar an der Abwurfstelle, und die Steine und Dachziegel dort hatten sich völlig in weiße Asche verwandelt. Die Nachbarin hob etwas von der noch heißen Asche auf und nahm sie mit, als wäre es die ihrer Schwester.

Wir sind damals einige Tage lang durch das vom »Pikadon« zerstörte Hiroshima gelaufen, von dem es hieß, es würde dort siebzig Jahre lang kein Halm wachsen. Vielleicht habe ich da, ohne es zu wissen, Strahlungen abbekommen. Ich heiratete 1948 und war bis zum dritten Kind gesund; aber seit der Geburt des vierten begann ich an einer rätselhaften Krankheit zu leiden. Ich wurde entsetzlich schwach und verlor die Hälfte meines Gewichts. Schließlich sagte mein Arzt, wenn ich nicht ins Krankenhaus ginge, könnte er die Verantwortung nicht mehr übernehmen.

Was mir jedoch vor allem über die schlimmste Zeit hinweggeholfen hat, war mein Entschluß, mich für den Rest meines Lebens darum zu bemühen, der nächsten Generation das damalige Grauen begreiflich zu machen. In diesem Sinne habe ich meine vier Kinder zum Frieden erzogen.

Sumiko Kirihara
(geboren 1930)

Die Aufgabe der Überlebenden

Obwohl ich selber »Hibakusha« bin, war ich noch nicht ein einziges Mal im Atombombenkrankenhaus. Erst vor etwa einem Monat hatte ich einen Anlaß, dort einen Besuch zu machen. Als Ende vergangenen Jahres mein Vater starb, erhielten wir von allen Seiten die übliche Kondolenzspende, und ich wollte einen Teil davon dem Krankenhaus stiften. Während ich am Eingang stand und wartete, dachte ich: Wie viele Menschen mögen heute noch hier liegen, unheilbar krank und am Leben verzweifelnd?! Und der Gedanke allein tat mir weh in der Brust.

Am Tag, als die Bombe fiel, war ich vierzehn Jahre alt und in der zweiten Klasse der Ersten Präfektur-Mädchenoberschule. Weil wir befürchteten, bei herannahendem Kriegsende könnten wir angesichts der großen Luftangriffe auf das Mutterland auseinandergerissen und durch den Tod getrennt werden, hatte unsere Familie beschlossen, ein letztes Mal gemeinsam zu essen und ein Erinnerungsfoto anfertigen zu lassen. Wir hatten uns alle freigenommen, mein älterer Bruder, der im Schülereinsatz im Marinearsenal in Kure war, meine ältere Schwester und ich von unseren Arbeitsplätzen in der Rüstungsfabrik, und selbst unsere jüngere nach Kimita in einen Tempel evakuierte Schwester war deshalb nach Hause gekommen.

Um acht Uhr wollte der Fotograf bei uns sein, und wir hätten allmählich im Garten Aufstellung nehmen sollen; er verspätete sich jedoch, und so blieben wir im Haus, jeder mit sich beschäftigt. Es wurde Entwarnung gegeben, wir fühlten uns etwas erleichtert. Nur das Brummen einer einzigen Maschine war über der Stadt zu hören.

Plötzlich ein heftiger Knall, ein fahler Blitz, der mich blendete, dann ein Grollen wie tief in der Erde, und ringsum wurde es stockdunkel. Als sich das düstere Gewölk allmählich lichtete und es wieder heller war, lag die Stadt, soweit ich sie sah, in gräßlichen Trümmern.

Außer unserem Haus, das, obwohl ein zweigeschossiger Holzbau, seltsamerweise so gut wie keine Schäden aufwies, sowie der Industriebank im Kanayama-Viertel und dem Kaufhaus Fukuya stand nichts mehr. Alle Häuser lagen plattgeschlagen, bis auf die Straßen hin, auf den schmalen Pfaden dazwischen liefen schreiend die Leute hin und her; jenseits des Flusses loderten bereits an einigen Stellen die Flammen auf, und der Wind trug den Brandgeruch herüber. Ohne recht zu begreifen, was vorgefallen war, löschten wir das Feuer im Herd, drehten die Gashähne zu, vergewisserten uns, daß wir alle heil geblieben waren, packten nichts als Tee, Töpfe und Verbandszeug ein und verließen so das Haus, das uns über zehn Jahre beherbergt hatte.

Die Schrecken der ersten Nacht, die wir am Oberlauf des Kyōbashi-Flusses verbrachten, habe ich bis heute nicht vergessen. Unterwegs spie die Stadt wilde Flammen aus, dunkler Rauch verhüllte die Sonne, bald fiel ein schwarzer Regen, glühende Bleche von den Dächern und brennende Holzläden wirbelten durch die Luft. Und als wir dann am Fluß standen, kamen auch dorthin die Wirbelstürme. Während sie das Wasser aufpeitschten und die Boote in die Höhe rissen, rückten sie näher, und gleich darauf erreichten sie uns. Vor Angst grub ich mich in den Ufersand ein, hielt meine Kleider fest, daß sie nicht wegflogen. Doch der im Wind mitgeführte Sand schlug wie tausend feine Nadeln gegen meinen Rücken. Und war ein solcher Wirbelsturm vorbei, kam der nächste. Ich ertrug es nicht und kletterte auf einen freien Platz auf dem Deich hinauf; weil aber dort wegen der Hitze kein Durchkommen war, kehrte ich ans Ufer zurück und hockte mich in den Fluß. Zwanzig, dreißig Leute waren ständig in Bewegung zwischen Wasser und Land, bis sie irgendwann erschöpft zusammenbrachen und sich nicht mehr rührten.

Als es Morgen wurde, sahen wir viele von denen, die tags zuvor mit uns zusammengewesen waren, tot am Ufer oder in Wasserbassins liegen, so aufgedunsen, daß sie nichts Menschenähnliches mehr besaßen. Wir sieben von unserer Familie waren alle noch am Leben, und indem wir meine ältere Schwester, die einige Brandverletzungen erlitten hatte, fürsorglich beschützten, gingen wir flußaufwärts in Richtung Hesaka. Es herrschte das heiterste Wetter, so als hätte es den Regen und die Stürme gestern nicht gegeben; die mittsommerliche Sonne schien auf die in eine Hölle verwandelte Stadt.

Auf den Brücken und Straßen lagen zahllose Tote; sie mußten vor dem Rauch und den Flammen dorthin geflüchtet und schließlich doch verbrannt sein. Ihre noch offenen Augen waren weiß verdreht, die hellen Zähne entblößt, ihre Körper schwarz wie Holzkohle; so starrten sie zum Himmel auf. Daß ich beim Anblick ihrer gräßlich verzerrten Gesichter innerlich völlig unbeteiligt blieb, daß weder Schrecken noch sonst eine Gemütsbewegung in mir aufkam, fand sogar ich selbst recht merkwürdig.

Unterwegs begegneten wir endlosen Reihen ziellos umherziehender Soldaten, die uns mit schlaff herabhängenden Armen anflehten: »Helfen Sie mir, geben Sie mir Wasser!« Alle hatten sie bis zur Unkenntlichkeit aufgeschwollene Gesichter, aus ihren leeren Augenhöhlen troff eine gelbe Flüssigkeit. Von der Hitzestrahlung löste sich ihre Haut und hing in Streifen von den Händen herab. Sie waren in einem Zustand, daß es nicht zu beschreiben ist, und obwohl es uns weh tat, daß wir nicht helfen konnten, gingen wir nur einfach an ihnen vorbei. Wahrscheinlich war damals keiner recht bei Sinnen. In der unbegreiflich fremden, sinnlos gewordenen Welt lagen die Stadtviertel in einer merkwürdigen Ruhe da.

Wir waren zwar auch »Hibakusha«, doch hatte unsere Familie ein Übermaß an Glück gehabt. Es fehlte keiner von uns, und die ersten drei Jahre lebten wir bei einer Familie in Hesaka, die seit langem Patienten meines Vaters gewesen waren, im Hinterhaus. Wir alle bekamen Haarausfall und Zahnfleischbluten, und für ein Jahr litten wir an einer sonderbaren Erschlaffung; aber wir erholten uns wieder. Im vierten Jahr bauten wir uns auf dem alten Grundstück in wenig mehr als einem Kilometer Entfernung vom Explosionszentrum ein neues Haus.

Von meinem zwanzigsten bis zum neunundzwanzigsten Lebensjahr indessen bekam ich eine Krankheit nach der anderen und war, bis auf wenige Tage, fast ständig ans Bett gefesselt. Sechs Jahre lang peinigte mich ein chronisches Leberleiden; dazu kamen eine Rippenfellentzündung, perniziöse Blutarmut, Gallensteine und ein unerklärliches, hartnäckiges Fieber. Obwohl ich in meinem Vater einen Arzt hatte und die beste häusliche Pflege genoß, wollte nichts helfen, bis ich mich im November 1959 mit allem, was ich bin, dem Buddhismus zuwandte.

In den vierzehn Jahren seither zog ich drei Jungen groß und habe meinen geschäftigen Alltag gesund durchgestanden. Und das, obwohl man mir gesagt hatte, ich könne weder heiraten noch Kinder haben und würde für den Rest meines Lebens bettlägerig sein. Ja, ich habe mehr an Hetze und Durcheinander ertragen als mancher, der kein Atombombenopfer ist. Die Kraft dazu kam mir, davon bin ich überzeugt, allein aus dem Glauben.

Das heutige Hiroshima hat sich zu einer Großstadt entwickelt, wie das vor dem Kriege unvorstellbar gewesen wäre; aber die Erde unter diesem Hiroshima ist mit Blut und Gebeinen vermischt, in ihr sind das Stöhnen und die Angst Unzähliger begraben. Auf dieser Erde, das sollten wir nicht vergessen, erhebt sich die neue Stadt.

Um Hiroshima wirklich zu einer Stadt zu machen, von der der Frieden ausgeht, müssen wir Überlebenden uns unermüdlich dafür einsetzen, daß der Frieden im Dasein jedes einzelnen eine feste Heimstatt erhält.

Kunizō Hatanaka
(geboren 1914)

Unter der pilzförmigen Wolke

Wenn das Leben einmal schiefläuft, rollt es abwärts wie ein Ball, den man den Hang hinuntergestoßen hat, und kommt nicht zum Halten, bevor es nicht ganz unten ist. Man möchte es abfangen, aber je mehr man sich dabei hetzt, desto schlimmer wird es. Ist jedoch der Ball so tief gefallen, wie er konnte, und hat man zum erstenmal allem Schein der Welt entsagt und steht nackt da, dann kann man wieder Tritt fassen zu einem neuen Start.

6. August 1945. Das war der Tag, von dem an meine Familie wie der hinabrollende Ball mit zunehmender Schnelligkeit den Weg abwärts dahintaumelte.

Ich war damals eingezogen und lag in Kōchi auf der Insel Shikoku; zu Hause waren sie zu viert, meine Frau mit zwei Kindern und die Großmutter. Da an jenem Schicksalstag die Leute unseres Viertels bei einem Hausabbruch helfen sollten, band ich meine Frau den erst einige Monate alten Jungen auf den Rücken und ging mit. An der Arbeitsstelle angekommen, meinte der Vorsteher unseres Viertels, sie solle auf das mitgebrachte Essen der ganzen Mannschaft aufpassen; er sah wohl ein, daß für sie mit dem Kind die Arbeit zu schwer war. Darauf ging sie zu einer etwas abseits von den anderen aufgeschlagenen Hütte, die nicht größer war als eine Telefonzelle, und stellte sich dort unter das Dach. Einige Sekunden später – der Vorsteher schien auf irgend etwas zu zeigen – zuckte wie beim Fotografieren, aber viel riesiger, ein Blitz über sie hinweg, und im nächsten Augenblick war es so stockdunkel um sie, daß sie nichts mehr sah.

Als es nach einer Weile wieder heller wurde, hatte sie, so weit das Auge reichte, nichts als in sich zusammengefallene Häuser vor sich. Da lief sie davon und kreuz und quer durch die westlichen Stadtteile, immer den Sohn auf dem Rücken, der von unzähligen großen und kleinen Glassplittern im Kopf heftig blutete. Zwischendurch fiel noch dazu ein schwarzer Regen, und sie flüchtete sich in eine Hütte auf dem Feld. Zu jener Zeit war meine Frau im dritten Monat schwanger.

Am dritten Tag nach der Ausbombung ging meine Frau mit der übrigen Familie zurück in ihr Elternhaus nach Ōtake. Ungefähr eine Woche später begann sich bei ihr die Atombombenkrankheit bemerkbar zu machen. Ihr Kopf wurde kahl, am Körper bekam sie Abszesse, die Zähne wackelten, aus dem Zahnfleisch liefen Blut und Eiter, sie spuckte Blut und hatte Blut im Stuhl, so daß sie schließlich liegen mußte. Sie sei, sagte sie, so entsetzlich matt gewesen, daß sie Mühe hatte, etwas aus der rechten in die linke Hand zu nehmen, und wenn der Kleine die Brust wollte, habe sie ihn nicht satt bekommen. Inzwischen litt auch der Junge an einem durch die Atombombe verursachten Durchfall. Am dreiundzwanzigsten Tag schließlich starb er.

In Hiroshima wird seither alljährlich am 6. August eine großartige Totengedenkfeier abgehalten; doch unser Junge auf dem Friedhof in der Heimat begeht diesen Tag ohne jeden Besucher und einsam.

Draußen auf dem Hügel,
dem heimatlichen, schläft unser Sohn.
Es ist Atombombentag.

Meine Frau war danach noch über ein halbes Jahr recht kränklich; aber trotz ihrer großen Leiden kam es zu keiner Fehlgeburt, sondern das Kind wuchs in ihrem Leib heran, und im Februar 1946 wurde sie ohne Komplikationen von unserer zweiten Tochter entbunden.

Unmittelbar nach der Geburt wußte wohl niemand, daß dieses Kind mit einem Schicksal beladen war, mit dem es nie ein Mensch wie andere werden würde. In dem Schreiben, durch das es vom Wohlfahrtsministerium als atombombengeschädigt anerkannt wurde, lautet die Krankheitsbezeichnung »Atombombensyndrom durch Bestrahlung aus kurzer Entfernung im embryonalen Frühzustand«. Es leidet an einer sogenannten Mikrozephalie, das heißt, der Kopf ist um über die Hälfte kleiner als bei normalen Kindern; es ist außerdem behaftet mit verschiedenen anderen, durch die Atombombe während der frühen Schwangerschaftszeit verursachten Gebrechen, ein geistig zurückgebliebenes Kind und von sehr schwacher Konstitution.

Ich erinnere mich noch gut, wie die Hebamme, als sie das überaus kleine Neugeborene zum erstenmal badete, meinte: »Dieses Kind müssen Sie mit viel Vorsicht aufziehen.« Es wog nur 1875 Gramm. Da es das linke Bein nach innen krümmte und nicht ausstreckte, versuchte die Hebamme, das Bein unter Massage der Kniescheibe geradezuziehen. Tatsächlich war es jedoch mit einer angeborenen beiderseitigen Hüftgelenkverrenkung zur Welt gekommen.

Die Kleine wurde ein, wurde zwei Jahre alt, wir feierten ihren dritten Geburtstag, und sie konnte noch immer nicht laufen und sprach nicht. Sie ist wohl ein wenig zurück, dachten wir. Mit der Zeit wird sie es schon noch lernen. Nach weiteren zwei, drei Jahren begriffen wir allmählich, daß mit ihr etwas nicht stimmte; die Zeit verging, und wir wußten uns nicht zu helfen. Erst 1952 oder 1953 wurde bei einer Untersuchung in der Universitätsklinik Hiroshima festgestellt, daß unsere Tochter an einer Mikrozephalie leidet. Man sagt, solche Kinder würden keine zwanzig Jahre alt. Gewiß, in ihren geistigen Fähigkeiten bleiben sie zurück; sie stehen auf der Stufe von Zweijährigen oder erreichen bestenfalls die Fähigkeiten von Sechs- bis Siebenjährigen, und selbstverständlich können sie nicht für sich selber sorgen. Noch heute muß ich unsere Tochter auf die Toilette begleiten. Aber sie lebt. Sie ist jetzt achtundzwanzig, würde unter normalen Umständen verheiratet sein und ein oder zwei Kinder haben. Und ich freue mich, daß sie lebt. Seit 1965 haben wir uns mit anderen Eltern solcher Kinder zu einer »Pilz-Gesellschaft« zusammengeschlossen, um uns gegenseitig zu raten und zu helfen.

Die pilzförmige Wolke,
sie vergeht; zurück bleibt
die »Pilz-Gesellschaft«.

Die Atombombe hatte uns andererseits völlig mittellos gemacht. Ich lieh mir Stuhl und Spiegel von einem Kollegen und fing wieder als Friseur an, erst in der Wohnung, dann in einem gepachteten Laden. Ich arbeitete wie wild; aber was ich verdiente, war bei einem sechsköpfigen Haushalt nicht genug, um wieder hochzukommen. Am Ende ging das Geschäft kaputt; ich wurde aus dem Laden gejagt, wir verloren die Wohnung. Da zogen wir nach Nishi-Iwakuni, und ich eröffnete dort einen Salon. Auch das ging schief. Der Hausherr bedrängte mich wegen der Miete, die Großhändler wollten die Lieferungen bezahlt haben. Wenn es kalt war, wußten wir nicht, sollten wir im Küchenherd Feuer machen oder den Frisiersalon heizen; wußten nicht, ob wir Kohle oder Reis kaufen sollten. Ich versetzte alles mögliche in der Pfandleihe und konnte es nicht mehr auslösen. In diesen Jahren zwischen 1957 und 1961 haben wir in der bittersten Armut gelebt.

Eines Tages, durch die Vermittlung eines Mädchens, das früher einmal bei mir gearbeitet hatte, fand ich auf den Weg des Buddhismus. Ich nahm es ernst damit. Es gab manche Tränen, manchen nächtelangen Kampf. Und ich schaffte es.

Seitdem sind dreizehn Jahre vergangen, neunundzwanzig seit der Atombombe, über ein Vierteljahrhundert, eine lange Zeit und eine kurze Zeit, je nachdem, wie man es nimmt. Meine Tochter mit dem Verstand einer Zweijährigen ist mir jetzt jedenfalls keine Last mehr, im Gegenteil; wenn sie nicht wäre, würde mir etwas fehlen. Unsere jüngste, die vierte Tochter, die früher nie zugepackt hat, ist mir jetzt in jeder Hinsicht eine große Hilfe.

Auch im vorigen Jahr wurde in Hiroshima unter der heißen Sonne wieder die Totengedenkfeier abgehalten. Für die Atombombenopfer ist der 6. August ein Tag, an dem ihnen die verschiedensten Gedanken durch den Kopf gehen. Ich wünschte, die Gebete würden, je eher, desto besser, den Tag herbeibringen, an dem es keinen Krieg mehr gibt und der wahre Frieden herrscht.

Atsuko Yamamoto
(geboren 1929)

Ich selbst erkannte mich nicht

Ich war in der dritten Lyzeumsklasse in jenem Sommer, fünfzehn Jahre alt und arbeitete im Schülereinsatz in einer Fabrik am Stadtrand. Am 6. August, wie an jedem Montag, hatten wir in der Fabrik Stromsperre, und ich ging zum Unterricht in die Schule. Unterwegs dorthin wurde ich in der Nähe des Bahnhofs Hiroshima von der Atombombe getroffen. Es war längst Entwarnung gewesen, trotzdem hatte ich am wolkenlos blauen Himmel ein Brummen gehört, und im selben Augenblick, da ich hinaufsah, zuckte ein Blitz, brach ein Sturm los, wurde alles um mich dunkel, und ich stürzte zu Boden. Ich spürte etwas Heißes im Nacken; als ich mit der Hand hinlangte, brannte ein Stück vom schwarzen Kragen meiner Matrosenuniform. Ich wollte auf die Armbanduhr schauen, wie spät es ist; die Uhr war fort. Ich hatte keine Schuhe mehr an, meine Mompe-Hosen hatte es weggebrannt; ich stand im Unterrock da. Ich dachte, neben mir wäre eine Bombe gefallen, und unwillkürlich rannte ich in die Richtung los, in der wir wohnten. Aber dann kamen mir von dorther ebenfalls Leute entgegengerannt, halbnackt, blutverschmiert. Ratlos sah ich mich um. Selbst in den Wagen der Straßenbahn standen, die Hand noch an den Griffen, schwarz verkohlte Tote, so wie die Bombe sie getroffen hatte. Mir wurde unheimlich zumute, ich lief mit den Flüchtenden mit. Und wieder dachte ich, du mußt nach Hause, und versuchte durchzukommen.

Die Hochhäuser waren zusammengestürzt, die Straßen voller blutender Menschen. Eltern riefen nach ihren Kindern, Kinder nach ihren Eltern. Auch die Brücken waren halb zerstört. Ich schaffte es einfach nicht. Allmählich verwandelte sich die Stadt in ein Meer von Flammen, am Himmel flogen noch immer feindliche Maschinen, ein schwarzer, öliger Regen begann zu fallen. Ich lief über glühende Balken und über Leichen, und weil es mir zu heiß wurde, hockte ich mich in den Fluß. Sowie die Flut anstieg, schwemmte sie die Toten einen nach dem anderen auf mich zu. Ich schob die Toten beiseite und trank von dem Wasser. Und als die Ebbe kam, schlief ich mit den Toten auf dem Sand. Irgendwie erreichte ich dann doch die Gegend, in der unser Haus gestanden hatte; aber die genaue Stelle war nicht auszumachen, so daß ich wieder in Richtung Bahnhof umkehrte. Drei Tage lang bin ich so durch die Stadt geirrt. Am vierten bestieg ich den Zug, um aufs Land zu fahren, wohin meine Mutter und meine jüngeren Geschwister evakuiert worden waren.

Als ich dort ankam, herrschte auf der Station ein unübersehbares Durcheinander von Leuten, die die Verwundeten abholen wollten. So laut ich konnte, rief ich meinen vollen Namen und: »Mutter, Mutter!« Ich fürchtete, sie würde mich nicht erkennen, denn mein Gesicht war schwarz, und ich hatte nichts als Fetzen auf dem Leib und mir um die Hüfte einen Vorhang gebunden. In dem Augenblick, da sie mich herausgefunden hatte und auf mich zueilte, fiel ich in Ohnmacht. Mit Nachbarn brachte sie mich auf einem Karren zur Wohnung. Mein Gesicht, beide Arme und das eine Bein waren entsetzlich zugerichtet. Weil es keine Medikamente zu kaufen gab und ich bis zum Krankenhaus eine halbe Meile hätte laufen müssen, fuhr mich jeden Tag eine andere Nachbarin mit dem Karren dorthin. Die ganze Behandlung bestand darin, daß man meine Wunden mit roter Zinksalbe bestrich und frische Gaze daraufdeckte. Es brauchte über ein halbes Jahr, bis sie abheilten. Endlich kam der Tag, an dem die Verbände abgenommen wurden. Wie hatte ich darauf gewartet!

Zuerst hatte mir meine Mutter keinen Spiegel geben wollen. Und ich selber, als die Binden fielen, war entsetzt. Ich konnte nicht glauben, daß das, was ich im Spiegel sah, wirklich mein Gesicht sein sollte. »Ach, Mutter!« rief ich und brach in Tränen aus. Das Gesicht war schrecklicher als das Geistergesicht der ermordeten O-Iwa von Yotsuya. Am Bein und an den Armen war die Haut zu verzerrten Narben zusammengewachsen, an der linken Hand die Finger krumm versteift. »Es gibt keine Buddhas und Götter in dieser Welt!« Ich verfluchte mein Schicksal und verfluchte den Krieg. Vor allem, wie sollte ich denn weiterleben? Solange die Binden noch nicht gefallen waren, hatte ich einige Hoffnung gehabt. Aber als ich meinen jetzigen Zustand sah, war ich nur noch verzweifelt.

Als ich einmal zu Besorgungen in die Stadt ging, drehten sich alle Leute nach mir um. Besonders die kleineren unter den Kindern liefen hinter mir her und schrien: »Pikadon! Pikadon!« Unverrichteterdinge kehrte ich weinend nach Hause. In meinem übergroßen Kummer schluckte ich eines Tages Rattengift, doch meine Mutter merkte es und verhinderte, daß ich starb. Das Gesicht, das wichtigste für eine Frau, voller häßlicher Narben! Ich erhoffte nichts mehr. Und sollte doch leben. Jemandem auf der Tasche liegen, das wollte ich nicht. Selbst meine Mutter hatte einmal geklagt: »Habe ich denn mein ganzes Leben hindurch diesen Krüppel mitzuschleppen?« Ich dachte an etwas, das ich zu Hause und allein tun könnte, und beschloß, Schneidern zu lernen. Wir lebten auf dem Dorf, bis in die Stadt brauchte man mit dem Taxi dreißig Minuten. Welchen Mut ich dazu aufbringen mußte! Freundinnen hatte ich keine, und in den Zug zu steigen, genierte ich mich. Im Winter trug ich langärmelige Kleider, und meine Gesichtsnarben konnte ich mit einer Mullmaske verdecken, wie sie bei einer Erkältung viele vor Mund und Nase binden. Wurde es aber Sommer, konnte ich nichts Kurzärmeliges anziehen. So habe ich zehn Jahre lang winters wie sommers nur Langärmeliges getragen. In den Zügen gab es niemanden, der sich neben mich setzte. Sie mieden mich, als wäre ich ein Ungeheuer. Oder ich stand allein auf der Plattform des Wagens und weinte. Nach einem halben Jahr brach ich die Schneiderschule ab.

Um diese Zeit wurde in der Zeitung für Krankenschwestern geworben. In meiner Naivität dachte ich: Wenn ich, die ich selber so leide, Kranke pflege, werden wir gegenseitig um so mehr Verständnis füreinander haben. Also ging ich zur Aufnahmeprüfung, die ich in den einzelnen Fächern auch glücklich bestand; bei der persönlichen Vorstellung jedoch wurde mir rücksichtslos gesagt: »Wenn wir Leute wie Sie zur Pflege einsetzen wollten, würden selbst genesende Patienten wieder krank werden.« Das war ein schmerzlicher Augenblick. Auf dem Rückweg kam ich an einem Teich vorbei und sprang hinein. Zum zweitenmal versuchte ich, mir das Leben zu nehmen. Ich wurde von Passanten gerettet. Da ich heimlich zu der Prüfung gegangen war, tat ich bei der Rückkehr ins Dorf, als wäre nichts gewesen. Als danach die Rede davon war, ich könnte als Hausangestellte zu den Schwiegereltern meiner in Hiroshima verheirateten älteren Schwester gehen, reiste ich kurz entschlossen nach Hiroshima. Dabei würde ich nicht viel mit Leuten zu tun haben, und da ich mich nur um die Wäsche und das Essen kümmern sollte, hob das meine Stimmung ein wenig.

Während dieser Zeit begann ich, von einer Freundin eingeführt, die Kirche zu besuchen. Schließlich konnte ich dank der Bemühungen des Pfarrers, eines Ausländers, nach Amerika fahren, um dort an meinen Narben operiert zu werden. Ich blieb dreizehn Monate in den USA und begriff, wie töricht es gewesen war, daß ich mich bis dahin so allein gequält hatte. Es gibt, wurde mir klar, viele in der Welt, die genauso leiden wie ich. Auch in Amerika lebten Frauen in Not, weil sie im Krieg ihre Männer und Söhne verloren hatten. Mit dem Entschluß, etwas für die Gesellschaft zu leisten, kehrte ich nach Japan zurück. Durch gute Fürsprache erhielt ich eine Stellung als Telefonvermittlerin. Wie es der Zufall fügte, heiratete ich einen Mann, der in derselben Firma beschäftigt war; ich brachte ein Mädchen zur Welt, wir bauten uns sogar ein Haus, und ich verbrachte wirklich glückliche sieben Jahre. Aber dann plötzlich wurden wir geschieden.

Es kam eine Zeit, in der ich wieder ans Sterben dachte. Zweimal war der Versuch gescheitert, der dritte mußte mir gelingen. Mit diesem Vorsatz fuhr ich zusammen mit meiner dreijährigen Tochter in ein Thermalbad in den Bergen. Ich brachte das Kind zum Schlafen, nahm selber Tabletten und wollte die Kleine erdrosseln. Indessen, beim Anblick ihres so hübschen und unschuldigen Gesichts war ich dazu nicht fähig. Ich sagte zu mir: Wenn du genügend Mut hast zu sterben, dann kannst du damit auf jeden Fall auch leben! Und ich beschloß, daß wir leben sollten.

1965 trat ich einer buddhistischen Gemeinschaft bei. Jetzt kam mir erst recht zum Bewußtsein, wie grausam es von mir gewesen war, angesichts des so kurzen Menschenlebens nur immer ans Sterben zu denken. Heute, nach zehn Jahren in dieser Gemeinschaft, bin ich von Herzen froh darüber, daß ich am Leben blieb. Vor vier Jahren reiste ich mit meiner Tochter noch einmal nach New York, um einem alten Ehepaar meinen Dank für damals auszusprechen. Auch habe ich mir im vergangenen Jahr einen langgehegten Traum erfüllen und eine eigene Schneiderei eröffnen können.

Wenn ich heute zurückblicke, weiß ich, daß mein Überleben den Sinn eines Auftrags hat. Daß es meine Pflicht ist, die Menschen und besonders die Kinder über die Grausamkeit des Krieges aufzuklären. Bis vor zwanzig Jahren habe ich meine häßlichen Narben vor der Öffentlichkeit verbergen wollen; jetzt möchte ich, daß dieselben Narben als Beweis dienen, wenn ich die junge Generation zur Ächtung des Krieges aufrufe.

Mihoko Takeuchi
(geboren 1945)

Wir dürfen nicht schweigen

Ich wurde am 2. Oktober 1945 im Bezirk Itabashi in Tōkyō geboren. Als die Atombombe abgeworfen wurde, befand sich meine Mutter daheim in Hiroshima und war mit mir schwanger. Ich kenne die Schrecken der Bombe nicht. Aber auch im Traum nicht hätte ich gedacht, daß sie ihre Spuren in meinen Körper eingegraben haben könnte. Indessen befiel mich mit zunehmendem Alter eine Blutarmut, und als ich in der ersten Mittelschulklasse war, bekam ich rote Flecken. Ich war bedrückt.

Das geschah Mitte Oktober 1958, kurz vor unserem Schulfest. Als ich während einer Bühnenprobe wie zufällig auf meine Arme sah, waren sie da, die roten Flecken. Und auch bis zum Tag des Festes verschwanden sie nicht. Dann bemerkte ich beim Blick in den Spiegel, daß an meinem Zahnfleisch dunkle Blutklümpchen klebten. Sofort ging ich zu unserem Hausarzt und bekam eine Spritze. Doch obwohl die Nadel nur ein winziges Loch gemacht hatte, schoß das Blut nur so heraus, und meine Bluse wurde am Ärmel ganz rot. Meine Großmutter war ratlos, sagte aber: »Keine Sorge, das sind nur die Nesseln.« Ich hatte das Gefühl, als fiele ich bis auf den Grund der Hölle.

Seit meinem ersten Volksschuljahr war ich einmal im Jahr von der Kommission für Atombombenopfer untersucht worden. Warum muß ich denn untersucht werden? hatte ich mich in meinem Kinderherzen gefragt. Vorsichtig erkundigte ich mich bei meiner Mutter, und sie erzählte mir, daß sie damals im Kusunoki-Viertel, vier Kilometer von der Abwurfstelle entfernt, von den Atombombenstrahlen getroffen wurde. »Da bin ich dann«, sagte sie, »mit dir im achten Monat davongelaufen.«

Unser Hausarzt, der mit den roten Flecken nichts anzufangen wußte, schien sofort die Kommission benachrichtigt zu haben. Am Tag nach dem Schulfest kam von dort ein Wagen zu uns und holte mich ab. Ich dachte, ich könnte gleich wieder nach Hause; doch ich wurde auf der Stelle in die Klinik aufgenommen. Außer dem, was ich auf dem Leib trug, hatte ich nichts dabei. In meiner Angst, und weil ich nichts begriff, weinte ich mir die Augen rot. »Ich habe die Nesseln, nicht wahr?« fragte ich meine Mutter, während ich mich an sie klammerte. Sie machte ein sorgenvolles Gesicht, klopfte mir dann auf den Rücken und meinte aufmunternd: »Schon gut, du brauchst keine Bange zu haben!«

Warum mußte mir das passieren? Warum war ich mit dieser Bürde geboren? Womit war ich denn schuldig geworden? Wenn meine Mutter mich besuchte, tat ich, als kenne ich sie nicht, redete den ganzen Tag kein Wort. Oder ich behandelte sie absichtlich grob, um so meinem Kummer zu entfliehen. Aus Angst, ich würde sterben, weinte ich manchmal in einem fort. Wirklich, ich habe es meiner Mutter sehr schwergemacht.

Ich war gut einen Monat in der Klinik. Die Flecken verschwanden allmählich. Endlich wurde ich entlassen. Es war eine Zeit gewesen wie ein Alptraum.

Obwohl es hieß, ich wäre geheilt, fürchtete ich doch immer, es könnte wiederkommen. Ich gewöhnte mir an, regelmäßig meine Arme und Beine zu betrachten, nach roten Flecken abzusuchen. 1962, ich war jetzt im zweiten Oberschuljahr, fiel mein Blick morgens beim Anziehen zufällig auf das eine Knie, und da war wieder so ein Fleck. Erschrocken suchte ich weiter; ich entdeckte sie überall am Körper. Und als ich in den Spiegel sah, hatte ich auch wieder jene Blutklümpchen am Zahnfleisch.

Ich mußte lange Tage völlige Ruhe einhalten. Das Bluten hörte nicht auf, und natürlich hatte ich keinen Appetit. Ich wurde blaß, ständig war mir schwindelig. Im Gesicht, am ganzen Körper wurde ich mager wie ein Skelett. Mich quälte die Furcht, ich könnte, wenn ich einschliefe, nicht mehr aufwachen. Und als ich dieses hilflose Leiden nicht mehr ertrug, wuchs in mir von Tag zu Tag der Wunsch, meinem Leben selbst ein Ende zu setzen. »Ich möchte sterben; besser, so eine wie ich ist tot.« Wieder und wieder war ich zum Selbstmord entschlossen. Ich stand am Rand des Ōta-Flusses, ich stieg auf den Mitaki-Berg. Doch sobald die Gesichter meiner Mutter und Großmutter, gebeugt und traurig, vor mir erschienen, geriet mein Entschluß ins Wanken.

In dieser Zeit stieß ich auf die Lehre Buddhas, und das wurde für mich zu einer wichtigen Entscheidung. Ich erinnere mich noch, wie ich ein um das andere Mal mit Tupfern das Blut von meinem Zahnfleisch wischte und dabei schwor: »Ich will nicht sterben, ich will unbedingt versuchen, weiterzuleben!« Ich kann zwar nicht sagen, daß ich heute völlig gesund wäre, doch habe ich es auf diese Weise geschafft, daß ich trotz allem eine erfüllte Jugend hatte.

Inzwischen beginnt das Problem der zweiten und dritten »Hibakusha«-Generation seine düsteren Schatten zu werfen. Viele der zweiten Generation, obwohl sie gesund sind, haben gegenüber der Zurücksetzung, sei es bei der Verheiratung, sei es bei der Arbeitssuche, geschwiegen. Oder sie haben, je kränklicher sie waren, nicht gewagt, ihre Wünsche zu äußern. Ich verstehe diese Menschen aus eigener schmerzlicher Erfahrung sehr gut, aber ich bin überzeugt davon, daß ein Schweigen die Diskriminierung nur noch mehr provoziert und so für die weiteren Generationen immer neue Schwierigkeiten zur Folge hat. Wir von der zweiten »Hibakusha«-Generation sollten, um unser Recht auf Leben zu wahren, in der vordersten Reihe für einen wahren Frieden eintreten.

Yoshinori Yamashita
(geboren 1945)

Sie hatte mich in ihrem Leib getragen

16. Juni 1964. Ein so heißer Tag, daß mir der Schweiß in den Handtellern nicht trocknen wollte. An diesem Nachmittag, kurz nach drei, starb meine Mutter. Die Nacht zuvor hatte sie zwei Eimer Blut erbrochen. Sie war an dem Blut erstickt. Die Obduktion ergab: Krebs in der Leber, in der Lunge, in der Gebärmutter. Ihr Körper war von der radioaktiven Strahlung völlig zerstört gewesen. Ich war damals achtzehn, hatte die Oberschule verlassen müssen und trieb mich haltlos herum.

Als ich am Abend meiner Großmutter, die infolge der Atombombenkrankheit ebenfalls an Krebs litt und bettlägerig war, mitteilte, daß Mutter gestorben sei, murmelte sie mit schwacher Stimme: »Und sie war doch noch jung! Wäre ich nur an ihrer Stelle gestorben ...« Dann zog sie die Decke übers Gesicht und weinte. Zehn Tage später verschied auch sie. Ich war mit meinem Vater und meinem jüngeren Bruder allein.

Meine Mutter war eine einfache, aber energische Frau gewesen. Als ich klein war, pflegte sie zu mir zu sagen: »Ich will eine Welt aufbauen helfen, in der du, wenn du groß bist, nicht in den Krieg ziehen mußt.« Auf ihr Betreiben trafen sich die Mütter meiner Mitschüler in der Volksschule in einer Studiengruppe, in der sie zunächst über die

Rolle der Mütter, der Frauen in der Geschichte usw. diskutierten; doch bald engagierten sie sich in Demonstrationen gegen den amerikanisch-japanischen Sicherheitsvertrag und gegen den Krieg. Versammlungsort war stets unser Haus, und ich erinnere mich, daß ich dabei immer wie gebannt auf die Gestalt meiner Mutter sah.

In ihrer Erziehung war sie streng. Im ersten Mittelschuljahr hatte ich einen Aufsatz über das Thema »Die Existenz Gottes« geschrieben und war voller Triumph, als mich der Klassenlehrer vor der Elternversammlung dafür lobte. Als ich nach Hause kam, schien meine Mutter schon auf mich gewartet zu haben. Mit ernster Miene sagte sie: »Wer sich auf solche Kleinigkeiten wunder was einbildet, der ist dumm.« Ich war beschämt.

Nicht lange danach, gegen Sommerende in meinem zweiten Mittelschuljahr, kam die Zeit, in der mich mein Schicksal, ein »Hibakusha« der zweiten Generation zu sein, zum erstenmal zittern machte. Ich fühlte mich schlaff, ich hatte keinen Appetit. Zudem bildete sich an meinem Hals ein Tumor. Ich wurde im Krankenhaus untersucht. Auf dem Rückweg, wir gingen mit schleppenden Schritten durch die schon dämmrigen Straßen, sagte meine Mutter wieder und wieder, und als spräche sie mit sich selber: »Es kann doch nicht bösartig sein. Sicher ist es das nicht.« Da überfiel mich, wie von tief innen heraus, eine eisige Furcht.

Die Einlieferung ins Krankenhaus, die Operation, danach der Spruch der Ärzte: »Hat vermutlich nicht lange zu leben.« Meine Mutter schluchzte. Ich hörte sie wie grübelnd sagen: »Hätte ich damals nur nicht den Apfel in dem schwarzen Atombomben-Regen gewaschen und gegessen!« Jetzt begriff ich endgültig: Ich bin ein »Hibakusha« der zweiten Generation. An jenem 8. August 1945 hatte sie mich in ihrem Leib getragen.

Alles, was sie getan hatte, um zu verhindern, daß der Krieg uns Kinder erfaßte – war es nicht vergebens gewesen? Angesichts der Unbarmherzigkeit, mit der die Atombombe, dieser Bastard des Teufels, ihr nun das eigene Kind rauben wollte, wußte sie sich nicht anders zu helfen als durch Tränen.

Eine Weile schwebte ich zwischen Tod und Leben, doch dann besserte sich mein Zustand allmählich. Ich sehe noch heute das vor Freude strahlende Gesicht meiner Mutter vor mir, als nach einem Jahr die schon nicht mehr erhoffte Nachricht kam, ich könne wieder zur Schule gehen. Dennoch, bei jedem Frühling, jedem Sommer, jedem Herbst stellte ich mir seither im Ernst die bange Frage, ob das nicht vielleicht mein letzter wäre.

Als nächstes zerfraß jener Teufel den Körper meiner Mutter. Eines Morgens, ich ging das erste Jahr zur Oberschule, kam ich, nachdem ich mich in meinem Zimmer für den Schulweg fertig gemacht hatte, die Treppe herunter, da sagte meine Mutter: »Ja, ich muß ins Krankenhaus ...« Mit meinem Vater war sie dabei, ihre Sachen zu packen. Ich hatte gewußt, daß es ihr nicht gutging, aber so weit hatte ich nicht gedacht, und ich erschrak. Damit begann ihr Kampf gegen die Krankheit. Sie wurde an Krebs operiert und wieder operiert; sie kämpfte lange und unter Schmerzen um ihr Leben. Obwohl sie Blut spuckte, hielt sie standhaft und ohne ein Wort der Klage durch bis zum Tod. »Um zu leben«, pflegte sie zu sagen, »muß man leiden.«

Wenn ich mir vorstelle, was sie fühlte, wird mir heiß von einem unbeschreiblichen Zorn. Meine Mutter, die so entschieden erklärt hatte, es dürfe um der Kinder willen nie wieder einen Krieg geben, wurde mir von der Atombombe geraubt. Von ihrem Krankenlager sah sie mit festem Blick zu mir auf: »Nicht wahr, du wirst zusammen mit deinem Vater und deinem Bruder das Leben meistern.« An ihren Augenlidern hingen Tränen. Und diese Mutter raubte mir der Krieg.

Mein in der Kinderzeit durch ihr Engagement geprägtes Leben, meine Haltung gegenüber der Gesellschaft hatten sich seit jenem Spruch der Ärzte, der mir den Tod ansagte, allmählich verändert. In dem Gefühl, morgen vielleicht schon würde ich sterben, geriet ich in eine verzweifelte Haltlosigkeit. Und irgendwann war ich ein regelrechter Raufbold geworden. Zumal nachdem ich wußte, daß meine Mutter nicht wieder gesund werden würde, stürzte ich mich in eine wilde Zerstörungswut. Meine Oberschultage waren voller Streit und Schlägereien vom Morgen bis zum Abend. Wahrscheinlich wehrte ich mich so gegen ein Schicksal, das wie ein Fluch auf mir lag.

Drei Monate nach dem Tod meiner Mutter und meiner Großmutter floh ich aus Hiroshima. Ich konnte das alles nicht mehr ertragen. Ich wollte nicht mehr an mein Dasein denken müssen. Aber in Tōkyō war es dasselbe. Inmitten des hektischen Treibens begann ich mich ernsthaft tastend voranzufragen: Wozu eigentlich lebe ich? Was ist denn das Leben, was ist der Tod? Ich vergrub mich in Bücher. Ich diskutierte. Niemand indessen war imstande, mir befriedigende Antworten zu geben. Es kam auch vor, daß ich an Selbstmord dachte.

Um mit allem noch einmal von vorn anzufangen, meldete ich mich an einer Oberschule an. Doch die Qualen blieben. Da lernte ich in einem Café eine Kanadierin kennen. Es verkehrten dort eine Menge Ausländer, und da ich ein Englisch-Fan war, pflegte ich in diesem Lokal meine Zeit totzuschlagen. Ohne es eigentlich zu wollen, erzählte ich ihr mein bisheriges Leben, und als ich zu Ende war, zog sie aus ihrer Handtasche einen Zeitungsausschnitt und zeigte ihn mir. Es handelte sich um die Erfahrungen eines Mannes: »Einst ein Strolch, heute Nummer eins in der Öffentlichkeit.« Als ich das Wort »Glaube« las, hob ich unwillkürlich den Kopf, und die Kanadierin berichtete mir Punkt für Punkt, worum es hier ging. Ich war bestürzt. Drei, vier Stunden lang redete sie in aller Aufrichtigkeit auf mich ein; sie machte mir klar, welchen Auftrag ich als Vermächtnis meiner toten Mutter zu übernehmen hätte. Ich erinnere mich deutlich, wie ich dabei zitterte.

Völlig erschöpft kehrte ich an diesem Tag auf meine Bude zurück. Ich schlug ein Buch auf, das ich mir geliehen hatte, und mein Blick fiel auf den Satz: »Es gibt nichts, das so grausam ist wie der Krieg; nichts Grausameres gibt es als den Krieg.« Ich las das Buch in derselben Nacht zu Ende. Ich war aufgewühlt. Es war der erste Band der »Menschlichen Revolution« von Daisaku Ikeda, und eine Woche später trat ich der von ihm geleiteten buddhistischen Gemeinschaft bei.

Seitdem sind zehn Jahre vergangen. Meine Erfahrungen mögen unerheblich erscheinen. Ich aber weiß, ich habe damals versagt, ich war schwach. Und heute ist das anders. Heute sehe ich, daß gerade wir, die wir in Hiroshima leben, die Verpflichtung haben, Motor zu sein für die Schaffung des Weltfriedens.

Das Bild meiner Mutter steht unauslöschlich in meinem Herzen.

Tsugiya Umebayashi
(geboren 1935)

Getrennt von den Atombomben getroffen

1944 besuchte ich die vierte Klasse einer Volksschule in Hiroshima. Da die Luftangriffe auf das Mutterland immer heftiger wurden, begann die Evakuierung der Schulkinder. Wer Verwandte auf dem

Land hatte, kam dorthin; die Klassen wurden also auseinandergerissen. Auch ich wurde von meinen Eltern getrennt und mit dem Rest der Klasse in einen Tempel in Saijō im Distrikt Hiba verschickt.

Zum erstenmal in meinem Leben verbrachte ich diese Zeit zusammen mit vielen anderen und kam mir dabei schrecklich verloren vor. Zudem gab es wegen der Lebensmittelknappheit häufig nur irgendwelche Suppen, und ich erinnere mich noch deutlich daran, wie wir, wenn sonntags schönes Wetter war, die die Nähte unserer Hemden entlangmarschierenden Läuse zerquetschten. In den Briefen an meine Eltern konnte ich von all dem nichts schreiben, denn sie wurden von den Lehrern kontrolliert. Am glücklichsten war ich, wenn von meinen Eltern ein Trostpäckchen kam.

Damals lebte meine Großmutter in Nagasaki, und weil sie ganz allein war, wünschte sie sich, daß eines der Kinder bei ihr lebte. Deshalb wurde beschlossen, ich sollte zu ihr übersiedeln. So kam ich einige Monate später nach Nagasaki.

Am 9. August 1945, von morgens an herrschte heiteres Wetter, spielte ich am Flußufer nahe bei den Luftschutzgräben, die die Nachbarschaftsvereinigung angelegt hatte. Plötzlich sah ich einen grellen Lichtschein wie von einem Blitz, und erschrocken sprang ich in einen der Gräben. Gleich darauf folgte ein schrecklicher Donner, als ob die Welt unterginge, und von oben her rutschten Sand und Erde auf mich.

Nach einer Weile sah ich mich vorsichtig um, betastete meinen Kopf, mein Gesicht, die Arme und Beine; ich war zwar voller Schlamm, schien aber keine Verletzung zu haben. Da ich oben Stimmen hörte, kroch ich langsam hinauf. Der blaue Himmel über den Bergen war jetzt verschwunden. Wie eine schwarze Kumuluswolke stieg der Rauch auf, hier und da begannen Flammen in die Höhe zu schießen. Zusehends breitete sich das Feuer aus.

Schnell rannte ich zum Haus meiner Großmutter zurück. Die Straßen waren voller zertrümmerter Dachziegel, herausgeschleuderte Möbel und Glassplitter lagen herum. Meine Großmutter war gerade dabei, sich auf den Weg zu machen, um mich zu suchen. In Nagasaki gibt es viele Berge. Das Hinode-Viertel, in dem wir wohnten, war dank dieser Tatsache dem Explosionsdruck und der Zerstörung entgangen.

Am Tag darauf erfuhren wir, daß man eine ähnliche Bombe einige Tage früher auch auf Hiroshima abgeworfen hatte, und wir begannen uns um meine Eltern und Geschwister zu sorgen. Bald darauf hieß es, Hiroshima sei total vernichtet. Unsere Angst und Unruhe nahmen nur noch zu. Da wir es nicht mehr aushielten, gingen Großmutter und ich jeden Tag zum Bahnhof Nagasaki, um, falls sie hierherkämen, meine Eltern abzuholen.

Wir liefen von der Endstelle Ishibashi aus die Straßenbahngleise entlang durch Dejima und dann am Großen Kai vorbei. Die Häuserzeilen lagen zusammengebrochen da wie umgeblasen; oft wußten wir gar nicht, wo wir eigentlich waren. Die Trümmer waren bis auf die Straßen geflogen, und wir kamen kaum voran. Straßenbahnwagen standen ausgebrannt herum. Leute in blutverschmierten Hemden irrten vorbei, manche fragten nach ihrer Familie, andere, ihre Kinder auf dem Rücken, suchten irgendwelche Häuser, Verwandte vom Land starrten wie benommen auf die Ruinen; überall in der Stadt herrschte Verwirrung. Männer mit Armbinden vom Rettungsdienst trugen Tote fort.

Die Gegend um den Bahnhof Nagasaki war in eine Wüste verwandelt; die Stahlskelette der größeren Gebäude hatte es verbogen, als wären sie aus Teig. Niemand konnte sagen, wann die Bahn den Betrieb wiederaufnehmen würde; die Züge endeten weit oben im Tal auf der Station Michinō. Als wir, vom Warten müde, den Weg zurückgingen, hatte man hier und da große Pfosten und Balken zusammengetragen und die Toten daraufgeschichtet, sie wurden verbrannt.

Am 13. August blieben wir daheim. Meine Großmutter hatte, wohl von der Anstrengung, Fieber bekommen. Am 14. nachmittags standen plötzlich meine Eltern mit meinem jüngeren Bruder und den drei kleineren Schwestern vor dem Haus. Sie hatten nichts als das, was sie auf dem Leib trugen; aber ich war so froh, daß sie überhaupt lebten. Am 11. waren sie in Miyajima, ein Stück westlich von Hiroshima, in den Zug gestiegen und am vierten Tag ihrer Reise endlich in Michinō angekommen. Von dort aus waren sie, die Kleinsten auf dem Rücken, quer durch das verwüstete Nagasaki zu Fuß gelaufen. In Hiroshima hatten sie alle zusammen unter dem eingestürzten Haus gelegen. Weil aber mein Vater noch nicht zur Arbeit gegangen war, hatte er sie alle retten können. Nur mein Bruder war am Rücken schwer verletzt von einem Balken, der auf ihn gefallen war. Die anderen hatten lediglich ein paar Schrammen davongetragen.

Später gingen wir nach Shimabara, in die Heimat meines Vaters. Als ich unterwegs aus dem Fenster des Zuges sah, dachte ich zuerst, da ruhten sich Bauern von der Feldarbeit aus; tatsächlich waren es aber schwarz verkohlte Leichen, die dort lagen, und um ihre Lippen klebte etwas Weißliches wie Watte. Im Zug war ein Beinverletzter; ich sah, wie in seiner stinkenden Wunde die Maden wimmelten. Überhaupt war der ganze Wagen voll mit Verletzten, und es konnte einem übel werden in der stickigen Luft. Die Fliegen setzten sich auf die Wunden und ließen sich nicht verjagen. Manche Leute spuckten Blut ins Waschbecken. Viele hatten die Haare verloren, und man wußte nicht, ob es Männer waren oder Frauen.

Sobald seine Firma wieder arbeitete, kehrte mein Vater nach Hiroshima zurück. Mein Bruder litt an einer Rückgratkaries, aber allmählich kam sie zum Stillstand; er ist heute etwas behindert, sonst jedoch ganz aktiv.

Mankichi Matsuyama
(geboren 1907)

Auf dem ersten Rettungszug

Am 9. August 1945, vormittags um elf Uhr zwei. Innerhalb eines einzigen Augenblicks wurde ausgelöscht, was lebte, und die Erde in eine Hölle verwandelt; ein gewaltiger Blitz und eine gewaltige Detonation machten Nagasaki zu einer Stadt des Todes.

Die amerikanischen Maschinen flogen damals Tag und Nacht ihre immer schwereren Angriffe auf eine japanische Stadt nach der anderen. Die Bevölkerung an der Heimatfront bereitete sich auf die Schlacht um die Hauptinseln vor; vor militärischen und Luftschutzübungen kam sie nicht zur Ruhe. Wir waren auf dem Weg in die Niederlage. Das von Entbehrungen ausgezehrte Volk war am Ende.

Ich arbeitete bei der Staatsbahn. Als Assistent im Zugführerbüro von Nagasaki setzte ich meine ganze Kraft daran, die in Kriegszeiten erforderlichen Eiltransporte zu organisieren. An jenem 9. August – ich hatte vom Tag zuvor an Dienst getan – sollte ich frei haben. Nachdem der frühmorgens verkündete Fliegeralarm aufgehoben worden war, übergab ich gegen neun Uhr an die nächste Schicht und bestieg den Zug neun Uhr vierzig, um nach Kikitsu, unserem Evakuierungsort, zurückzukehren.

Ein Stück hinter Michinō auf Nagayo zu fuhr ein greller Blitz über uns hin, dann eine heftige Druckwelle. Der Zug machte sofort eine Notbremsung. In dem Wagen waren sämtliche Fensterscheiben zerbrochen, von den herumfliegenden Splittern zahlreiche Passagiere verletzt. Es herrschte ein Chaos. Um die Verletzten so rasch wie möglich behandeln zu lassen, verständigte ich mich mit den Bediensteten, und wir brachten den Zug bis Nagayo. Dort ließen wir alle aussteigen und kümmerten uns zusammen mit den Leuten von der Station um die Verletzten. Inzwischen kam die Nachricht: »In Nagasaki sind nach einem Luftangriff große Brände ausgebrochen; sie dehnen sich aufs ganze Stadtgebiet aus. Es gibt zahllose Tote und Verwundete.«

Die Staatsbahn leitete sofort Hilfsmaßnahmen ein. Ein planmäßig nach Nagasaki gehender Zug, der eben in Nagayo hielt, wurde zum Rettungszug für die Aufnahme der Opfer bestimmt. Die Frage war, ob er durchkommen würde. Die weiter eingehenden Meldungen sprachen von einer völligen Zerstörung der Stadt, so daß es ratsam schien, vor dem Zug eine Dieselmaschine loszuschicken. Man hängte eine Güterlore an, und ich, besorgt auch um den Zustand unserer Dienststelle in Nagasaki, sprang mit auf. Die anderen vier oder fünf waren von der Verwaltung beziehungsweise von der Streckenmeisterei.

Je mehr wir uns Michinō näherten, desto heftiger wurden die schwarzen Rauchwolken in Richtung Nagasaki. Wir stellten uns vor, wie es dort brennen mochte, und uns beschlich ein unheimliches Gefühl.

In Michinō hatte es am Stationsgebäude sämtliche Fensterscheiben zerschlagen. Die Mauern waren großenteils zusammengebrochen. Die Stationsbeamten, während sie sich wieder und wieder das Blut abwischten, räumten die Trümmer beiseite. Es war, als hätte es hier einen Volltreffer gegeben. Unsere Besorgnis wuchs. Und nach kurzem Aufenthalt fuhren wir weiter auf Urakami zu. Sowie wir jedoch um die Steilböschung hinter Michinō bogen, bot sich uns ein unglaublicher Anblick. Der Himmel schwarz verdüstert; so weit das Auge reichte, ein einziges Meer von Flammen. Kein Haus stand mehr, sie alle waren zusammengefallen und brannten. Die Gegend um das Ōhashi-Viertel war völlig im Rauch verschwunden. Wir rätselten, was der Gegner abgeworfen haben könnte. Es mußte von einer Zerstörungskraft gewesen sein, wie sie normaler Menschenverstand sich bis dahin nicht vorzustellen vermocht hatte.

Die Sicht wurde allmählich immer schlechter. Die mitfahrenden Streckenwärter mußten wieder und wieder absteigen, um herabhängende Leitungsdrähte und andere Hindernisse zu beseitigen. Auch kamen uns jetzt auf der Flucht aus dem Zentrum lange Reihen von Ausgebombten entgegen, die, alle verwundet, am Bahndamm entlangliefen. Zumeist war ihre Haut verbrannt, und während sie sich dahinschleppten, fiel sie ihnen in Fetzen vom Leib. Ihre Gesichter waren gleichmäßig geschwärzt, ihre Haare versengt; manche waren bis auf ein paar Lumpen völlig nackt. Auf den ersten Blick konnte man weder ihr Alter abschätzen noch sagen, ob es sich um eine Frau oder einen Mann handelte. Wir riefen ihnen zu: »Warten Sie doch hier, der Rettungszug wird gleich kommen!« Doch sie reagierten überhaupt nicht darauf. Stumm und wie seelenlos taumelten sie weiter. Offenbar dachten sie nur daran, so rasch wie möglich wegzukommen, nahmen ihre letzte Kraft zusammen und kämpften einen verzweifelten Kampf gegen den Tod. Normalerweise wären sie ohnmächtig geworden oder hätten sich hingeworfen, um auf Hilfe zu warten.

Stück für Stück näherten wir uns Ōhashi. Genau auf halber Strecke zwischen Nishimachi und Ōhashi stoppten wir; der Gasometer dort war leckgeschlagen, und das konnte gefährlich werden. Also ging ich allein bis zur eisernen Ōhashi-Brücke. Sie war völlig zerstört, die Eisenträger waren wild verbogen, die Holzschwellen glommen und rauchten. Wie es jenseits der Brücke aussah, vermochte ich nicht zu erkennen. Hier kamen wir nicht weiter. Also beschlossen wir, nach Nagayo zurückzufahren. Einige der erschöpften Verwundeten legten wir unterwegs in die angehängte Lore.

Doch der Rettungszug war uns bereits bis Michinō entgegengekommen. Wir stiegen sofort um und begannen mit den Rettungsfahrten, wobei die Lokomotive von hinten schob und durch Pfiffe die Signale gab. Je mehr wir uns dem Zentrum näherten, desto rascher stieg die Zahl derer, die bei uns Rettung suchten. Die acht Wagen waren im Nu überfüllt. Auf den Bänken zu sitzen, dazu hatten die meisten Verwundeten nicht die Kraft; sie legten sich auf den Boden dazwischen.

Bei Ōhashi fuhren wir so dicht wie möglich an die Flammen heran. Da kam ein Mann in mittleren Jahren angekeucht: »Meine Frau liegt unter den brennenden Balken. Ich flehe Sie an, holen Sie sie heraus!« Tatsächlich aber waren wir einfach nicht imstande, uns weit vom Zug zu entfernen; wir halfen ja schon, wo wir konnten, ohne Rücksicht auf uns selber, und hatten alle Hände voll zu tun, die schwerverletzten Opfer, deren Zahl noch immer wuchs, zu bergen. Vom Hang her, aus den Luftschutzgräben, aus den von Flammen durchzüngelten schwarzen Rauchwolken hervor – überall die gepeinigten, hilfeheischenden Schreie. Wenn das nicht die Hölle war!

Die Verletzten, die wir mit dem Zug abtransportierten, wurden nach Isahaya ins Marinelazarett gebracht. Wie wir hörten, starben die meisten von ihnen in den Tagen darauf. Der Zug pendelte weiter hin und her. Nach dem 12. August luden wir vor allem Tote auf; sie waren größtenteils derart verkohlt, daß man sie nicht mehr identifizieren konnte.

Am Abend des 9. August hatten amerikanische Flugzeuge eine Menge Flugblätter abgeworfen, in denen zur Kapitulation aufgefordert wurde. Aus ihnen erfuhr ich zum erstenmal, daß es sich bei der neuartigen Waffe, die eine solche gewaltige Zerstörungskraft besaß, um eine Atombombe gehandelt hatte. Ferner hieß es da, alles Leben werde in dem von ihr getroffenen Gebiet vernichtet und dort für siebzig Jahre kein Halm mehr wachsen. Mich erfaßte ein schwer zu beschreibendes Gefühl. Der bisher unterdrückte Wunsch nach einem Ende des Krieges stieg in mir auf; gleichzeitig war mir, als wiche meine innere Anspannung und mache einem Gefühl der Leere Platz.

Durch diese einzige Atombombe wurden 74 000 Menschen sofort getötet, 75 000 verletzt und 18 000 Gebäude zerstört. Doch auch von denen, die äußerlich unverletzt geblieben waren, erkrankten in den folgenden Monaten und Jahren viele aufgrund der Strahlungsschäden und starben oft innerhalb einer Woche. Als ich achtundzwanzig Jahre später davon hörte, daß unsere Politiker eine Verfassungsreform diskutieren, durch die an unserer japanischen, in der ganzen Welt beispiellosen Friedensverfassung Abstriche gemacht werden sollen, wurde mir klar, daß wir mit unseren Erfahrungen aus dem Krieg so etwas um jeden Preis verhindern müssen.

Shigetaka Iwanaga
(geboren 1913)

Als Militärpolizist in Nagasaki

Als die Atombombe fiel, befand ich mich in einem Unterstand im Shiroyama-Viertel. Ich war damals zu einer Spezialwachtruppe beim Divisionsstab abgestellt und mit der Kontrolle der Truppenverwaltung, der Versorgung und der zivilen Luftschutzeinrichtungen beauftragt. Insbesondere hatte ich mich um die Verbesserung von Unterständen und Schutzgräben zu kümmern und sie in Vorbereitung auf eine amerikanische Landung gegen Flammenwerferangriffe zu sichern.

Als die Bombe fiel, war ich eben dabei, jenen Unterstand in Shiroyama zu kontrollieren. Plötzlich drängten sich eine Menge Leute, alte und junge, Frauen und Männer, zum Eingang herein, fielen übereinander und blieben tot liegen. Und immer mehr drängten nach. Bald war der Eingang fast völlig mit Leichen verstopft. Jetzt wird es, dachte ich, kritisch; also bahnte ich mir mühsam einen Weg ins Freie. Als ich mich draußen umsah, überkam mich ein riesiger Schock. Überall lagen Berge von Toten.

Ich lief zur Shiroyama-Handelsschule. Dort stand die in der Aula aufgestapelte Versorgung der Bevölkerung für drei Jahre in hellen Flammen. Soldaten, gesunde und verwundete, trugen davon heraus, was sie nur schleppen konnten. Andere schütteten Milchpulver in große Töpfe, kochten es auf und gaben es den Ausgebombten und Verletzten zu trinken.

Die Berge ringsum waren stockdunkel. Von irgendwoher kamen Hilfeschreie. Wir suchten mit Streichhölzern und brennenden Stökken. Es waren Frauenstimmen, wie sich herausstellte, von den beiden Schwestern eines Bekannten. Sie hatten sich hinter der Shiroyama-Volksschule an einen kleinen Fluß gehockt, die eine diesseits, die andere mit ihrem Kind auf dem jenseitigen Ufer. Der Fluß war etwa drei Meter breit und nur auf einer Brücke aus drei Rundstämmen zu überqueren. Um die Frau von drüben herüberzuholen, nahm sie mein Kamerad bei der Hand, und ich stützte sie, indem ich durch den Fluß watete. Sie war nackt und ihr Körper so zerfetzt und aufgedunsen, daß sie sich kaum bewegen konnte. Die beiden Augen waren ihr ausgebrannt. Für sie mochte es eine entsetzliche Qual sein, und auch uns tat es weh. Schließlich übergaben wir sie und das Kind den Rettungstrupps.

Um über die Lage zu berichten, machte ich mich zur Kommandantur im Naminohira-Viertel auf. Die Brücke über den Urakami-Fluß lag so voller Leichen, daß man keinen Fuß darauf setzen konnte. Und wäre ich über die Toten hinweggeklettert, ich wäre bei der ringsum lodernden Glut unweigerlich selber verbrannt. Aber auch im Fluß selber lagen sie zu Bergen, und ich brauchte fünf Minuten, bis ich im Wasser überhaupt vorankam, um ans andere Ufer zu gelangen. Sie hatten alle trinken wollen.

Mein Schwert an der Seite, hatte ich mir ein Handtuch um den Kopf gebunden, damit mir die Feldmütze nicht wegflog. An den Füßen trug ich gesohlte Gamaschensocken, so daß meine Schritte gewiß nicht zu vernehmen waren; dennoch hörte ich hinter mir schreien: »Soldat, gib mir Wasser!« Aber wenn man ihnen welches gab, war das ihr Tod. Wir hatten den Befehl, das unter keinen Umständen zu tun. Und so krochen die Bürger, die an all dem keine Schuld hatten, an die Flüsse und starben dort. Manchmal griff auch der eine oder andere nach meinen Füßen, und ich stolperte. Doch ich mußte ja laufen und Bericht erstatten.

Die brennende Stadt erinnerte mich an die Landung in Shanghai 1937. Plötzlich stand das mir wieder wie gegenwärtig vor Augen. Einen Augenblick lang dachte ich tatsächlich, ich wäre wie damals in der chinesischen Stadt, bis mich der Schrei eines Sterbenden – »He, Soldat!« – zurückrief in die Wirklichkeit Nagasakis.

Als ich bis zur Polizeistation Ibinokuchi gekommen war, lag auf der Straße ein kleines totes Kind. Seine Mutter versuchte, zu ihm hinzukriechen; sie schrie, soviel sie noch schreien konnte. Da legte ich das Kind neben sie, und sie umarmte es fest und starb. Mir liefen vor Wut über den Gegner, der das angerichtet hatte, die Tränen.

Schließlich traf ich auf die Straßenbahngleise. Ein Stück weiter hin brach das Gebäude der Spinnerei in sich zusammen, in der viele amerikanische Kriegsgefangene gearbeitet hatten. Die brennenden Trümmer verschütteten die Straße, und hätte ich mich nicht bei der Mutter mit dem toten Kind aufgehalten, wären sie auf mich gefallen.

Die Strecke bis zum Gasometer war die gefährlichste. Ich rannte direkt durch die Glut. Anschließend mußte ich mich mit Wasser übergießen. Noch einmal, in der Nähe des Großen Kais, stolperte ich, weil sich meine Füße in den herumliegenden elektrischen

Drähten verfingen. Dann, nach der Tamae-Brücke, ließ die Hitze nach, und das restliche Stück bis zur Kommandantur legte ich im Laufschritt zurück.

Ich erstattete meinen Bericht, und endlich hätte ich aufatmen dürfen, wäre da nicht ein plötzlicher Schmerz in meinen Füßen gewesen. Ich konnte einfach nicht mehr gehen. Und als ich meine Gamaschensocken betrachtete, waren die Sohlen fort. Auch von Hemd und Hose und dem um den Kopf gebundenen Handtuch war nicht mehr viel übrig. Mein ganzer Körper schmerzte. In die nackten Fußsohlen hatte ich mir Glassplitter eingetreten. Natürlich war niemand von unseren Sanitätern da. So zog ich mir die Glassplitter selber heraus und bepinselte die Wunden mit Jod. Ich war jetzt nicht mehr marschfähig. Was nicht hieß, daß man nicht doch noch eingesetzt wurde, sei es als Bahnhofswache, zum Leichentransport, oder um die Toten zu verbrennen, was ununterbrochen Tag und Nacht geschah. Viele der Verwundeten brachte man in den Emmyō-Tempel, und ich übernahm den Wachdienst dort. Wenn ich dann sah, wie sie, die sich doch gewiß ein »emmyō«, eine »Verlängerung des Lebens«, wünschten, einer nach dem anderen starben, kochte es von neuem in mir, und ich fragte mich, womit denn diese unbewaffneten, an keinem Kampf beteiligten, schuldlosen Bürger das verdient hatten.

Als nächstes bekam ich eine Armbinde der Militärpolizei und half, die Alten und Kinder mit Lkws aus der Stadt zu bringen. Einmal war, mit Bündeln beladen, ein junger Mann dabei. »Nein«, schrie ich ihn an, »ihr Jungen gehört nicht dazu.« Und ich schickte ihn zurück. Ich sah ihm deutlich an, wie er dachte: »Ja, ja, die Militärpolizei.«

Für Zehntausende hatte die Atombombe das Todesurteil bedeutet. Aber auch diejenigen unter den Überlebenden, die an Zahnfleischbluten litten oder denen die Haare ausgingen, würden, so hieß es, nicht mehr lange leben. Und ich war einer von ihnen. Außerdem gingen bei Kriegsschluß Gerüchte um, alle Militärpolizisten würden gehenkt. Mir sank der Mut. Am Ende erwies sich wenigstens das als falsch, und wir wurden ordnungsgemäß nach Hause entlassen. Den anderen Spruch freilich bin ich nicht so schnell losgeworden, die Atombombenkrankheit bedrohte mich noch eine lange Zeit.

Bei der Entlassung erhielt ich zwei Kilo Reis und eine Wolldecke; die Uniform durfte ich anbehalten. So kehrte ich in mein Heimatdorf im Distrikt Minami-Takaki zurück, beschämt und mein

Schwert in die Wolldecke gewickelt. Unterwegs – vielleicht unbewußt, vielleicht weil ich es im China-Feldzug bei einem Malaria-Anfall während des Marsches auch so gemacht hatte – kaute ich Beifußblätter. Dabei kam mir die Freude am Leben wieder. Im Dorf, das wußte ich, gab es frischen Beifuß in jeder Menge. Und von da an kaute ich diese Blätter Tag für Tag, bis das Zahnfleischbluten aufhörte und mir auch keine Haare mehr ausfielen.

Kakuji Miyazaki
(geboren 1929)

Sie verbrannten vor meinen Augen

»Bis zu den Sommerferien bin ich bestimmt größer als du!« jubelte mein ältester Sohn, als wir uns Rücken an Rücken stellten. Er ißt tüchtig und wächst entsprechend. Seit diesem Jahr besucht er die Oberschule, ein fleißiger Junge. Den Krieg kennt er nicht.

Was für eine düstere und beschwerliche Jugend hatte ich dagegen! Als ich sechzehn war, fiel auf Nagasaki die Atombombe; am 9. August 1945, genau um elf Uhr zwei; ich werde diesen Augenblick nie vergessen. Am Himmel über Urakami explodierte die zweite dieser Bomben in der Geschichte der Menschheit, und sie stürzte uns in den tiefsten Abgrund des Grauens.

Ich war damals Student am Lehrerseminar in Nagasaki und arbeitete im Studenteneinsatz in der Mitsubishi-Waffenfabrik im Ōhashi-Viertel. In Turnzeug und Gamaschen leisteten wir Tag für Tag mit Eifer die uns ungewohnten Verrichtungen und träumten dabei vom Sieg.

In dem Augenblick, als ich, um mir vor dem Mittagessen die Hände zu waschen, aus der Werkshalle treten wollte, zuckte ein riesiger Lichtschein auf wie von hundert Blitzen. Ohne zu überlegen, sprang ich zurück, suchte instinktiv nach einer Deckung. Doch da donnerte schon der gewaltige Explosionsknall, und ich muß in die Luft gewirbelt worden sein.

Wie viele Sekunden vergingen, ich weiß es nicht. Durch meine Finger, die ich vor Angst auf meine Augen gepreßt hatte, sah ich mich um: Alles war dunkel wie die Nacht, von überallher erklangen Hilfe- und Schmerzensschreie.

Das Innere der Werkshalle hatte sich in einen Trümmerhaufen verwandelt, wie man ihn sich noch wenige Minuten zuvor nie hätte vorstellen können. Sofort lief ich los und hinaus. Was war hier eigentlich geschehen? Das gesamte Gelände lag so grauenvoll verwüstet, daß man meinte, der Weltuntergang sei angebrochen. Nur fort von hier! Und so schnell mich die Beine trugen, rannte ich auf die Berge zu.

Auch hier ringsum Hilfeschreie. Menschen, ununterscheidbar, ob Mann oder Frau, denen die Haut wie Lumpen herabhing; Menschen, wie die Ameisen wimmelnd auf der Flucht. Ich rannte in einem so irrsinnigen Tempo, daß ich sie alle hinter mir ließ, und dabei fiel mir plötzlich ein, daß ich in der Morgenzeitung etwas gelesen hatte von einer auf Hiroshima niedergegangenen »Bombe neuer Art«. Das mußte die gleiche gewesen sein.

Die Unterstände in den Bergen waren einer wie der andere bereits überfüllt. Notgedrungen flüchtete ich mich in ein Süßkartoffelfeld. Gleich darauf kamen auch einige meiner Mitseminaristen. An verschiedenen Stellen sahen wir Flammen auflodern; auch am Speisesaal unseres Wohnheims flackerte es rot. Also rannten wir wieder los, um dort zu helfen. Doch wir waren nur knapp zehn Leute; das reichte zum Löschen nicht aus.

Das zusammengebrochene zweigeschossige Gebäude des Wohnheims hatte zahlreiche Seminaristen unter sich begraben. Einer der älteren lag, unfähig sich zu bewegen, eingeklemmt unter herabgefallenen Deckenbalken; seine Eingeweide quollen heraus. Andere warfen sich in den Teich. Ein jüngerer war so verbrannt, daß das blanke Fleisch zu sehen war; ein Lehrer hatte die Arme derart voller Verletzungen, daß er sie nicht heben konnte ... Ich zog meine Gamaschen aus und legte sie einem statt eines Verbandes an. Aber sie waren alle so scheußlich zugerichtet, daß wir nicht wußten, bei wem wir anfangen sollten.

Von Funkenschauern überschüttet, holten wir so viele heraus, wie wir nur vermochten. Alle zu retten war unmöglich. Für die anderen, die vor unseren Augen verbrannten, blieb uns nur zu beten. Ihre Todesschreie gellen mir noch jetzt in den Ohren.

Als es Abend wurde, zogen die »Hibakusha« in Scharen von Berg zu Berg, um ein sicheres Unterkommen zu suchen. Sie wirkten – ich kann es nicht anders beschreiben – wie noch einmal aus dem Totenreich zurückgekehrte Geister. Fast alle waren sie so gut wie nackt. Dem einen hatte sich die Haut des einen Arms in einem Stück abgelöst und baumelte herunter. Ein anderer, dessen Körper wie gespickt mit Glassplittern war, kroch auf allen vieren. Wieder einer hielt seine Hand auf das heraushängende Gedärm gepreßt. Eine Mutter, ihr totes Baby fest im Arm, irrte mit leeren Blick umher. Manche drängten sich durch die Menge und riefen in einem fort nach ihrem Vater, ihrer Mutter, ihren Kindern. Wir halfen den Verletzten, so gut wir vermochten; Medizin hatten wir keine, bestenfalls konnten wir ihnen Kürbissaft einträufeln, um sie einigermaßen zu beruhigen.

Die Nacht über, wenn uns gerade keine amerikanischen Aufklärer überflogen, sammelten wir, die wir uns noch bewegen konnten, zwischen den Trümmern die Reste von Reis auf, den wir in verschmutztem Wasser kochten. Dann formten wir mit unseren verschwitzten und blutverschmierten Händen Reisbälle daraus und verteilten sie an die Verletzten.

Vom nächsten Tag, dem 10. August, an arbeitete ich in einem Trupp zur Versorgung der »Hibakusha«. Wir liefen in dem völlig in eine Wüste verwandelten Urakami umher, dem Zentrum des Abwurfs. Weil ich nicht genügend aufpaßte, trat ich mir einen rostigen Nagel in den rechten Fuß; die Wunde eiterte, und ich kehrte schließlich in meine Heimat im Distrikt Minami-Takaki zurück. Vier Tage lang, seit dem Abwurf der Atombombe, hatten sich meine Eltern und Geschwister um mich gesorgt, und als sie jetzt nahe daran waren, mich für tot zu halten, stand ich vor ihnen. Die Freude war unbeschreiblich.

Und noch eine Erinnerung an damals. Sie betrifft meinen verehrten Lehrer, Professor Shinichi Morita. Er hatte durch die Atombombe seine Frau und seine drei Kinder verloren. Wie er, ungeachtet seines Schmerzes, eine kleine Milchdose mit der Asche seiner Lieben in der Hand, die Leitung der Rettungsmaßnahmen auf sich lud, dieses Bild macht es mir noch heute heiß in der Brust.

1948, als Volksschullehrer in meiner Heimatstadt, tat ich die ersten Schritte im Schuldienst. Zwei Jahre später wurde ich nach Nagasaki versetzt, wo ich nacheinander an vier verschiedenen Schulen mit Leidenschaft unterrichtete. Doch allmählich begann mich die Atombombenkrankheit zu zerfressen. Um 1950 verschlimmerte sich das Zahnfleischbluten, und ich wurde von einer hochgradigen Blutarmut befallen; die Zahl der weißen Blutkörperchen sank von normal 7000 bis 8000 auf nur noch 3400 ab. Ich fühlte mich entsetzlich erschöpft, und wenn ich abends las oder Verwaltungsarbeiten zu erledigen hatte, bekam ich rote, blutunterlaufene Augen. Tag für Tag fragte ich mich besorgt, wann mich die Krankheit niederzwingen würde. Um mich von dieser Unruhe zu befreien, wandte ich mich schließlich der Religion zu. Während meiner Lehrtätigkeit wünschte ich mir nichts herzlicher, als daß die Kinder, die ich unterrichtete, nie das Elend eines Krieges zu spüren bekämen.

1967 trat ich nach zwanzig Jahren im Schuldienst von meinem Amt zurück und ließ mich in die Stadtverordnetenversammlung wählen. Auf diese Weise, so war ich entschlossen, wollte ich meine Vorstellungen von einem dauerhaften Frieden in die Praxis umsetzen. Mein 1972 eingebrachter Vorschlag zu einer »Friedenswoche« wurde von der Stadtverordnetenversammlung angenommen, und man beschloß, noch im selben Jahr eine erste »Dekade zum Gedenken an die Opfer und zum Gebet für den Weltfrieden« abzuhalten, die jeweils am 15. August, dem Kriegsschlußtag, endet. Inzwischen ist dies, in Zusammenarbeit auch mit der Stadt Hiroshima, zu einem festen alljährlichen Ereignis geworden. Ein freilich nur kleiner Schritt hin auf den Frieden; doch höre ich nicht auf zu hoffen, es möchte daraus eines Tages der große Schritt erwachsen, der die völlige Abschaffung des Krieges bringt.

Masaki Morimoto
(geboren 1934)

Ein trauriges Wiedersehen

Ich kann jenen Tag einfach nicht vergessen. Ich war damals im sechsten Volksschuljahr. Weil es so schwül war von morgens an, zogen wir, ein paar Freunde aus der Nachbarschaft und ich, gegen neun Uhr los zu einem nahen Teich, um dort zu baden. Wir waren zehn, alle ungefähr im selben Alter. Als wir uns müde geschwommen hatten und Hunger bekamen und einige gerade dabei waren, auf den Deich hinaufzuklettern, da rief einer aus der fünften Klasse, indem er auf einen Punkt oben am Himmel zeigte: »Mensch, eine Fallschirmbombe! Seht euch das mal an!« Von den Schrecken einer Atombombe hatten wir natürlich keine Ahnung. Neugierig sprangen wir schnell auf den Deich. Ein merkwürdiger, dreifacher Fallschirm kam, vom Wind getrieben, von den Nagasaki-Schiffswerften her allmählich auf uns zu.

Im nächsten Augenblick war plötzlich die ganze Gegend hellweiß, und ich wußte nicht mehr, was mit mir los war. Ich hatte das Gefühl, ich würde mit der Stirn gegen das Gras auf den Deich gepreßt, und verlor völlig das Bewußtsein.

Als ich wieder zu mir kam, lag ich im Teich. Offenbar hatte es mich umgerissen, den Deich hinuntergerollt und ins Wasser geworfen. Und das war mein Glück; denn dort, wo ich vom Wasser bedeckt gewesen war, hatte ich keine Brandwunden. Ich war knapp mit dem Leben davongekommen.

Immerhin, auf der Vorderseite war ich von oben bis unten verbrannt. Weil mir heiß war, fuhr ich mir mit der Hand an die Brust; wo ich sie berührte, fiel meine Haut ab. Ich kroch auf den Deich. Meine Freunde waren alle irgendwie durchgekommen; ihre Haare waren versengt und eingeschrumpft, ihre Augenbrauen ganz verschwunden. Manchen hingen die Kleider in Fetzen, und wo die entzündete Haut hervorsah, war sie zusammengezogen wie verätzt. Sieben von uns zehn starben noch innerhalb der ersten Woche nach der Atombombe.

Ich selbst rannte vom Teich weg nach Hause. Wir hatten im Shiroyama-Viertel gewohnt, aber da waren nur noch Trümmer übrig. Eine Weile muß ich wie benommen auf die Reste unseres Hauses gestarrt haben. Danach fehlt mir ein Stück in meiner Erinnerung . . .

Auch die anderen Häuser daneben waren zu Staub und Spänen zerfallen. Wer sich nur irgendwie bewegen konnte, war in einen großen Unterstand in der Nähe geflüchtet. Mich hatte man ebenfalls dorthin gebracht; und von da aus, wo ich lag, sah ich immer mehr »Hibakusha« hereingekrochen kommen. Manche schleppten andere auf dem Rücken oder trugen sie auf den Armen. Einer war darunter, dem hatte der Explosionsdruck die Augen herausgequetscht, er hatte zwei große Löcher im Gesicht, und nicht lange, so wimmelten seine Wunden von Maden, von denen einige bis ganz hinten hin in die leeren Augenhöhlen krochen.

Seltsamerweise erinnere ich mich besonders gut daran, daß das ein Sommer war, in dem es außerordentlich viele Fliegen gab. Auch meine Wunden eiterten; das Zeug lief mir bald aus dem ganzen Körper, und die Fliegen kamen und sogen es auf. Schlimmer war es mit den Maden. Überhaupt kam man sich vor wie ein lebender Leichnam. Ich finde keine Worte, um das Elend richtig zu beschreiben. Wenn nicht das, was sonst war die Hölle? Allmählich verlor ich jede Empfindung, nichts wunderte mich mehr, nichts schmerzte mich mehr. Meine toten Freunde zu sehen erregte keinerlei Gefühle in mir. Ich war völlig apathisch.

Ungefähr einen Monat lang schwebte ich zwischen Leben und Tod. Man rechnete wohl damit, daß ich sterben würde. Da fand mein Vater eine Naturmedizin, die bei mir eine erstaunliche Wirkung tat; auf geheimnisvolle Weise besserte sich mein Zustand. Sicher deshalb, damit ich der jüngeren Generation von der Grausamkeit der Atombombe berichten kann.

Meine ältere Schwester hingegen, die mich auf dem Rücken fortgetragen hatte, wurde bald darauf von der Atombombenkrankheit befallen, und im Sommer 1946 starb sie. Fünf Jahre später, obwohl sie keine äußeren Verletzungen gehabt hatte, folgte ihr meine zweitälteste Schwester nach; vermutlich war es bei ihr eine durch die Strahlung verursachte Leukämie.

Im November des Atombombenjahrs begann in den Schulen der Unterricht wieder. Viele Gesichter in meiner Klasse fehlten. Von den knapp zweitausend Schülern aus Shiroyama waren kaum vierhundert da. Wir bekamen ein Klassenzimmer in der drei Kilometer entfernten Volksschule in Inasa. Im Frühjahr 1946 machten wir unseren Abschluß, um dann auf die Mittelschule zu gehen. Wir waren ganze vierzehn.

1968 hielten wir ein Treffen ab, das vom amerikanischen NBC-Fernsehen gefilmt wurde. Es kamen neun von uns. Von den übrigen waren einige an den Spätfolgen gestorben. Es war ein trauriges Wiedersehen. Ich habe fast alle diejenigen verloren, mit denen ich in meiner Kindheit befreundet war; deshalb erst recht müssen wir zusammenhalten, um weiterleben zu können.

Kimiko Tanaka
(geboren 1917)

Immer um diese Zeit habe ich wieder Angst

Beim Wechsel vom Juli in den August scheint die pralle Sonne senkrecht von oben herab. Da habe ich, wenn ich morgens aufwache, immer wieder diese Angst. Schon im Zimmer bricht mir der Schweiß aus allen Poren, durchtränkt meine Wäsche. Glut des August. Sie erinnert mich an den grausigen Lichtschein jenes 9. August 1945.

Es war die Hölle auf Erden. So weit der Blick reichte, eine Brandwüste. In der Luft der Leichengeruch, überall die verkohlten, schrecklich entstellten Toten, die kaum noch atmenden Verletzten, leise wimmernd: »Waser! Wasser!« Auch im Fluß, aufgedunsen wie die Kartoffeln, trieben die Toten ...

Ich lebe heute allein. Ohne Kinder, ohne Mann; ich habe keine Verwandten, auf die ich mich stützen könnte. Wäre der Krieg nicht gewesen, wäre nicht die Atombombe auf uns gefallen, auch ich besäße eine friedlich und fröhlich um mich versammelte Familie. So jedoch werde ich nicht aufhören, die Atombombe zu hassen, die meinen geliebten einzigen Sohn leiden ließ und ihm zuletzt das Leben raubte, die meine Mutter und alle meine Geschwister tötete und mich in einen Abgrund des Unglücks stürzte.

Ich war damals achtundzwanzig. Wir wohnten im Shiroyama-Viertel im ersten Block, neunhundert Meter von der Abwurfstelle entfernt. Nachdem an jenem Morgen Entwarnung gegeben worden war, wollte ich uns wenigstens ein paar Glasnudeln überbrühen, und gerade hatte ich den Schöpflöffel draußen ins Wasserfaß getaucht, als ein riesiger Blitzschein über mich hinwegzuckte und ich unwillkürlich den Kopf ins Wasser steckte. Als ich mich verwirrt wiederaufrichtete, war alles ringsum in einen gelben Staub gehüllt, so daß man keine Handbreit weit sehen konnte, und schwarzer Rauch stieg auf. Gleich darauf hatte ich das Gefühl, als schlüge mir jemand mit dem Hammer auf den Kopf, mein Bewußtsein begann zu schwinden. So muß es sein, dachte ich noch, wenn eine glühende Stahlsäule auf einen zukommt; denn das letzte, was ich spürte, war eine Hitzewelle, die sich durch meinen ganzen Körper ausbreitete.

Ich weiß nicht, wieviel Zeit verging. Sobald ich wieder bei mir war, suchte ich als erstes meinen Sohn Isao, der zuvor mit der Großmutter gespielt hatte. In dem Haus in Shiroyama lebten außer mir und dem zweieinhalbjährigen Isao noch meine Mutter und meine ältere Schwester. Gleich nebenan wohnte mein jüngerer Bruder mit seiner Familie und nur ein Stück weg die Großmutter im Haus eines Adoptivenkels.

Unser Haus war zusammengefallen, vor lauter Rauch sah ich kaum etwas. Als erste fand ich meine Mutter. Sie war völlig kahlköpfig geworden und hatte überall rote Brandwunden. Dann stieß ich auf meine Schwester. Ihr Kopf sah aus wie ein geplatzter Granatapfel, das Blut lief ihr in Strömen herab. Unwillkürlich faßte auch ich hinter mein Ohr; ich hatte ein Gefühl wie von etwas Feuchtem, und als ich mir in die Haare langte, konnte ich sie büschelweise herunternehmen. Immerhin war ich im Vergleich zu den anderen noch gut weggekommen.

Mein Bruder lehnte, noch aufrecht stehend, tot am Kuhstall; ihm hatte es beide Arme abgeschlagen. Seine Frau war noch entsetzlicher zugerichtet; ihr Körper lag in zwei Teile zerrissen auf dem Estrich am Haus.

Doch Isao, sosehr ich ihn suchte, fand ich nicht. Die Großmutter, die mit ihm gespielt hatte, war tot; es mußte sie gut zehn Meter durch die Luft gewirbelt haben. Mit meiner Mutter und meiner Schwester setzte ich die Suche fort, und die beiden waren selber schwer verletzt. Fünf Stunden lang schleppten wir zertrümmerte Balken, Sand und Erde beiseite, bis wir Isao entdeckten: Er lag da, den Kopf in einen steinernen Mörser geschoben, bewußtlos zwar, doch jedenfalls atmete er. Besonders am Hinterkopf, aber auch sonst war er mit unzähligen Brandwunden bedeckt. Armer Kleiner!

Ich nahm ihn auf die Arme und ging mit ihm zum nahen Urakami-Fluß, um ihn sauberzuwaschen. Unterwegs sah ich etwas so Schreckliches, daß ich es bis heute nicht vergessen kann. Zwei Kinder aus unserer Nachbarschaft, ich kannte sie vom Ansehen, hatten wohl auf der Brücke gespielt. Die Arme um das Geländer geschlungen, wimmerten sie nur noch leise. Ihre Gesichter völlig verbrannt, standen sie da in der prallen Sonne und konnten sich nicht losmachen, denn sie klebten an dem Geländer fest. »Ach, Tante, das tut so weh!« flüsterten sie. Und ich, mein selber schwerverletztes Kind bei mir, dem ich so rasch wie möglich Hilfe suchen wollte – was hätte ich tun können? Ich tröstete sie nur mit Worten, und verzweifelt ging ich weiter.

Am Tag nach der Bombe kam Isao endlich wieder zu sich und sah zu mir auf. »Jetzt ist der Alarm vorbei«, sagte ich. Doch in dem allgemeinen Chaos war eine richtige Behandlung seiner Wunden nicht möglich. Meine Pflege jedenfalls blieb ohne Wirkung, und als zwei Wochen später der hintere Teil des kleinen Kopfes wie zu verfaulen begann und ich ein wenig mit der Nadel dagegen drückte, schoß eine Unmenge weißlich gelber Eiter heraus. Um ihm eine bessere Behandlung zu verschaffen, fuhr ich mit ihm zu Verwandten in der Präfektur Ōita; aber je mehr mein Geld zusammenschmolz, desto kälter benahmen sie sich gegen mich, und wohl oder übel kehrte ich nach Nagasaki zurück.

Während ich in Ōita war, erschien dort eines Tages mein Mann, der Armeearzt gewesen war. Er versprach zwar: »Ich komme bald zu euch.« In Wahrheit mochte ihn mein Anblick, kahlköpfig und der Mund von den Wunden wie ein Schweinerüssel, so abgeschreckt haben, daß ich nie wieder etwas von ihm hörte. Selbst Ehen hat die Atombombe auseinandergerissen.

Isaos Befinden verschlechterte sich zusehends. Er litt entsetzlich, und ich war nicht imstande, ihm zu helfen oder ihm auch nur etwas Gutes zu essen zu geben. Sein schmerzverzerrtes kleines Gesicht. Sein Wimmern ... Ach, mir geht dieses Stimmchen nicht aus dem Ohr. Manchmal war ich nahe daran, mit ihm auf dem Arm vor den Zug zu springen; aber dann dachte ich wieder: Wenn er nun doch gesund wird? Und ich klammerte mich an diese Hoffnung und sprang nicht.

Indessen verfiel er unaufhaltsam weiter, und am 14. Februar 1946 hat er mich schließlich allein gelassen. Meine Mutter starb im selben Jahr, meine Schwester, nachdem sie irrsinnig geworden war, fünfzehn Jahre später. Nur ich bin übriggeblieben.

Wie oft habe ich den Tag der Atombombe vergessen wollen; ich konnte es nicht. Vielmehr ist mir, als wäre das gestern gewesen. Ich selbst habe außer am Haarausfall an Zahnfleischbluten gelitten, war zeitweise mager wie ein Skelett. Zu guter Letzt jedoch kam ich wieder auf. Ich glaube, mir ist die Aufgabe zugeteilt, den Menschen zur Warnung die grausame Wahrheit über die Atombombe weiterzuberichten. Zugleich räche ich mich so an der Bombe, die mir mein Kind, meine Mutter, meine ganze Familie raubte.

Toyomi Hashimoto
(geboren 1924)

Und die Jahre des Elends danach

»Nie wieder Atombomben!« hallt es jedes Jahr bei den Gedächtnisfeiern durch die Straßen Nagasakis. Darüber der strahlend blaue Himmel, ringsum das friedliche Grün der Berge. In mir aber sind die Spuren, die jener Dämon hinterlassen hat, als wir in 1,2 Kilometern Entfernung vom Abwurfszentrum von der Bombe getroffen wurden, allzu tief eingegraben.

Wir waren, glaube ich, eine recht glückliche Familie, mein Mann, unser dreijähriger Sohn und ich. Trotz der Kriegszeiten hatte nichts unser Leben getrübt, worum uns mancher Nachbar beneiden mochte. Auch am Morgen des 9. August 1945 verabschiedete ich wie immer meinen Mann am Tor und blieb mit dem kleinen Takashi allein. Als es dann Entwarnung gab, atmete ich auf; auch der Junge lief hinaus zum Spielen.

Plötzlich hörte ich in der Ferne das Brummen eines Flugzeugs. Ist das eines von den unseren? Jetzt, nach der Entwarnung ...? Dennoch war ich irgendwie unruhig und wollte Takashi suchen gehen; da kam er schon herbeigerannt und rief: »Ein Flieger, ein Flieger!« Schnell liefen wir ins Haus. Gleich darauf ein greller Blitz, ein Donnergetöse von der Explosion, und wir lagen unter den Trümmern. Wie lange, das weiß ich nicht. Erst als ich den Jungen weinen hörte, kam ich wieder zu mir. Ah, er lebte! Ich versuchte, nach seiner Hand zu langen, konnte mich aber nicht bewegen, weil ich unter einem dicken Balken eingeklemmt war. Ich schrie um Hilfe, so laut ich vermochte. Doch niemand kam. Bald hörte ich, wie man auch in der Nachbarschaft nach Angehörigen rief. Takashi pochte mit aller Gewalt gegen die Lehmwand, er wollte hinaus; dabei kehrte er mir den Rücken zu, bis er sich einmal umwandte und ich sah: Sein rechtes Auge war völlig blutunterlaufen. Mir preßte es die Kehle zu. Du mußt weiterschreien, dachte ich. Meine Stimme jedoch war bereits so heiser, daß sie nicht einmal die Leute erreichte, die unmittelbar an uns vorbeigingen. Warum hilft mir denn keiner? Ungeduldig bemühte ich mich, wenigstens meinen Rücken aufzurichten.

Nach einiger Zeit bemerkte uns die Nachbarin von gegenüber und holte erst einmal den Jungen heraus. Nun war ich ruhiger. Dafür spürte ich jetzt höllische Schmerzen in meinem linken Arm, in der Brust und im Bauch; die rechte Hand indessen konnte ich frei bewegen, und mit ihr erreichte ich einen zerbrochenen Dachziegel, mit dem ich den Schutt um mich wegkratzte. So schaffst du es, dachte ich, und langsam, Zentimeter um Zentimeter, kam ich heraus. Bis ich mit dem Bauch an einem großen Nagel hängenblieb. Draußen begannen sie »Feuer!« zu schreien. Und ich wollte nicht verbrennen. Mit einer wilden Anstrengung zerrte ich mich unter dem Balken hervor, wobei mir der Nagel querüber den Bauch aufkratzte. Dann endlich kroch ich aus den Trümmern hervor.

Das erste war natürlich, daß ich meinen Jungen suchte. Aber nirgends fand ich ihn. Es wird ihn jemand mitgenommen haben, hoffte ich, und machte mich vor den aufflackernden Flammen davon. Nur wollten meine Beine nicht recht, auch wußte ich nicht, wohin, denn die Gegend ringsum brannte bereits lichterloh. Es blieben lediglich die Berge; also schleppte ich mich hinauf in Richtung auf die Bastion über dem Zenza-Viertel. »Helfen Sie mir!« »Geben Sie mir einen Schluck Wasser!« riefen mir unterwegs die Schwerverletzten zu, die am Boden lagen. Manche klammerten sich an meine Füße. Jemanden hörte ich sagen: »Die Alten laßt liegen, rettet zuerst die Kinder!« Ich versprach, später mit Wasser zurückzukommen; hatte ich doch selber meine Not mit mir.

Ein Stück weiter traf ich eine Nachbarin. Erschrocken starrte sie mich an. Erst da fing ich an, mich richtig zu betrachten und abzutasten. Meine Kleider waren zerfetzt und voller Blut und Dreck, meine Ohren aufgeplatzt, und am Kopf und im Gesicht hatte ich überall Verletzungen. Sie muß mich für ein Gespenst gehalten haben.

Auf einmal ein Schrei: »Ach, daß du lebst!« Es war mein Mann, auf seinen Armen trug er unseren bewußtlosen Jungen, und mir fiel ein Stein vom Herzen.

An verkohlten Leichen vorbei erreichten wir schließlich den Berg. Von Leuten, die dort wohnten, bekamen wir Bettlaken, Kerzen, etwas Zucker und einen hölzernen Fensterladen, den wir zu unserem Schutz über eine Steinmauer legten; und nachdem wir dem Jungen Zuckerwasser eingeflößt hatten, kehrte sein Bewußtsein zurück. Sein rechtes Auge war verloren, der Kopf und die eine Körperseite steckten voller Glassplitter, die wir ihm mühsam herauszogen, während wir wegen der feindlichen Flugzeuge die Kerze immer wieder ausblasen mußten.

Da hatte er am Morgen noch so fröhlich gespielt, und nun lag er blutverschmiert vor uns! Wenigstens, damit trösteten wir uns, waren wir alle beisammen.

Das Bettlaken zerriß ich und machte dem Jungen davon Verbände. Er biß die Zähne aufeinander, er weinte nicht. »Ich will ja brav sein«, sagte er und versuchte zu lächeln, um mich aufzumuntern. Doch ich konnte nicht anders, mir liefen die Tränen.

Auf dem Berg war es stockdunkel. In der Nähe hörten wir bis spät in die Nacht die Stimmen der Ausgebombten, die besorgt nach ihren Angehörigen riefen. Ich dachte an meine Schwestern und daß ich nicht wußte, was mit ihnen war.

Endlich dämmerte der Morgen. Überall sah ich Tote herumliegen. Sie waren halb oder ganz verkohlt. Auch Sterbende, die grausam zugerichtet waren.

Nach zwei, drei Tagen schickte man uns in einen Unterstand in der Gegend des heutigen Mori-Viertels, wo wir etwa einen Monat lang hausten. Wir bekamen von anderen Leuten Kleider und hatten endlich wieder das Gefühl, überhaupt zu leben.

Freilich war ich so schwach, daß ich unseren Jungen kaum zur Toilette tragen konnte. Trotzdem mußte ich mit ihm jeden Tag zum Verbandsplatz Ibinokuchi gehen, wo wir beide behandelt wurden. Inzwischen begann mir das Haar auszufallen, mein Zahnfleisch blutete, und mein Mann, der ebenfalls verletzt war, befand sich in einem Zustand, in dem er zu nichts fähig war. Um diese Zeit hörten wir, daß man auf Nagasaki eine »neuartige Bombe« abgeworfen hatte, die gleiche wie auf Hiroshima.

Neben dem Unterstand wurden jeden Tag auf Holzstößen die Toten verbrannt. Wenn ich nachts auf dem Weg zum Brunnen auf die Leichen trat, wurde mir unheimlich zumute. Morgens lag beim Brunnen gewöhnlich irgend jemand, der nachts zusammengebrochen und gestorben war – so unmittelbar neben uns, und wir hatten nichts davon gemerkt! Auch von denen, die am Bombentag unverletzt gerettet worden waren, starb jetzt einer nach dem anderen. Und wenn wir stürben, wer würde uns verbrennen? Ich hoffte nur, daß meine Brüder recht bald von der Armee nach Hause kämen. Die beiden älteren kamen dann im September tatsächlich zurück. Auch meine Schwestern waren am Leben und gesund. Im Oktober mieteten wir uns im Ōura-Viertel das Haus, in dem ich noch jetzt wohne.

Nach einem Jahr konnte unser Sohn Takashi allmählich wieder laufen. Gleichzeitig befiel mich die eigentliche Atombombenkrankheit: Ich bekam überall dunkelrote Flecken, war entsetzlich schlaff, hatte Schwindelanfälle, und die Zahl meiner weißen Blutkörperchen nahm ab. Das Leben verdüsterte sich von neuem.

Da mein Mann wegen seiner Schwäche nicht viel arbeiten konnte, gerieten wir mit den Jahren in die größten Schwierigkeiten. Takashi ging jetzt zur Schule; aber wie mochte er darunter leiden, wenn ihm die Nachbarkinder nachriefen: »Einauge, Einauge! Na, weißt du denn, wo du hinsteuerst?« Zweifellos, wir waren auch Kriegsopfer, bekamen aber keine Unterstützung vom Staat wie sie. Und oft genug dachte ich in meinem Zorn: Warum machen sie diesen Unterschied?

Zudem begann mein Mann von Selbstmord zu reden. Er wolle zusammen mit Takashi sterben; dann wäre ich, sagte er, die Quälerei los und könnte, in meinem Alter, auch wieder heiraten. Wenn ich nur einen Augenblick nicht aufpaßte, schnürte er dem Jungen mit einem Handtuch die Kehle zu und versuchte dasselbe bei sich. Nachdem er damit keinen Erfolg hatte, wurde er eines Tages von einem Nachbarn dabei überrascht, wie er sich im Schulhof aufhängen wollte. Das war um 1948. Bei der Polizei soll er gesagt haben: »Dieses Leben ist für mich eine Qual; laßt mich doch sterben!«

Ich riß mich zusammen und arbeitete bis zur Erschöpfung, als Krankenpflegerin, als Bedienung in Restaurants. Selbst wenn ich gewollt hätte, ich hätte nicht sterben dürfen; denn inzwischen hatten wir drei Kinder, und sie waren meine einzige Hoffnung. Ich brauchte sie nur anzusehen, wie sie schliefen, und wußte, daß ich weiterleben mußte.

Doch unsere Unglückssträhne hielt an. Unser 1952 geborener vierter Sohn war vier Monate alt, als mir an dem einen seiner Augen etwas verdächtig vorkam. In der Augenklinik sagten sie, es handele sich um eine Geschwulst; Krebs sei nicht auszuschließen. Unter zehntausend komme das einmal vor. Ich war verzweifelt. Obwohl wir kaum das Geld dazu hatten, kratzte ich alles zusammen und ging mit dem Kind in die Universitätsklinik. Dort meinten die Ärzte dasselbe. Das rechte Auge müsse sofort entfernt werden, sonst bestehe die Gefahr, daß auch das linke davon befallen werde. Dennoch brachte ich es nicht übers Herz, einer Operation zuzustimmen.

Fünfzehn Monate später bekam dasselbe Kind einen seltsamen Husten. Zum Arzt in der Nachbarschaft konnte ich nicht gehen; ihm war ich die Rechnung schuldig geblieben. Also brachte ich den Jungen zu einem anderen Arzt, der fand, es sei eine unbehandelt gebliebene Erkältung; doch als es sich am nächsten Morgen verschlimmert hatte, stellte er Diphtherie fest und ließ das Kind ins Nagasaki-Krankenhaus einweisen. Wieder hatte ich dazu kein Geld. Schließlich lieh mir meine Schwägerin den Versicherungsschein ihres Dreijährigen, und mein Kind wurde darauf behandelt, während ich zitterte, der Schwindel könnte herauskommen.

Zunächst bekam er ein Serum; als das nicht half, mußte man ihm, damit er nicht erstickte, einen Halsschnitt machen. Einen Monat lang saß ich an seinem Bett im Krankenhaus. Einmal löste mich meine jüngere Schwester für einige Tage ab, aber sie hielt es nicht durch. Und auch ich war am Ende.

Es kam der Tag der Entlassung. Ich war so froh. Doch als der Arzt die Sonde aus dem Hals zog, verletzte er dabei versehentlich eine Ader, und mein Kind erstickte. Weinend warf sich der Arzt vor dem Bett auf den Boden und rief: »Es war mein Fehler; bitte, verzeihen Sie mir!« Aber auch wenn ich ihn zur Verantwortung gezogen hätte, mein Junge wäre nicht wieder lebendig geworden. Außerdem hatte ich ja den Schwindel mit dem Versicherungsschein begangen. So blieb mir nichts, als unter Tränen den Mund zu halten.

Das war am 10. Mai 1954. Neun Tage später begann ich als Küchenhilfe in der Universitätsklinik zu arbeiten, für fünfhundert Yen am Tag. Als gegen Monatsende unser Ältester mit auf Schulfahrt ging – die Kosten hatte man ihm erlassen –, mußte ihn eine Nachbarin für mich zum Treffpunkt begleiten.

Im Juni 1956 brachte ich unseren fünften Sohn zur Welt. Meine Freude war nur von kurzer Dauer: Auch er litt an jener Augenkrankheit. Warum, unter sechs Geschwistern, war nur mir solches Unglück aufgeladen? Mein Mann war zwar schwach, aber alle hielten ihn für gutmütig. Ich habe von Kind auf nie etwas Böses getan, war immer freundlich zu alten Leuten ... Obwohl ich allmählich nicht mehr glaubte, daß es noch Götter und Buddhas gäbe, lief ich von einem Schrein und Tempel zum anderen. Doch das rechte Auge des Kindes blieb trübe. Angesichts dieses Elends war ich bereit, mit der ganzen Familie den Tod zu wählen.

Gerade in dieser Zeit hatte mein Mann wieder und wieder Selbstmordversuche unternommen. Zuletzt war er in einem solchen Zustand, daß ich zur Stadtverwaltung ging, unsere Lage seit Kriegsende schilderte und darum bat, man möge ihm einen Freiplatz in einem Krankenhaus geben. So kam mein Mann ins Bürgerhospital, wo er drei Monate später ruhig einschlief, für immer.

Takashi, mein Ältester, hatte es, weil er einäugig ist, nicht leicht, eine Arbeit zu finden. Er mußte sich mit einer Lehre bei einem Schuster begnügen. Und ich rackerte mich weiter ab, um die Kinder groß zu bekommen. Doch die Zeit vergeht schnell. Drei Jahre später heiratete ich meinen jetzigen Mann. Er ist beinbehindert, versteht sich aber auf die Kunst des Schildpattschnitzens, und wenn sein Einkommen einmal nicht ausreicht, repariert er unter Mithilfe der Kinder elektrische Geräte, so daß wir uns ganz gut halten und endlich ein friedliches Familienleben führen können. Auch mein Ältester, der als Dreijähriger durch die verfluchte Atombombe so schrecklich hat leiden müssen, ist trotz des fehlenden Auges inzwischen bei einer Transportfirma tätig und hat als Vater zweier Kinder sein Glück gefunden. Schließlich ist bei meinem fünften Sohn die Augenkrankheit zum Stillstand gekommen, wie mir der Arzt versicherte, der ihn vor der Einschulung untersuchte. Zur Zeit besucht er die dritte Klasse der Oberschule.

Noch heute liegen viele mit der Atombombenkrankheit in den Kliniken, und viele sterben in jedem Jahr daran. Bei den Schwerkranken läßt sie sich leicht feststellen; bei anderen erkennen sie oft sogar die Ärzte nicht. Und dann sind da diejenigen unter den Opfern, die, obwohl gesund, in der ständigen Furcht leben, daß eines Tages auch bei ihnen die Krankheit ausbrechen könnte.

Das Grundübel ist der Krieg. Und damit verhält es sich wie mit der Krankheit: besser vorbeugen, besser verhindern, daß so etwas überhaupt ausbricht. Wen einmal die teuflische Krankheit Krieg zu Boden wirft, der kommt nur schwer wieder hoch.

Komaichi Taniyama
(geboren 1925)

Man hatte mich für tot gehalten

Ich arbeitete damals in der Mitsubishi-Waffenfabrik im Stadtviertel Mori in der Torpedoherstellung, überzeugt davon, daß wir den Krieg gewinnen würden. Auch am Morgen des 9. August 1945 gingen wir, nach einem Sirenenton und der üblichen Rede unseres Chefs, munter ans Werk.

Es mag gegen halb zehn gewesen sein, da gab es Fliegeralarm. Sofort stieg ich auf den Wachtturm auf dem Dach und suchte mit dem Feldstecher den Himmel ab. Außer ein paar Wolken hier und da war nichts zu sehen. Bald darauf wurde der Alarm zur Luftwarnung zurückgestuft, und ich ging wieder an meinen Arbeitsplatz. In der Halle war es entsetzlich heiß, der Schweiß lief einem am ganzen Körper.

Die Arbeiter waren etwa zu einem Drittel Mädchen, teils vom Patriotischen Korps, teils vom Freiwilligentrupp. Sie hatten sich Tücher mit dem Sonnenemblem um den Kopf gebunden; das sei, sagten sie, weil sie fürs Vaterland kämpften.

Kurz nach elf Uhr, wir hatten gerade einen Torpedo montiert und wollten ihn mit dem Kran hochhieven, flammte plötzlich ein grelles Licht auf wie von einem Blitz. Ich dachte zunächst, es wäre irgend etwas gegen das Hochspannungskabel am Kran geschlagen. Doch dort war alles in Ordnung. Ich sah noch auf die Fenster rechts und links, und im nächsten Moment wurde mir schwarz vor Augen, lief eine Hitze über meinen Körper, und mir war, als würde ich in die Luft getragen, um gleich darauf, während es einen entsetzlichen Knall gab, beiseite geschleudert zu werden. Wie wir es bei den Luftschutzübungen gelernt hatten, preßte ich, aber jetzt eher unbewußt, beide Hände auf Augen und Ohren.

Danach wurde es still. Und um mich stockfinster. Wo war ich? Lebte ich, oder war ich tot? Wirklich hatte ich für einen Augenblick meine Zweifel und kniff mich in die Backe, worauf ich begriff, daß ich allerdings noch am Leben war. Aber ich konnte absolut nichts sehen. Als ich aufstehen wollte, stieß ich mir den Kopf ein. Über mir lag, wie ich mich mit den Händen überzeugte, eine Betonplatte. Ein Volltreffer, und ich bin hier begraben! Ein düsteres Gefühl überkam mich. So also werde ich sterben. Und meine Vergangenheit zog vor mir vorüber. Wie rasch doch ein Leben zu Ende geht!

Auf einmal bemerkte ich durch eine Ritze ein schwaches Leuchten. Ich bin gerettet! Doch es waren Flammen. Vermutlich hatten die Gasbrenner, die in der Halle im Abstand von etwa vier Metern standen, Öl in Brand gesetzt. Ich befand mich in dem engen Raum neben einem Arbeitssockel für die Torpedos, auf den ein Stück Betondecke herabgestürzt war. Inzwischen kam das Feuer näher. Rauch trieb herein. Wenn du dich jetzt nicht davonmachst, wird es gefährlich, dachte ich. Nie habe ich so am Leben gehangen wie in diesem Augenblick. Daß man mit solcher Leidenschaft danach verlangt!

Wie eine eingeschlossene Ratte kroch ich in der winzigen Höhle hin und her und suchte ein Schlupfloch. Es gab keines. Allmählich wurde mir das Atmen schwerer. Ich resignierte, hockte mich wieder hin.

Die dicke Betondecke über mir hatte ihr Gewicht. Aber war ich vorhin beim Herumkriechen nicht an ein auf dem Boden liegendes Rundeisen gestoßen? Das war jetzt meine allerletzte Hoffnung. Mit den Händen tastend, fand ich einen dreißig Millimeter dicken Bolzen und begann damit auf eine Bruchstelle im Beton loszuhämmern. Und ich hämmerte, was ich konnte. Hier ging es um Leben oder Tod.

Mir kommt es vor, als hätte ich zwei Stunden dazu gebraucht. Endlich wurde der Beton bröcklig. Mit letzter Kraft (meine Hände waren danach völlig zerschunden) schlug ich ein Loch heraus, gerade groß genug, daß ich mich durchzwängen konnte.

Ich schob den Kopf aus meiner dunklen Höhle heraus und erschrak. Ringsum ein einziges Meer von Flammen. Schreie überall und Wimmern. Als ich nach oben sah, war dort einer meiner Arbeitskollegen aus dem ersten Stock zwischen verbogene Stahlträger eingeklemmt und rief um Hilfe. Neben ihm hing, von Eisenstäben aufgespießt, ein Toter. Unmittelbar neben dem Loch, aus dem ich hervorgekrochen kam, hörte ich ein Stöhnen; dort lagen zwei Frauen und ein Mann. Ich erkannte sie nicht, ihre Gesichter waren schwarz. Auf sie war die große Platte eines Arbeitstisches gefallen; ich versuchte, sie anzuheben, doch für mich allein war sie zu schwer. Zwei der Eingeklemmten waren, wie ich dann feststellte, bereits tot.

Die Flammen trieben auf mich zu. Da ich vom Gürtel auf nackt war, konnte ich die Glut nicht ertragen. Von nun an lief ich nur noch blindlings davon. Wohin, das weiß ich nicht. Um mich Hilfeschreie, Heulen, Ächzen. Irgend jemand, meine ich, packte mich bei der Hand und zerrte mich fort. Mein Bewußtsein begann zu schwinden.

Als ich wieder zu mir kam, lag ich in einem Unterstand. Das war unterhalb des Shōtokuji-Tempels im Zenza-Viertel, über hundert Meter von unserem Werk entfernt. Neben mir eine Frau, die mir mit verdrecktem Wasser die Brust kühlte. Sie sagte, meine Brust wäre bös verbrannt. Am rechten Schultergelenk hatte es mir das Fleisch so gründlich weggerissen, daß der Knochen blank lag. Wahrscheinlich war das gleich am Anfang passiert.

Der Rauch drang bis in den Unterstand herein. Ich schleppte

mich hinaus, aber die Gegend war von den Flammen völlig eingeschlossen. Die Glut schlug gegen meinen nackten Oberkörper. Da ich mir nicht anders zu helfen wußte, stieg ich zu einem Abwassergraben hinunter, drückte meine Hosen hinein und legte sie mir über die Schultern, um dann an dem Gewässer flußaufwärts zu gehen. An der Zenza-Volksschule blies es aus den Fenstern lange Flammenzungen heraus.

Irgendwie schaffte ich es, den Bränden zu entkommen. Andere, die ebenfalls mit knapper Not ihr Leben gerettet hatten, liefen in Richtung Kompira-Berg. Ich schloß mich ihnen an. Am Himmel war noch immer das Brummen von Flugzeugen zu hören. Aber keiner sprach ein Wort. Jeder hatte, selber ratlos, damit zu tun, sich hinter den anderen herzuschleppen.

Unterwegs begegneten wir vier ausländischen Kriegsgefangenen, die von Soldaten geführt wurden. Die blauäugigen Gefangenen erzählten sich gestikulierend irgendwelche offenbar lustigen Geschichten. Die japanischen Soldaten brüllten sie deswegen mit gequälten Gesichtern an. Sieger und Besiegte. Der Unterschied, dachte ich, wird allmählich sichtbar.

Als ich mich einmal umwandte, stand unten das ganze Urakami in wild lodernden Flammen; überall stiegen dicke schwarze Rauchwolken auf.

Während ich so hinter den anderen herzog, die auch den Weg nicht wußten, erreichten wir die Gegend beim Restaurant »Hotaru«. Dort sprach mich eine mir völlig unbekannte Frau an: »Sie bluten ja schrecklich!« Tränen in den Augen, nahm sie mich beiseite und verband mir die rechte Schulter, und weil ich barfuß war, was sie für gefährlich hielt, schenkte sie mir ein Paar Strohsandalen. Wo ich denn zu Hause sei. »In Yagami«, sagte ich. Da meinte sie, dorthin verkehrten Lastwagen, und freundlicherweise zeigte sie mir die nahe Haltestelle. Doch ich hatte keine Lust, in der Schlange zu warten, bis ich an der Reihe wäre, und so lief ich weiter.

Ich bin an jenem Tag eine enorme Strecke gelaufen. Hier und da lagen Fahrräder herum, und ich hätte mir eines nehmen und aufsteigen können. Aber ich kam gar nicht auf den Gedanken.

Je mehr ich mich meinem Elternhaus näherte, desto trockener wurde meine Kehle und desto heftiger spürte ich meine Schmerzen. Nachbarn, die auf mich zutraten, hatten Mühe, mich zu erkennen.

Zu Hause trank ich erst einmal eine ganze Kanne Wasser aus,

doch mein Körper wollte es nicht behalten, und ich gab alles wieder von mir. Das Erbrochene war mit irgendeinem gelben Zeug vermischt. Meine Geschwister, als sie mich so sahen, weinten und sagten, unsere Mutter sei losgegangen, mich zu suchen. Als ich mein Gesicht im Spiegel betrachtete, erschrak ich vor mir selber. Hell waren nur die Augen und die Zähne, alles andere kohlschwarz. Ich glich eher einer aus dem Schlamm gezogenen Ratte. Das mußte eine fürchterliche Bombe gewesen sein, und von neuem ergriff mich das Entsetzen: Welche entsetzliche Zerstörungskraft hatte diese Waffe gehabt!

Bald darauf kehrte meine Mutter zurück, und alle waren sie froh, daß ich es überlebt hatte. Nachdem ein Arzt in der Nähe meine Wunden versorgt hatte, legte ich mich hin, tat aber diese ganze Nacht kein Auge zu. Erst erzählte ich meinen Leuten noch lange von dem, was ich erlebt hatte; und auch später, als ich allein war, wurde ich die Bilder der aus dem verwüsteten Nagasaki Flüchtenden nicht los.

Am 15. August kam das Kriegsende. Richtig überzeugt von unserer Niederlage war ich jedoch Anfang September noch nicht. Um diese Zeit besuchte mich ein Freund aus unserem Werk. »In der Firma halten sie dich alle für tot.« In seiner Hand hatte er die offizielle Nachricht von meinem Ableben. Ich war wie vom Donner gerührt.

Am nächsten Tag, auf einen Stock gestützt, fuhr ich zusammen mit dem Freund los. Obwohl seit Schluß des Krieges ein Monat vergangen war, lagen hier und da noch immer Leichen auf den Straßen. In der Firma standen am Schwarzen Brett die Namen der Toten, und tatsächlich: meiner gleich an zweiter Stelle! Sofort meldete ich dem Chef diesen Irrtum; er jedoch starrte mich nur sprachlos an. Und dann: »Sind Sie wirklich Taniyama?« Mehrmals wiederholte er das. Ich versicherte ihm, ja natürlich sei ich es. Er wollte mir nicht glauben. »Einen Augenblick, bitte«, sagte er, stand auf und holte aus dem rückwärtigen Zimmer eine Urnenkiste. Darauf stand: »Zu den Göttern eingegangen – Komaichi Taniyama«. Jetzt war es an mir, sprachlos zu sein.

Vermutlich war das passiert, weil an jenem Tag knapp die Hälfte der Belegschaft umgekommen war. Zum Glück hatten einige überlebt, die mich kannten und bestätigten, daß ich Taniyama sei. So konnte ich wieder eingestellt werden.

Das Werk und die Umgebung sahen fürchterlich aus. Die Leichen auf den Straßen, dazu die Kadaver von Pferden und Ochsen, verbreiteten einen grauenvollen Gestank. Im Fluß lagen die Toten schichtweise übereinander.

Drei Monate später begannen meine Zähne zu wackeln, das Zahnfleisch blutete, die Haare gingen mir aus, und am ganzen Körper bekam ich dunkelrote Flecken, deren Zahl später wieder abnahm. Richtig wiederhergestellt war ich erst um etwa 1957. Seither sind bei mir keine ernsthaften Folgeerkrankungen mehr aufgetreten. Am rechten Arm indessen ist einer der roten Flecken zurückgeblieben und will nicht heilen. Vielleicht, denke ich, ein Zeichen dafür, daß jene Grauen der Atombombe auch heute noch nicht völlig verschwunden sind aus meinem Bewußtsein.

Etsuko Fujimura
(geboren 1928)

Das Wunder liebender Fürsorge

An jenem 9. August saß ich wie immer an meinem Schreibtisch im ersten Stock im Zweigwerk Apparatebau der Mitsubishi-Waffenfabrik im Ōhashi-Viertel, wo ich als Büroangestellte arbeitete. Im Erdgeschoß befand sich der Maschinensaal. Kurz vor elf gab es Fliegeralarm; nach der Entwarnung gingen wir einigermaßen erleichtert an unsere Plätze zurück. Plötzlich, ich hatte Zeichnungen vor mir ausgebreitet und kehrte, während ich in einem Buch nachschlug, den Rücken zum Fenster, gab es einen fürchterlichen Knall von einer Explosion. Automatisch preßte ich beide Hände auf Augen und Ohren und warf mich auf den Boden, von wo ich, wie ich war, bis an die ins Erdgeschoß führende Treppe geschleudert wurde. Von den anderen, die mit mir in dem Büro gearbeitet hatten, wurden viele durch die Fenster hinausgewirbelt und waren auf der Stelle tot.

Wegen des allzu großen Schocks lag ich zunächst da wie erstarrt. Sobald ich wieder richtig zu mir kam, rief ich um Hilfe. Das hörte der alte Mann, der im Erdgeschoß das Magazin verwaltete. Er kam herauf und trug mich auf dem Rücken ins Freie.

Was meinen Zustand betraf, so waren in meinem Gesicht die

Teile, die ich rechtzeitig mit den Händen bedeckt hatte, nur leicht getroffen, die Stirn aber war völlig aufgeplatzt und blutete, und wenn ich den Kopf senkte, hingen mir die roten Fetzen herab. Auf dem Rücken, weil ich den zum Fenster gekehrt hatte, war mein Kleid zerrissen.

Da mir schrecklich übel war, ließ ich mich von dem alten Mann in ein Reisfeld vor der Fabrik legen und bat ihn, wenn er meinen Vater träfe, der einen Rationalisierungstrupp bei Mitsubishi leitete, solle er ihm sagen, wo ich zu finden sei.

Nicht lange, und ich hörte meinen Namen rufen. Es war mein Vater; er hatte mich schon gesucht. War ich froh und beruhigt!

Unser Haus stand im Iwakawa-Viertel, aber die Familie war damals nach Yue im Distrikt Kita-Takaki evakuiert. Von dort war meine Mutter, einer Besorgung wegen, am 7. August mit einer meiner jüngeren Schwestern nach Nagasaki zurückgekehrt, so daß sie sich und auch mein jüngerer Bruder im Augenblick des Angriffs in Iwakawa aufgehalten haben mußten. Daher sagte mein Vater: »Du bist verletzt und gehst sofort nach Yue. Ich werde sehen, daß ich die anderen in Iwakawa finde.« Unter Tränen trennte ich mich von ihm. Das war etwa um drei Uhr.

Ich lief dann nach Michinō, um dort vielleicht einen Güterzug zu besteigen. Eine jüngere Freundin, die ebenfalls in der Fabrik gearbeitet hatte, bat mich, ich solle sie mitnehmen. Als wir unterwegs über ein totes Pferd klettern mußten, machten wir uns gegenseitig Mut und sagten: »Nur die Zähne zusammenbeißen, wir wollen doch weiterleben!«

Gleich darauf rief uns jemand um Hilfe an, wieder war es ein Mädchen aus der Fabrik; ihr hatte es die Brust zerrissen, und sie lag bereits im Sterben. »Gedulde dich noch ein wenig«, tröstete ich sie, »es werden gleich Leute kommen, die dich ins Krankenhaus bringen.« Und damit ließen wir sie allein.

Am Himmel erschienen immer wieder feindliche Maschinen, und aus Furcht, sie könnten Brandbomben abwerfen, suchten wir in den Straßengräben Schutz. So kamen wir nur langsam voran. Es muß schon gegen sieben Uhr gewesen sein, als wir endlich im Güterzug von Michinō aus losfuhren. Im Zug waren viele »Hibakusha«, einige – und das war eine schlimme Geschichte – hatten Durchfall. Meine Freundin stieg in Isahaya aus, ich fuhr bis Ōmura und wurde ins Genossenschaftskrankenhaus gebracht. Dort wickelte man mich völlig in Binden ein, so daß nur noch die Augen heraussahen, und sagte mir, ich müßte absolute Ruhe einhalten.

Ōmura wurde am folgenden und auch am übernächsten Tag aus der Luft angegriffen. Da dachte ich, besser, als hier zu sterben, wäre es, wenn ich doch zu meinen Geschwistern nach Yue führe. Zusammen mit einer anderen, die ebenfalls dorthin wollte, verließ ich heimlich das Krankenhaus.

Bis Isahaya liefen wir beiden Bandagierten zu Fuß. Da wir kein Geld hatten, erzählten wir dort auf dem Bahnhof unsere Geschichte und durften daraufhin, ohne zu bezahlen, den Zug besteigen. Abends zwischen neun und zehn Uhr kam ich zu Hause an. Zuerst erschraken meine jüngeren Schwestern über meine Erscheinung, dann erkannten sie mich und weinten Freudentränen: »Ach, daß du lebst!«

Mein Vater war in der Zwischenzeit in Nagasaki zu unserem Haus im Iwakawa-Viertel gegangen, hatte dort aber nichts als Trümmer vorgefunden. Schon wollte er wieder umkehren, als er zufällig eine Nachbarin traf, die ihm berichtete: »Ich habe Ihrer Frau zugerufen, sie solle schnell zu uns in den Unterstand kommen, und sie versprach es auch. Aber kaum waren wir drin, fiel auch schon die Bombe. Sie muß sich demnach noch unter Ihrem Haus befinden. Suchen Sie doch noch einmal gründlich alles ab!«

Daraufhin räumte mein Vater die rauchenden Trümmer beiseite und entdeckte sie. Alle drei, Mutter, Schwester und Bruder, lagen tot unter dem Haus begraben. Kurz nach mir kam mein Vater nach Yue zurück. In dem Topf, in dem wir immer den Reis gekocht hatten, brachte er zum Andenken an sie Mutters falsche Zähne mit.

Von jenem Tag an lag ich mit hohem Fieber von vierzig bis zweiundvierzig Grad. Meine Schwestern waren dennoch beruhigt; denn sie hatten gehört, daß die an der Atombombenkrankheit Sterbenden an Haarausfall litten und rote Flecken bekamen, und an mir sahen sie diese Symptome nicht. Aber es dauerte gar nicht lange, und ich hatte auch die roten Flecken.

Jetzt werde ich sterben müssen, dachte ich. Ein Arzt in der Nachbarschaft, zu dem ich ging, meinte, beim augenblicklichen Zustand könne er nichts tun. Er rechnete offenbar mit dem Schlimmsten. Dann suchte ich eine Ärztin namens Ushijima auf. Sie sah mir eine Weile ruhig ins Gesicht. Schließlich erklärte sie: »Ich bin dabei, Methoden zu einer Heilung dieser Krankheit zu versuchen. Natürlich kann ich nichts versprechen, aber es tut mir weh, einfach zusehen zu müssen, wie man junge Menschen wie Sie auf solche Weise sterben läßt. Bedingung ist, daß Sie strengste Bettruhe einhalten und meine Anweisungen befolgen.«

Auch danach hielt das Fieber an, ich hatte keinen Appetit, mein Zahnfleisch blutete, und die Haare gingen mir aus. Die Ärztin kam manchmal noch spät nachts zu mir und spritzte mir Traubenzucker, pinselte mir den Mund aus, und als ich im Rachen an sieben Stellen Eiterblasen bekam, schnitt sie mir jeden Tag eine davon auf. Ich mußte einen Absud von Kaki-Blättern trinken und geriebenen Rettich essen.

Noch zweimal geriet ich in einen solchen Zustand, daß ich meinte, meine letzte Stunde wäre gekommen. Beim erstenmal fragte mich mein Vater, ob ich nicht auf irgend etwas Besonderes Appetit hätte. Ich hatte einen entsetzlichen Durst und sagte: »Wenn ich jetzt eine saftige Birne bekäme, wollte ich danach gern sterben.«

Meine beiden älteren Schwestern machten sich auf den Weg, um welche zu kaufen. Da trafen sie irgendwo eine Nonne, mit der sie darüber sprachen. »Ich denke«, sagte die Nonne, »ich kann eurer Schwester helfen. Man gibt diesen Kranken Zucker, aber das taugt nichts. Sie haben beim Abwurf der Atombombe ein schädliches Gas geschluckt, und das hat sich im Magen angesammelt und muß heraus, oder die Kranken sterben. Zwei Meilen von hier, im Dorf Fukami, handelt einer mit chinesischer Medizin. Lauft dorthin, und fragt nach dem Mittel ›Tentokosan‹. Davon gebt ihr eurer Schwester in kaltem oder warmem Wasser zu trinken. Hat sie danach einen blutigen Stuhl, so geht damit das Gas ab, und sie ist gerettet; wo nicht, war es bereits zu spät.«

Also kauften meine Schwestern dieses »Tentokosan«, und ich trank es. Hierauf begann es in meinem Bauch zu rumoren, und ich wollte zur Toilette gehen; doch als ich auf den Umgang hinaustrat, brach ich zusammen und verlor das Bewußtsein. Die anderen waren alle in der Küche gewesen; schnell kamen sie angelaufen, um mir zu helfen. Ich hätte, sagten sie später, zwei Eimer voll blutigen Kots von mir gegeben.

Wieder lag ich in einem lebensgefährlichen und dazu bewußtlosen Zustand. Das war um den fünfzigsten Tag nach der Atombombe. Mein Vater und meine Schwestern saßen an meinem Bett und hielten Wache. Auch Frau Dr. Ushijima war da. Halb wie im Traum und verschwommen tauchten ihre Gesichter vor mir auf. Die Ärztin schien zu sagen, nun sei ich wohl über den Berg. Zwar mußte ich noch eine ganze Weile das Bett hüten, doch die roten Flecken verschwanden, und das Fieber sank allmählich.

Am sechzigsten Tag war ich geheilt. Und seitdem bin ich so gesund, daß mir die Ärzte von der Kommission für Atombombenopfer, die mich alle zwei Jahre untersuchen, sogar erklärten, es gebe außer mir niemanden unter den im Umkreis von anderthalb Kilometern von der Atombombe Getroffenen, der so völlig ohne jede Folgeerkrankung geblieben sei. Meine Untersuchungsergebnisse werden heute sowohl bei der Kommission als auch in der Universitätsklinik in Nagasaki aufbewahrt.

Daß ich überlebte und so völlig genesen bin, verdanke ich der liebenden Fürsorge aller, die um mich waren, besonders Frau Dr. Ushijima, die, wie ich höre, heute in Tōkyō arbeitet und der ich gern einmal meinen Dank aussprechen würde.

Masako Ōkawa
(geboren 1937)

Zeugnisse einer irregeleiteten Wissenschaft

Von ferne hörte ich meine Mutter rufen: »Masako! Masako!« Was war mit mir geschehen? Mein Kopf – ich wußte nicht, war er schwer oder leicht, war es mein eigener oder der Kopf eines anderen? Ich lag an einem dunklen, engen Ort, etwas Feuchtes bedeckte meinen Kopf, tropfte von ihm herunter. Ich war allein.

Und wieder Mutters Stimme: »Masako! Masako!«

»Ich bin hier! Und wo bist du?«

»Ah, wenigstens lebst du! Hast du dich verletzt?«

»Das weiß ich nicht, es ist so dunkel hier.«

Ich versuchte mich zu bewegen, doch das ging nicht so einfach, wie ich wollte. Mühsam hob ich die Hände, drehte zwei-, dreimal den Kopf. Als ich sah, daß von irgendwoher Licht hereinfiel, schob ich Bretter, Schutt und Dachziegel beiseite, und endlich war ich draußen. Ich begriff: Ich hatte unter den Trümmern unseres Daches gelegen.

So weit der Blick reichte, waren die Häuser zusammengestürzt, hier und da schossen Flammen auf. Stehengeblieben war nur die Medizinische Hochschule Nagasaki, und auch dort leckten Flammenzungen aus den Fenstern heraus.

Das war das erste Bild, das ich, damals acht Jahre alt, an jenem 9. August 1945 von dem durch die Atombombe zerstörten Nagasaki zu sehen bekam.

Meine Mutter und meine beiden jüngeren Schwestern lagen noch unter meinen Füßen. Ich rief: »Ich bin heraus!« Meine Mutter schien erleichtert. Was denn mit mir wäre, fragte sie. Ich sah an mir herunter und erschrak. Von den Armen hatte es mir das Fleisch weggerissen. Irgend etwas hing mir übers Ohr, und als ich es abstreifen wollte, war es ein Fetzen von meiner Kopfhaut; der Kopf war über dem linken Auge aufgeplatzt, und das Feuchte, das ich gespürt hatte, war mein eigenes Blut. Auch im Gesicht, am Bauch und an den Beinen hatte ich überall Wunden. Mein ganzer Körper war wie betäubt, so daß ich mich nicht rühren konnte. Das einzige war, daß ich unter Tränen schrie: »Helft doch meiner Mutter heraus!«

Nachdem jemand meine Mutter und die beiden Schwestern gerettet hatte, flüchteten wir auf den Ausländerfriedhof. Unterwegs immer wieder Schreie aus den Flammen: »Hilfe! Hilfe!« Aber jeder dachte nur daran, wegzukommen. Im Friedhof lagen eine Menge Verletzte und Tote. Wir alle hatten einen quälenden Durst. Wo nur eine Pfütze stand, drängten sich die Leute wie die Ameisen am Zucker und tranken das mit Blut vermischte und schmutzige Wasser.

Meine Großmutter hatte mir erzählt, wer etwas Böses tue, komme nach dem Tod in die Hölle und werde dort in den Flammen geröstet, im Nadelberg gefoltert und dann ins Blutmeer geworfen. Das hier war die Hölle. Und dennoch, jene Nachbarin, die in den Flammen geschrien hatte, war eine so liebe Frau gewesen. Auch ich, überströmt vom Blut und zerschunden am ganzen Körper, hatte nie in meinem Leben etwas Böses getan. Warum mußten wir das erleiden?

Diese Nacht verbrachten wir auf dem Friedhof im Freien. Am nächsten Tag kam jemand, der wie meine Mutter aus Kyōdomari stammte, und nahm uns mit in das nahegelegene Dorf Mie. Wer mich sah, war der Meinung, ich hätte nicht mehr lange zu leben. Es kam anders.

Einen Monat danach, zuletzt im Wahnsinn, starb meine Mutter, obwohl sie nur eine Beinverletzung gehabt hatte. Hierauf starben meine beiden Schwestern, die überhaupt nicht verletzt gewesen waren; die sechsjährige wenige Tage nach Mutters Tod, die zweijährige im folgenden Monat. Ich hingegen kam wie durch ein Wunder wieder auf, nur hatte ich sämtliche Haare verloren, und die Kinder im Dorf schrien mir »Kahlkopf! Kahlkopf!« nach, was mich sehr traurig machte.

Im März 1946 kehrte mein Vater aus der Kriegsgefangenschaft in Taiwan zurück. Wir siedelten wieder nach Nagasaki über. Ich bekam eine Stiefmutter, ein neues Leben begann. Jetzt ist endlich Frieden, dachte ich. Aber in Wahrheit fing für uns »Hibakusha« das Ringen mit dem Tod erst an. Jahr für Jahr sind seither so viele Menschen an der Atombombenkrankheit gestorben oder liegen unheilbar krank in den Kliniken, und auch ich hatte zwar im Augenblick über nichts zu klagen, wußte jedoch nicht, wann bei mir die Krankheit wieder ausbrechen würde.

Im Laufe der Zeit kamen aus meinem Gesicht Dutzende kleiner Glassplitter heraus. Die Narben, die sie hinterließen, wurden schwarz wie von einer Tätowierung. Auch die klumpige Narbe über dem linken Auge ist häßlich anzusehen. In der Schule spotteten sie: »Du hast wirklich ein Gesicht wie ein Gespenst!« Auf der Straße die Leute lachten über mich, und Wohlmeinende sagten zu mir: »Du hast dich mit Tusche beschmiert. Solltest dir mal das Gesicht waschen!« Ach, warum mußte ausgerechnet ich so verschandelt werden? Wie oft habe ich mich das im stillen gefragt, habe traurig vor dem Spiegel gesessen und bin anderen ängstlich aus dem Weg gegangen!

Im übrigen war ich während meiner Volks- und Mittelschuljahre recht gesund; erst als ich mein Abschlußexamen machte, brach die lang gefürchtete Atombombenkrankheit bei mir aus, mit Blutarmut, einem ständigen Frösteln, inneren Blutungen und purpurroten Flecken an Beinen und Füßen, die bald verschwanden, bald wiederkamen.

Wenn die Flecken, so fürchtete ich von Tag zu Tag, meinen ganzen Körper bedecken sollten, werde ich sterben müssen.

Das Schicksal hat es noch einmal gut mit mir gemeint. Ich wurde gesund, und, woran ich im Traum nicht mehr gedacht hätte, ich fand einen Mann, der mich 1961 heiratete. Wir haben zwei Söhne; doch sobald sie einmal einen roten Fleck an den Beinen haben, ist sie wieder da, die alte Angst, und ich fürchte, daß jene Krankheit auch sie befallen könnte.

Die Wissenschaft, die ursprünglich dem Wohle der Menschheit dienen sollte, hat, durch falsche Führer irregeleitet, die Atombombe entwickelt. Welch eine Paradoxie, daß sie nun nicht einmal imstande ist, die durch die Bombe verschuldeten Krankheiten zu heilen! Zeugnisse hierfür sind die Glassplitter, die noch heute in meinem linken Arm sitzen.

In der Gefahr

Danach aber züngelten plötzlich Flammen
an jenem Haus, gleichzeitig an den vier Seiten,
daß sie hoch aufloderten
und First und Sparren, Balken und Pfeiler
krachend zerbarsten und niederbrachen
und Mauern und Wände zusammenfielen.

Als da der Herr jenes Hauses heimkehrte ans Tor,
vernahm er, was einer neben ihm sprach:
»Vordem liefen alle deine Kinder ins Haus,
sich zu ergötzen. Unwissend sind die Kleinen,
nur an Kurzweil denken sie und Vergnügen.«
Da er solches gehört, erschrak der Herr,
und er eilte in das brennende Haus, bedenkend,
wie am sichersten er sie rette und bewahre.
Und er warnte sie: »Unheil trifft euch alle!«

Doch weil die Kinder unwissend waren,
achteten sie der Worte ihres Vaters nicht
und ließen nicht von ihren fröhlichen Spielen ...

Aus dem Lotos-Sutra
3. Kapitel

Nachwort

Frieden ist nicht die bloße Abwesenheit von Krieg, nicht die Vermeidung von Krieg durch ein wie immer geartetes politisches oder strategisches Gleichgewicht. Wenn wir – und das ist die Lehre aus dem zu Ende gehenden Jahrhundert – wirklichen Frieden wollen, müssen wir den Krieg als das Unmenschliche schlechthin erkennen und ihn für alle Zeiten unmöglich machen, ihn abschaffen und ächten.

In den Ländern, die in den Zweiten Weltkrieg verwickelt waren, ist seit 1945 eine Generation herangewachsen, die jenes Völkermorden nicht mehr am eigenen Leib erlebt hat. Um ihr die damaligen Schrecken zu verdeutlichen und ihr begreifbar zu machen, was der Schrei nach Frieden für die Überlebenden bedeutet, erschien in Japan zwischen 1974 und 1979 eine sechsundfünfzigbändige Sammlung von Erfahrungsberichten, herausgegeben von der Jugendabteilung der buddhistischen Laienorganisation Sōkagakkai, der zehn Millionen Anhänger zählenden »Werteschaffenden Gesellschaft«. Ehemalige japanische Soldaten, ihre Frauen, Mütter und Kinder, Kolonisten und Beamte in den besetzten Gebieten, Flüchtlinge und Heimkehrer, Opfer der mörderischen Okinawa-Schlacht, der Luftangriffe auf Tōkyō, auf Ōsaka oder aus der Atombombenhölle von Hiroshima und Nagasaki beschrieben hier, was sie erlitten hatten, auch wie und worin sie selber durch den Krieg schuldig geworden waren. Eine Auswahl aus diesen Dokumenten gibt der vorliegende Band.

Das erschütternde an den Texten ist die Offenheit, die Direktheit, mit der sie abgefaßt sind. In oft einfachsten Worten werden die persönlichen Umstände vor, während und nach dem Kriegserlebnis berichtet, werden die Tatsachen kaum verarbeitet, sondern zunächst einmal nur vermittelt. Um so stärker ist der jeweils einzelne Mensch herauszuspüren, über den die Unruhe, das Erschrecken, das Grauen, schließlich das Nicht-mehr-Faßbare nach und nach hereinbrechen.

Die Übersetzung aus dem Japanischen bemüht sich, jede erläuternde oder umschreibende Zutat zu vermeiden. Die gelegentlich unterlaufenden logischen Sprünge in der Erzählabfolge wurden nach Möglichkeit nicht korrigiert. Desgleichen ist die stilistische »Handschrift« der Berichtenden, soweit dies im Deutschen wiederzugeben war, beibehalten worden, auch um die sozialen Herkunftsunterschiede nicht zu verwischen.

Der Band hätte eines seiner Ziele erreicht, wenn er diejenigen unter den deutschen Lesern, die ebenfalls betroffene Zeugen des Zweiten Weltkriegs waren, über das Nachempfinden dieser japanischen Schicksale hinaus und trotz mancher auf den ersten Blick vielleicht erheblichen Verschiedenheiten in Mentalität und Haltung dazu ermuntern würde, ihrerseits der jungen Generation ihre Erinnerungen an damals in der gleichen ungeschminkten Weise darzulegen.

Dem Hauptbüro der Sōkagakkai in Tōkyō, insbesondere dem Direktor der Auslandsabteilung, Herrn Tomiya Akiyama, ist an dieser Stelle für die wertvolle Unterstützung beim Zustandekommen des Bandes zu danken.

Siegfried Schaarschmidt

Hinweis

Die dem vorliegenden Band beigegebenen Gedichte, auch der kurze Auszug aus dem Lotos-Sutra, wurden eigens hierfür aus dem Japanischen übertragen. Soweit die Originale noch durch Copyright geschützt sind, werden diese Rechte durch Orion Press, Tōkyō, vertreten.

*

Fuyuhiko Kitagawa, geboren 1900; nach frühen surrealistischen Versuchen Hauptvertreter des sogenannten »Neo-Realismus«.
»Der Krieg« wurde zuerst 1929 veröffentlicht.

Akiko Yosano, 1878–1942; bedeutendste Lyrikerin der japanischen Frühmoderne.
»Du darfst mir nicht sterben!« erschien 1904 während des Russisch-Japanischen Krieges in einer Zeitschrift.

Baku Yamanoguchi, 1903–1963; wurde auf der Insel Okinawa geboren, die er als Neunzehnjähriger verließ, um bis an sein Ende in zeitweilig großer Armut in Tōkyō zu leben.
»Der unsinkbare Flugzeugträger« entstand um 1952.

Sadako Kurihara, geboren 1913 in Hiroshima, wo sie Atombombenopfer wurde; im März 1946 erste Anti-Atombomben-Gedichte in einer regionalen Literaturzeitschrift, seither eine der engagiertesten Vertreterinnen der in Japan sogenannten »Atombomben-Literatur«. »Die begrabene Stadt« wurde 1952 publiziert.

Mohamed Heikal

Sadat – Das Ende eines Pharao

328 Seiten, 8 Abbildungen, gebunden

Als am 6. Oktober 1981 eine Handvoll junger Offiziere und religiöser Fanatiker den ägyptischen Präsidenten und Friedensnobelpreisträger ermordeten, wurde ein letztes Mal die welthistorische Rolle Sadats deutlich. Die führenden Staatsmänner des Westens, allen voran Begin, der Repräsentant jenes Staates, mit dem Ägypten viermal in der Vergangenheit Krieg geführt hatte, folgten seinem Sarg und fragten sich besorgt, ob sich hier nun eine zweite Revolution nach persischem Muster anbahnen würde. Aber das Volk von Ägypten, das unter dem Schmerz nach dem Toder Nassers fast zusammengebrochen war, blieb still und apathisch. Es verabscheute die Tat – aber es hatte auch aufgehört, seinen Präsidenten zu lieben oder gar auf seine Politik zu hoffen. Mohamed Heikal, lange Jahre Weggefährte Nassers und Sadats, zeichnet in dieser Biographie ein Bild, anders als das, was wir uns im Westen von dem Ermordeten gemacht haben.

GERNOT MÜLLER-SERTEN

Palästinas feindliche Brüder

Der endlose Konflikt am Jordan und seine Geschichte
320 Seiten, 4 Karten, gebunden

Der Palästina-Konflikt ist die älteste noch andauernde bewaffnete Auseinandersetzung nach dem Ende des Zweiten Weltkriegs – und die gefährlichste. Gibt es noch Hoffnung auf Frieden in dieser Region, oder ist der Konflikt unlösbar?
Die Araber Palästinas fühlen sich ebenso im Recht wie die Juden Israels. Aber auch im arabischen Lager herrscht keine Einigkeit. Ein neues islamisches Sendungsbewußtsein schürt den Haß zusätzlich. Die Verstrickung der Weltmächte weckt die Gefahr eines dritten Weltkriegs.
Die Situation im Nahen Osten ist ebenso brisant wie undurchschaubar. Kaum können die nackten Nachrichten, die von immer neuen Terroranschlägen, blutigen Zusammenstößen und Massakern, von neuen Kriegen mit immer neuen Beteiligten berichten, die Situation hinreichend erklären. Dieses Buch bringt Aufklärung in ein kaum noch zu überschauendes Verwirrspiel.

ECON Verlag, Postfach 9229, 4000 Düsseldorf 1

Lois Fisher-Ruge

Alltag in Moskau

256 Seiten, 16 Abbildungen, gebunden

Über Rußland und die Russen ist im Westen vieles bekannt. Selten jedoch hat einer der westeuropäischen oder amerikanischen Besucher die Gelegenheit, Russen als Freunde zu gewinnen, jahrelang ihr Leben, ihre Ängste und Hoffnungen zu teilen wie Lois Fisher-Ruge, die einige Jahre in Moskau verbrachte.
Es genügte ihr nicht, die russische Metropole und ihre Bewohner aus der Distanz des abgeschlossenen Ausländergettos zu betrachten und zu beschreiben. Sie suchte die Freundschaft der Russen, vor allem der Moskauerinnen, verbrachte viel Zeit mit ihnen. Ohne Voreingenommenheit und mit großer Anteilnahme schildert sie den Moskauer Alltag – Wohnungsnot, Versorgungsengpässe, Bürokratie, Sexualität, Erziehung, aber auch die Wärme und Herzlichkeit der Menschen. Selten sind Russen aus einer solchen Nähe und zugleich mit Respekt beschrieben worden.